當代俄羅斯

黃家廉、趙竹成、林永芳、
洪美蘭、劉蕭翔、連弘宜、
黃建豪、黃明慧、邱瑞惠、
吳佳靜◎著

五南圖書出版有限公司

目錄

第一章　簡史

黃家廉

前言

　　俄羅斯是世界上國土面積最大的國家，擁有豐富的天然資源，以及深厚歷史和文化的蘊底。自18世紀彼得大帝西化改革，俄國躍升世界強國之列，發展到冷戰時期，蘇聯更成為唯一能與美國相抗衡的霸權國家。儘管之後經歷解體後二十年的慘淡經營，但藉由不斷的摸索和努力，自2012年普欽（Vladimir Putin）第二次當選俄羅斯聯邦總統開始，俄國已向國際展現新一代的自信，不論是在內政經濟還是國際事務上，都發展出自己的特色道路。本篇的目的是讓讀者在了解俄羅斯現況之前，能對俄羅斯歷史有基礎的認識，依照時間發展脈絡，從9世紀的基輔羅斯（Kievan Rus）時期，介紹到20世紀蘇聯解體。透過認識俄羅斯人的過去，有助了解俄羅斯的現在，看到他們欲走向的未來。

第一節　地理概況

　　俄羅斯聯邦爲當代世界上領土面積最大的國家，橫跨歐亞兩洲，總面積達約1,712萬平方公里（含2014年併入的克里米亞），是臺灣面積的476倍；北接北極海、東臨太平洋、西通芬蘭灣（Gulf of Finland）和波羅的海（Baltic Sea）、南觸黑海與裏海（Caspian Sea）；有14個鄰國，由東向西分別爲北韓、中國、蒙古、哈薩克、亞塞拜然（Azerbaijan）、喬治亞（Georgia，又俄音譯名稱爲格魯吉亞Грузия）、烏克蘭、白俄羅斯、波蘭、立陶宛、拉脫維亞、愛沙尼亞、芬蘭與挪威，其中波蘭和立陶宛是與俄羅斯的外飛地（exclave）加里寧格勒州（Kaliningrad Oblast）接壤。（圖1-1）

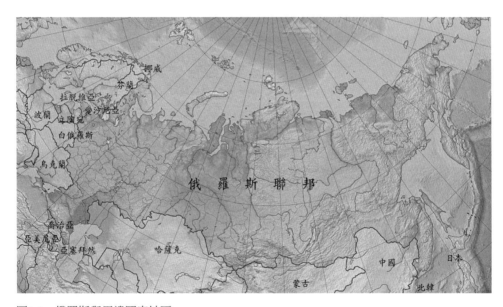

圖1-1　俄羅斯與周邊國家地區

　　主要的河流由東向西分別有黑龍江（Amur River），部分作爲中俄邊境，流入韃靼海峽（Tartar Strait）；勒拿河（Lena River），行經雅庫茨克（Yakutsk）

入北極海；葉尼塞河（Yenisei River），源於蒙古國，是流入北極海最大的河流；鄂畢河（Ob River），流入北極海中最狹長的鄂畢海灣；伏爾加河（Volga River），不僅是歐洲最長的河流，也是世界最長的內流河，與多數俄國河流的流向相反，往南流入裏海。另外，流經莫斯科市的是莫斯科河（Moskva River），為伏爾加河的支流之一；流經聖彼得堡市的為涅瓦河（Neva River），源出自拉多加湖（Lake Ladoga），最後流入芬蘭灣。除拉多加湖外，俄羅斯重要的湖泊還有奧涅加湖（Lake Onega），與拉多加湖同樣位於莫斯科西北方，在和芬蘭相鄰的卡累利阿自治共和國（Republic of Karelia）境內，以及地處西伯利亞、世界最深的貝加爾湖（Lake Buikal）。（圖1-2）

圖1-2　俄羅斯自然地理圖

　　俄羅斯的地形以平原為主體，從歐俄地區一直延伸到西伯利亞，表面上雖然有許多小山和小山脈，甚至包括界分亞、歐兩洲的烏拉山脈（Ural Mountains），都因不夠高聳和密集，無法作為洲際間有效的屏障，直至勒拿河以東地區才出現平均1,200公尺以上的山脈。其他主要山脈多位於邊境上，如：

橫跨俄蒙的阿爾泰山脈（Altai Mountains），與喬治亞和亞塞拜然接壤的高加索山脈（Caucasus Mountains）。如此，受地勢、高緯度和欠缺海洋暖流的影響，俄羅斯屬於大陸型氣候，冬冷夏熱、年溫差大。冬季北極海上的冷氣團可直接影響至歐俄南部地區。歐俄北部地區的土壤一年之中有八個月處冰凍狀態，而與法國緯度相仿的南部地區也有三個月的時間，西伯利亞東北部的冬季平均溫則達攝氏零下43度。氣溫與降雨決定植被，俄羅斯從北到南出現寬廣的植被帶，依序是極圈附近由沼澤、苔蘚、灌木組成的苔原帶，緊接是占國土面積一半以上的針葉林帶，越往溫暖南方的地區則出現混合林，然後是連接歐俄南部平原至阿爾泰山脈的大草原帶，最後則是靠近伏爾加河裏海出海口附近屬於荒漠植被帶。俄羅斯真正適合耕作的面積不超過總國土的四分之一，最好的土地是歐俄南部與烏克蘭接壤的草原帶黑土區。

基本上，研究俄羅斯者很難忽視地形和氣候對俄國歷史發展的影響力。因為欠缺高山屏障，烏拉山以東的亞洲游牧民族很容易隨牧草進入歐俄地區，遂常與農業為主體的俄羅斯民族發生衝突，特別在13世紀蒙古帝國消滅基輔羅斯達到最高峰；依同樣因素，當16世紀初俄羅斯與亞洲各游牧民族實力翻轉後，俄羅斯很快向東方擴張領土，17世紀中葉已經抵達北美阿拉斯加（Alaska）建立殖民地。除了得利平坦地形外，尋求四季不結凍的出海口亦是擴展領土的主要動力，自彼得大帝以來的歷代沙皇，甚至是蘇聯的領導人多以確保擁有優良海港為重要國家戰略，不惜與瑞典、土耳其和日本進行戰爭。如此長期與其他民族競爭，並且治理廣大亞歐領土的情況下，俄羅斯政治和社會較西歐國家發展出更具專制、集權和軍事化的特色，也衍生出「向西方文明學習還是競爭」的糾結心態關係。

第二節　基輔羅斯與割據時期的羅斯

　　依目前考古研究可以確定西元前4000年，在俄羅斯南部的聶伯河（Dnieper River）、南布格河（South Bug River）與德涅斯特河（Dniester River）流域之間已經出現新石器文化，以定居式農業為主，長期與入侵的游牧民族發生戰鬥。至西元前約1000年進入鐵器時代時，更加確定原南俄務農民族——東斯拉夫人與亞洲游牧民族頻繁的競爭關係，屬伊朗、突厥和蒙古語系的游牧民族曾先後成為這塊土地的領導階層，然而在9至10世紀期間，由半傳奇式人物奧列格（Oleg of Novgorod）和斯維亞托斯拉夫大公（Sviatoslav I of Kiev）開啟俄羅斯史上留里克王朝（Rurik dynasty），其一系列成功的征戰讓基輔羅斯成為巴爾幹地區與拜占庭帝國（Byzantine Empire）不能忽視的力量，並且在後繼者弗拉基米爾大公（Vladimir the Great）與智者雅羅斯拉夫大公（Yaroslav the Wise）的治理下，基輔羅斯的地位不僅更加穩固，還進入了興盛時期。（圖1-3）

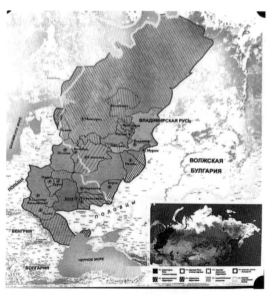

圖1-3　基輔羅斯領土圖（擷取自Фонд Гуманитарных проектов）

弗拉基米爾大公對後世俄羅斯發展影響最大的成就，莫過於西元988年左右受洗爲基督徒，將拜占庭帝國的基督教引入基輔羅斯，使得俄羅斯成爲基督教文明的一部分，但因此宗教的傳入非源於羅馬，所以當11世紀基督教內部分裂後，連帶嚴重影響俄羅斯與歐洲其他地區和拉丁文明的關係，往後俄羅斯史上對西方的懷疑和矛盾心態，一部分重要的原因也出於此。信奉基督教也促使斯拉夫語書寫系統在俄羅斯永久紮根。最早的斯拉夫語書寫系統是在9世紀下半葉，由傳教士聖西

圖1-4 弗拉基米爾大公

里爾（St. Cyril）和聖美多德（St. Methodius）發明的格拉哥里字母（Glagolitic alphabet），然後再由他們的一位信徒在保加利亞發展爲現在大家耳熟能知的西里爾字母（Cyrillic script）。智者雅羅斯拉夫大公則是將基輔羅斯的聲望推到最高峰，在其任內的領土版圖，擴展到北至波羅的海、南抵黑海，東西分達奧卡河（Ока; Oka River）河口與喀爾巴阡山脈（Carpathian Mountains）。他不僅積極建立其家族與歐洲其他王室密切的聯姻式關係，也同時在推廣基督教事業與發展文化方面有重大貢獻，例如：第一次選派羅斯人擔任基輔教區的總主教（伊拉里昂，Hilarion of Kiev）；在基輔建一座很大的學校和一座圖書館等；編纂俄羅斯第一部法典——羅斯法典（*Russkaya Pravda*），爲後世留下了解基輔羅斯社會與生活的寶貴資料。

　　智者雅羅斯拉夫死後，基輔羅斯開始走向衰敗。主因有三：第一，在政治方面，因爲欠缺穩定的王位繼承制度，內戰頻起。至西元1240年蒙古軍攻破基輔前，170年間有80年處於內戰狀態，頻繁的內戰弱化了基輔羅斯抵禦亞洲游牧民族入侵的能力。第二，在經濟方面，原本依賴連通希臘與波羅的

圖1-5 西里爾字母

海的貿易線，受義大利人在地中海的競爭，以及十字軍對君士坦丁堡洗劫的影響，重要性大幅降低，基輔經濟的衰退影響對其內部某些地區的控制力，如：斯模稜斯克（Smolensk）和大諾夫哥羅德（Veliky Novgorod）。第三，外族入侵的壓力從未間斷，草原民族不斷一波接著一波往基輔羅斯侵襲，羅斯人先後與可薩人（Khazars）、佩切涅格人（Pechenegs）和欽察人（Cumans，在俄羅斯與烏克蘭稱他們爲Polovtsy）進行精疲力竭的戰鬥，直至蒙古大軍席捲亞歐、攻破基輔，結束俄羅斯史上的基輔羅斯時期。

蒙古摧毀基輔羅斯後進入割據時期。（圖1-7）羅斯人存在三股主要政治團體，分別繼承基輔羅斯原本擁有平民、貴族與王權的政治特性：

一、大諾夫哥羅德（Novgorod Republic）：位處歐俄西北地區，肩負捍衛領土與瑞典人、立陶宛人和條頓騎士團（Teutonic Order）對抗的重任。最有名者屬亞歷山大‧涅夫斯基（Alexander Nevsky），他一方面採取向蒙古大汗臣服的策略，獲得信任並賦予羅斯大公的職位，讓大諾夫哥羅德公國與一些其他地區的羅斯人免於戰火，另一方面專注抵禦西北方民族的入侵，特別是1242年在冰湖戰役（Battle on the Ice）擊潰1萬2千名的條頓騎士團部隊，使其實力大衰，難再造成威脅。大諾夫哥羅德的政治與社會極具民主特色，以市政會議（Veche）作爲運作核心，不論是在行政、立法、司法，還是軍事方面，都有人民直接選舉出的代表參與其中，並且從其刑罰的制訂也反映大諾夫哥羅德人對生命高度的尊重。然而，14世紀以後，大諾夫哥羅德逐漸走向寡頭政治，階級對立日益明顯，社會貧富差距不斷擴大，城邦治理模式在與後來以君主專制崛起的莫斯科大公國的較量過程中，也漸趨下風，致使最終被伊凡三世（Ivan the Great）兼併。

圖1-6　伊凡三世

圖1-7　羅斯割據時期圖（擷取自Фонд Гуманитарных проектов）

　　二、加利西亞－沃里尼亞王國（Kingdom of Galicia-Volhynia）：位於基輔羅斯的西南地區，從喀爾巴阡山脈的北面延伸到白俄羅斯，與立陶宛、波蘭、匈牙利接壤，土壤肥沃、地處交界，農業和國際貿易極為興盛。與鄰國波蘭和匈牙利的地主階級發展相似，加利西亞－沃里尼亞王國培養出實力雄厚的貴族階級，他們強調自身擁有廢除和延請王公的特權，不僅曾取代基輔羅斯王公家族的地位，擔任一國之君，也常忽視王公的意志，直接統治王國的部分地區。該國王權明顯受到貴族嚴重的限制，而代表人民的市政會議也難以在政治上對貴族產生制衡的力量。不同於大諾夫哥羅德王公對蒙古人採取順從與合作的策略，加利西亞－沃里尼亞王國遭受蒙古入侵後，雖然臣服卻與蒙古可汗關係不和，造成國力大幅衰退，至14世紀後半葉，沃里尼亞地區被併入立陶宛大公國（Grand Duchy of Lithuania），加利西亞則由波蘭統治，天主教與波蘭文化逐強勢在上層社會傳播。

　　三、弗拉基米爾－蘇茲達里公國（Grand Duchy of Vladimir）：位於基輔羅斯東北地區，羅斯托夫（Ростов; Rostov）、弗拉基米爾與蘇茲達里（Suzdal）等是其重要城市。除了基輔以外，此地區遭受蒙古軍入侵的傷害最為嚴重，幾乎成為廢墟，但在蒙古統治時期的重建過程中，其發展優勢則慢慢體現出來。一方面，因它在蒙古直接統治的範圍之外，南部還有一個梁贊公國（Grand Duchy of Ryanzan）作為與蒙古人之間的緩衝區，所以有較大的自主發展的空間；另一方面，弗拉基米爾－蘇茲達里大公國向北、向東都還有廣大無人煙的森林區可以擴張，不論是開發新領土，還是建設城市，社會對王公的依賴程度提高，君王權威獲得增長，君主專制制度越漸成形，提供後繼者莫斯科公國（Grand Duchy of Moscow）統一俄羅斯的有利條件。

第三節　莫斯科大公國時期

　　據目前已知文獻資料推測，莫斯科在1147年前就以一個村莊或小鎮的形式出現，12世紀中葉已發展爲有城牆的城市。1237年蒙古大軍攻陷莫斯科後，直至1276年由亞歷山大・涅夫斯基的小兒子丹尼爾（Daniel Alexandrovich）成爲莫斯科的統治者，莫斯科才開始擁有自己的王公家族。初期莫斯科公國的領地非常小，只限莫斯科城四周，不包括圖拉（Tula）、弗拉基米爾，或羅斯托夫等。丹尼爾大公以後的歷任繼承者，透過繼承、買賣與武力奪取的方式，不斷擴張莫斯科大公國的版圖，至1363年德米特里（Dmitry Donskoy）繼位時，莫斯科大公國的實力已經能夠威脅蒙古人——欽察汗國（又名金帳汗國，Golden Horde）。德米特里大公先後率兵擊敗由欽察汗國冊封的米哈伊爾二世大公（Mikhail II of Tver），以及向欽察汗國進貢的梁贊公國與伏爾加河上的保加爾人（Bulgars）。這些舉措無疑是向欽察汗國的權威提出挑戰，雙方在1380年9月8日展開著名的庫里科沃戰役（Battle of Kulikovo），德米特里最終艱辛地贏得勝利，打破俄羅斯人對蒙古人不可戰勝的認知，莫斯科大公國躍居唯一能領導羅斯人對抗蒙古人的地位。

　　雖然莫斯科大公國獲得庫里科沃戰役的勝利，但實際情況未允許完全脫離欽察汗國而獨立，爲了專心與西面的立陶宛和特維爾大公國戰鬥，不時需向蒙古大汗贈送禮物以維持良好的關係。不過，雙方勢力的消長在15世紀明顯表現出來，欽察汗國開始大規模裂解，1430年克里米亞汗國（Crimean Khanate）、1436年喀山汗國（Khanate of Kazan）、1466年阿斯特拉罕汗國（Astrakhan Khanate）分別脫離欽察汗國的統治，克里米亞汗國甚至在1475年承認鄂圖曼土耳其帝國（Ottoman Empire）爲宗主國。反觀莫斯科大公國，先是受益於1443年東正教俄羅斯教會與拜占庭教會分道揚鑣，莫斯科作爲俄羅斯教會總主教的所在地，更提高在其他俄羅斯公國之間的影響力。1462年伊凡三世繼任莫斯科大公，短短25年內依序統一了雅羅斯拉夫爾（Yaroslavl）、波爾姆（Perm）、羅斯托夫、大諾夫

哥羅德與特維爾。在力量與聲望彼消我長的情況下，1480年伊凡三世遂正式宣布不再效忠欽察汗國，俄羅斯人自1240年開始受制欽察汗國影響的時代結束。

　　伊凡三世被後人稱爲大帝的原因，不單是他統一大部分其他羅斯公國，他更視自己爲基輔羅斯的繼承者，不僅強調恢復過去的領土範圍，而且力圖提升大公獨立的統治地位。伊凡三世透過迎娶拜占庭公主索菲亞（Sophia Palaiologina），將拜占庭雙頭鷹的標幟添進至自己的家徽，然後參考拜占庭的範例設計屬於莫斯科自己的宮廷禮儀，並在1493年採用「全羅斯大君主」（Grand Prince of all Rus）的頭銜。之後向立陶宛公國發動戰爭，於1503年成功將一部分斯摩稜斯克與大面積的切爾尼戈夫（Chernigov）等地區納入版圖。後繼者瓦西里三世（Vasili III Ivanovich）延續且完善伊凡三世的政策，他統一剩餘的羅斯公國，包括：普斯科夫（Pskov）、斯摩稜斯克與梁贊；向立陶宛與喀山汗國的方向擴張莫斯科大公國的邊界；開始與神聖羅馬帝國（Holy Roman Empire）、鄂圖曼土耳其帝國和蒙兀兒帝國（Mughal Empire）等建立外交關係；強化中央集權制度，對內部貴族階層的要求更加嚴格。貴族應盡的義務增加，若不爲莫斯科服務則將以叛國罪處置。經伊凡三世與瓦西里三世的努力，奠定俄羅斯未來邁向大一統帝國的基礎。

　　原本三股不同於羅斯政治發展的型態與勢力，最終由重視王權的莫斯科大公國勝出，能在這競爭中脫穎而出，主要得利於六項因素：

　　一、地理因素：莫斯科大公國地處優越，位於莫斯科河的大轉彎處，爲當時四支主要河流——奧卡河、伏爾加河、頓河（Don River）與聶伯河的發源地，有利開拓生活領域；有大諾夫哥羅德與梁贊公國作爲緩衝區，不受西北方瑞典、條頓和立陶宛人，以及東南方蒙古人等外族的直接壓力。

　　二、經濟因素：莫斯科大公國除藉水路發展對外貿易，較其他公國提供相對和平與安全的生活環境，更加大力發展農業與殖民事業。

　　三、領導人因素：莫斯科大公國在很長一段時間內的歷任大公都有男性繼承人，逐漸確立父傳子的傳統，避免叔伯對王位爭奪的內戰。然後，幾代大公的治理表現稱職，一方面對外拓張領土，一方面維持內部穩定秩序，進一步吸引大

批貴族和農民等不同階級的依附。

四、王權政治：相較其他發展民主或貴族政治的公國常陷於動盪的內耗情況，強調中央集權的王權政治更有效率整合國家人力與物力的資源，以達成統一俄羅斯的目標。

五、與蒙古人的關係：莫斯科大公國靈活調整對欽察汗國的政策，在實力不如蒙古人的時候，採取合作態度，既協助征討其他不聽話的俄羅斯公國，又負責代收各公國給欽察汗國的貢賦，如此間接提高莫斯科在各個公國間的地位。待蒙古人力量衰退，莫斯科又轉變成領導全羅斯人反抗的代表。

六、教會因素：宗教在中世紀歐洲政治扮演重要角色，俄羅斯也不例外。一方面，作為俄羅斯東正教總主教與培養僧侶的所在地，莫斯科大公國成為整個俄羅斯的宗教中心；另一方面，東正教會也支持莫斯科統一全俄羅斯的目標，當教會對其他公國內政採取干涉時，例如：建議、警告或是開除教籍，多有利於莫斯科大公國這一方。

第四節　俄羅斯沙皇國時期

　　瓦西里三世去世後，兒子伊凡四世（Ivan IV Vasilyevich，又名恐怖伊凡Ivan the Terrible）於1533年登基，成為新一任全羅斯大公。在莫斯科大公國的國力持續上升，大公的威望與權力不斷提高的情況下，原有的頭銜已不足展現一國之君神聖又崇高的地位，所以1547年，伊凡四世成為俄羅斯史上第一位被加冕為沙皇（Tsar）的君主，莫斯科大公國也更名為俄羅斯沙皇國（Tsardom of Russia）。

圖1-8　伊凡四世

　　伊凡四世由軍事改革所獲得的成果最為顯著。首先，頒布一系列貴族服兵役的法令，明確規定貴族唯有經過服兵役，以及提供與財產相應的軍人和馬匹數量才能擁有土地，過去用世襲或其他取得土地的方式都被禁止。其次，在軍隊中設置第一批常設的正規軍團——配備鉤銃的射擊部隊（Streltsy），並將哥薩克（Cossacks）騎兵正式納入編制，然後強化砲兵與防禦工程，此等軍事改革的成效反應在對外擴張的成功。向東方，1552年俄羅斯沙皇國擊敗且兼併了喀山汗國，1556年兼併阿斯特拉罕汗國，1582年擊敗西伯利亞汗國（Khanate of Sibir）；向西方，1558年擊敗立窩尼亞騎士團（Livonian Order），占領其最大城——杰爾普特（Derpt，現為愛沙尼亞第二大城Tartu），1563年再敗波蘭與立陶宛聯軍，拿下波洛茨克（Polotsk）；向南方，則分別於1554年、1557年和1558年抵禦了克里米亞汗國的進攻。伊凡四世的武功也有助其發展與中、西歐洲國家的關係，除了與哈布斯堡王朝（House of Habsburg）和義大利諸多城邦互設大使館外，特別與英國建立了外交與貿易關係，英國商人在沙皇國境內享有不繳稅及自己人管理自己人的特權。

　　伊凡四世提升專制王權的同時，與大貴族間的不信任感和衝突也隨之不斷增加。1560年，他心愛的年輕妻子安娜斯塔西亞（Anastasia Romanovna）突

然去世，被懷疑是由大貴族出身的權臣們設計毒死。再加上，1564年其心腹庫爾比斯基公爵（Andrey Kurbsky）因不願遭沙皇誤殺，轉投靠立陶宛組織對抗伊凡四世的聯軍，如此背叛式的打擊，使伊凡四世於同年設立祕密警察組織（Oprichnina），直屬沙皇、享有專屬的領地，負責鞏固沙皇人身與地位的安全，肅清國內危害沙皇者，有權執行處決和沒收財產等懲罰。恐怖統治隨之而來，不僅嚴重內耗沙皇國的國力，也無助降低伊凡四世對旁人的懷疑與恐懼，1581年自己失手打死最有能力接班的皇子伊凡（Tsarevich Ivan Ivanovich），造成1584年由體弱的費奧多爾一世（Feodor I）接任皇位。沙皇費奧多爾一世在位期間沒有子嗣，所以1598年死後，不僅象徵留里克王朝的結束，也因皇位繼承問題，引發沙皇國長達15年的混亂時期（Time of Troubles），最後在1613年由教士、貴族、市民與農民代表組成的全俄縉紳會議（Zemsky Sobor），推選出米哈伊爾‧羅曼諾夫（Michael Romanov）就任新一代的沙皇，開啓羅曼諾夫家族逾300年對俄羅斯的統治。

表1-1　羅曼諾夫王朝歷任沙皇

順序	沙皇名	在位期間C.E.
1	Михаил Ф.	1613-1645
2	Александр М.	1645-1676
3	Фёдор III	1676-1682
4	Иван V	1682-1689
4	Пётр I	1682-1725
5	Екатерина I	1725-1727
6	Пётр II	1727-1730
7	Анна Ивановна	1730-1740
8	Иван VI	1740-1741
9	Елизавета I Петровна	1741-1761
10	Пётр III	1761-1762

順序	沙皇名	在位期間C.E.
11	Екатерина II	1762-1796
12	Павел I	1796-1801
13	Александр I	1801-1825
14	Николай I	1825-1855
15	Александр II	1855-1881
16	Александр III	1881-1894
17	Николай II	1894-1917

　　至1694年彼得一世（又名彼得大帝， Peter the Great）開始獨當一面以前，俄羅斯沙皇國經歷三件特別重要的事情：

　　一、國土迅速向東擴展：17世紀的西伯利亞與遠東地區的原住民已經無力對抗俄羅斯探險與殖民隊的東擴。一批批由俄羅斯人與哥薩克人組成的隊伍，一邊開拓「新天地」，一邊建立武裝殖民據點，這些據點也在往後發展為區域中重要的城市。1639年伊凡・莫斯克維欽（Ivan Moskvitin）率領

圖1-9　米哈伊爾・羅曼諾夫

第一批俄羅斯探險兼殖民隊抵達太平洋海岸；1645年西蒙・杰日涅夫（Semyon Dezhnev）更首次率船隊自北極海穿過白令海峽（Bering Strait）進入太平洋。沙皇國勢力進入遠東地區的同時，也侵犯大清帝國原本在此區的利益，雙方經多次交戰，最終於1689年簽訂尼布楚條約（Treaty of Nerchinsk），確立兩國邊界與邊境貿易辦法。

　　二、農奴制度的確立：農奴是經過長時間，俄羅斯社會經濟發展的衍化而出現，到沙皇國時期已經成為貴族階層和整個俄國統治階層不能缺少的支柱。1649年的會議法典（*Sobornoye Ulozheniye*）不僅將貴族領地中的自耕農劃入農奴階層，確認農奴世代不能改變的原則，對窩藏逃跑農奴者也施以重罰，還將原本

追捕逃跑農奴的期限由五年修改成無期限。此後農奴的處境急劇惡化，買賣與餽贈農奴的行為在17世紀末已經非常普遍。

　　三、烏克蘭納入沙皇統治版圖：自欽察汗國力量衰退開始，包含基輔在內的大部分烏克蘭地區——信仰東正教的烏克蘭人與哥薩克人，長期受立陶宛大公國的統治。然而1569年立陶宛與波蘭簽訂「盧布林聯合文件」（Union of Lublin），成立了波蘭立陶宛王國（Kingdom of Poland and the Grand Duchy of Lithuania），波蘭濃厚的貴族政治和天主教文化遂強勢進入烏克蘭，引發基層哥薩克人與烏克蘭人的激烈反彈。哥烏起義群眾雖然有擊敗波陶軍隊的紀錄，但整體實力仍不能撼動後者，進而多次向沙皇國求助。之後，由起義軍領導人博格丹・赫梅利尼茨基（Bogdan Khmelnitsky）成立的哥薩克酋長國（Cossack Hetmanate），在1654年與沙皇國簽訂「佩列亞斯拉夫條約」（Agreement of Pereyaslav），確定歸順俄羅斯沙皇、成為俄羅斯的附庸國，此舉引發歷時13年的俄、波戰爭（Russo-Polish War of 1654-1667），最終俄軍勝利並獲得「安德魯索沃條約」（Truce of Andrusovo），俄羅斯在烏克蘭的地位受到認可，也奠定往後俄羅斯在此區發展的基礎。

第五節　俄羅斯帝國時期

俄羅斯在18世紀經歷兩任沙皇——彼得一世和葉卡捷琳娜二世（凱薩琳大帝，Catherine the Great），獲得一系列重大對外戰爭的勝利，以及力行「西化政策」的雙重影響下，躍升為歐洲基督文明世界中的一大強權，搭上近代歐洲發展帝國主義的列車。

圖1-10　彼得一世

彼得一世自1700年至1721年參與對瑞典帝國作戰的大北方戰爭（Great Northern War），最終擊敗瑞典、迫其與之簽訂「尼斯塔德條約」（Treaty of Nystad），獲得愛沙尼亞（Estonia）、立窩尼亞、英格利亞（Ingria，也就是後來的聖彼得堡省Saint Petersburg Governorate）和芬蘭東南地區，確立俄羅斯在波羅的海的地位。如此偉大功績，讓彼得一世接受參政院（Governing Senate）的提議，改「沙皇」頭銜為「皇帝」（Emperor），俄羅斯沙皇國也更名為俄羅斯帝國（Russian Empire）。

同時間，彼得一世推動整體國家改革的規模與影響，更是在俄羅斯史上劃時代的表現。在沙皇強烈主導下，在社會文化方面，促使上流社會開始學習西方的衣著、禮儀與生活習慣，間接逐步帶動起整個社會的西化運動；在軍事方面，不僅建立起自己的新式軍火與造船工業，也培養出足以擊敗強權瑞典的新式陸軍與海軍艦隊；在行政方面，除設置參政院與委員會（Collegia），以協佐沙皇更有效率地統治外，成立宗教事務管理總局（the Holy Synod），任命世俗官員擔任總局長，欲有效控制教會和其財產，使沙皇成為俄羅斯世俗與宗教的最高領袖。在財政與經濟方面，為提高國家財稅收入，一方面以人頭稅代替傳統的戶籍稅和耕地稅，並且擴大政府的專賣範圍；另一方面，也鼓吹民生工業和貿易盈餘，強化政府保護國內產業的角色。

　　經彼得一世的大力西化改革，俄羅斯整體的國勢持續上升，在葉卡捷琳娜二世統治時期達到另一個高峰，解決了兩個長期來自波蘭與土耳其的問題。在波蘭方面，俄羅斯藉由1772年、1793年和1795年的三次機會，聯手普魯士王國（Kingdom of Prussia）和奧地利帝國（Austrian Empire）瓜分了波蘭－立陶宛王國，終將白俄羅斯與西部烏克蘭納入領土範圍；在土耳其方面，俄羅斯分別在1774年與1792年擊敗鄂圖曼土耳其帝國，雙方於1792年簽訂「雅西和約」（Treaty of Jassy），俄羅斯不僅獲得德涅斯特河以西的黑海沿岸地區，原本於1783年吞併克里米亞汗國的行動也受土耳其承認，換言之，俄羅斯打通了向黑海的出口，塞凡堡（Sevastopol）也成為俄羅斯黑海艦隊最重要的基地。

　　此外，葉卡捷琳娜二世深受當時啓蒙思想家的影響，曾在很大程度上對內宣揚自由主義的理念，被當時不少如伏爾泰（Voltaire）之輩的歐洲知識分子讚揚其「開明」（Enlightened）。理念落實到執行的結果，俄羅斯貴族的地位與特權達到俄國史上的頂點，享有結社、免役、免納稅、不受體罰和保障財產等權利，有益往後俄羅斯在藝術、文學、思想和資本經濟等的發展。然而相反地，超過人口半數的農奴處境卻惡化到無以復加的地步。他們不僅是地主們的財產，

圖1-11　葉卡捷琳娜二世

地主更有權隨意發配他們至西伯利亞服勞役，然後再召回「使用」；農奴也被禁止向沙皇或政府控訴地主，違者將受嚴重處罰；農奴制度也急速往新國土實行，特別是烏克蘭、烏拉爾山地區。民間的反抗此起彼落，最大者是1773年由普加喬夫（Yemelyan Pugachev）領導爲期一年的起義行動，但最終仍未撼動擁有軍隊的沙皇與貴族利益緊密結合的統治，反而促使葉卡捷琳娜二世加緊對社會控制的力度。

　　1801年亞歷山大一世（Alexander I）登基爲新任沙皇，俄羅斯帝國持續在對外擴張上有很大的斬獲，例如：兼併了喬治亞，確立俄羅斯在高加索山脈以南永久的影響力；擊敗瑞典而獲得芬蘭，芬蘭成爲俄羅斯帝國的自治大公國

（Grand Duchy of Finland）；向阿拉斯加開拓殖民地，最遠更達加州（California State）北部，在那建立了羅斯堡（Fort Ross）。更重要的是成功打擊拿破崙（Napoleon Bonaparte）稱霸歐洲的野心，不僅在1812年擊退入侵俄羅斯的法國聯軍，還於1814年反攻陷了巴黎，因而出現強調「正統」與「均勢」的維也納會議（Congress of Vienna），建立了至第一次大戰爆發為止歐洲政治的框架。也因為俄軍成功地從莫斯科向巴黎「解放」，不少軍官獲得對西方最直接的認識，西歐的繁榮與進步跟俄羅斯成強烈對比。他們受啓蒙運動和法國大革命的影響成為自由主義者，希望能與俄政府合作，藉由實行立憲政治與廢除農奴制度，以推動國家進步。然而，隨著俄羅斯保守力量的崛起，由上往下的政治改革越來不可行，這批自由主義者轉向支持通過武力以實現目標，並在1825年12月，亞歷山大一世突然去世、皇位繼承者不清楚的情況下，發動不成功的武裝政變，整個組織與其行動逐被稱為「十二月黨人起義」（Decembrist uprising）。

　　包括新任沙皇尼古拉一世（Nicolas I）等俄羅斯知識分子都明白農奴制度是拖累俄國進步的最主要原因，但農奴制度是國家結構的根本，貴族依賴農奴，而君主專制需要貴族的支持。尼古拉一世擔心農奴改革和一切民眾自發參與的政治改革，會帶給奉行君主專制的俄羅斯帝國更大的災難，所以在位期間不僅設立負責監控社會、對付顛覆與革命的政治警察部門（Intelligence agency），還強化新聞檢查制度、指導國家教育方針，並且大力干預大學的自治和學術自由，塑造出一個窒息、缺乏生氣的政治社會。另一方面，尼古拉一世的外交政策表現也貫徹內政的精神，極力協助各歐洲皇室壓制自由與民族主義的革命運動，甚至兩次出兵幫助黑海死對頭——土耳其，鎮壓以下犯上的「叛亂者」。俄羅斯同時間的對外擴張亦有收獲，1828年擊敗波斯、簽訂「土庫曼察條約」（Treaty of Turkmenchay），獲得亞美尼亞領土和獨霸裏海的軍事權利；1829年與土耳其簽訂「阿德里安堡條約」（Treaty of Adrianople），得外高加索臨黑海地區與多瑙河出海口；1832年頒布「統一法」（Organic Statute of the Kingdom of Poland），重新將波蘭納入俄羅斯帝國版圖。然而，俄羅斯在1853年至1856年於克里米亞戰爭（Crimean War）的嚴重挫敗，不僅象徵尼古拉一世時代的結束，帝國也必須

跨出大改革的步伐。

受內外客觀情勢所迫，俄羅斯帝國進行一系列大規模的改革，其程度可以媲美彼得大帝時期。亞歷山大二世（Alexander II）經加冕典禮後，立即公開徵集貴族與專家討論廢除農奴制度的辦法，於1861年3月3日正式簽署「解放農奴宣言」，農奴可以在政府經濟的補助下，擁有自己的土地。大規模人力從土地上解放，使得傳統依賴土地和農奴生產的貴族加速沒落，俄羅斯資本主義

圖1-12　亞歷山大二世

則開始蓬勃發展，新興中產階級出現。農奴解放也帶動地方治理、司法、財政、教育與軍事等多項領域的改革，加速了俄羅斯的現代化與民主化。不過，較自由的環境與改革衍生出的政治社會問題反而提供俄國激進主義（Radicalism）和革命運動發展的土壤，知識分子強烈不滿政府的改革只做半套，國家改革必須持續深化，所以積極尋找可以解決問題的方法，批判現實主義（Critical Realism）、虛無主義（Nihilism）和民粹主義（Populism）等逐流行於知識分子圈，最後甚至出現強調恐怖攻擊掌權者，以及用革命推翻政府的激進團體。亞歷山大二世最終死於1881年3月13日的恐怖攻擊中。另外，值得一提的是這個階段俄羅斯的對外關係。俄羅斯受制於歐洲強權間的合縱連橫，雖在1878年擊敗土耳其，簽訂了「柏林條約」（Treaty of Berlin），但實質獲利不大；俄羅斯向歐洲發展受挫，卻在亞洲方面得到顯著的成果，例如：與大清帝國簽訂「璦琿條約」和「中俄北京條約」，將領土擴及黑龍江以北和烏蘇里江以東地區；以千島群島作交換，從日本帝國獲得南庫頁島；站穩中亞、納入烏茲別克與土庫曼為其勢力版圖。

解放農奴後，俄羅斯資本主義蓬勃發展，工業化進展極為迅速，帝國整體實力向上提升。假若繼續深化亞歷山大二世的改革政策，俄羅斯或許將更有能力應付往後國內外時局的變化，但是緊接繼位的兩位沙皇亞歷山大三世（Alexander III）和尼古拉二世（Nicolas II）並沒有注意到這契機，兩人執政都以維護君主專制和東正教正統，以及推廣俄羅斯民族主義為政策核心，強化對社會秩序的控制，減緩了改革的步伐。然而，資本主義式經濟則持續在俄羅斯

發展，社會上傳統貴族與農奴矛盾的階層關係，已經由
資本家與勞工取代，並且連鎖引發複雜的政治、社會
和經濟問題。工人的示威和罷工不斷，學生罷課與抗
議的次數更加頻繁，農民在農村的暴動也更加惡化情
勢。1905年尼古拉二世受「血腥星期日事件」（Bloody
Sunday）和日俄戰爭（Russo-Japanese War）失敗的壓力
下，不得不接受大幅度的政治改革，同意召開國家杜馬
（State Duma），實行君主立憲制度，並且重用斯托雷
平（Pyort Stolypin），任命其擔任相當於首相地位的帝

圖1-13　尼古拉二世

國大臣會議（Council of Ministers）主席。斯托雷平雖然一度在掃蕩革命分子和
實施農村土地改革方面，成功削弱反政府的力量，但1911年9月14日卻遭革命分
子暗殺，之後接任的大臣會議主席都無法有相同的意志和執行力深化立憲改革的
力量。1914年第一次世界大戰爆發，俄羅斯帝國不僅參與還深陷其中，一連串戰
事失利和大規模饑饉所衍生出的反戰訴求，遂成壓垮帝國的最後一根稻草。1917
年3月8日發生「二月革命」（February Revolution，此時為俄國曆法的2月），
迫使尼古拉二世在3月15日退位，羅曼諾夫王朝終結，俄羅斯史進入新的一個階
段。

第六節　蘇聯時期

尼古拉二世退位後，立即由李沃夫公爵（Georgy Lvov）、立憲民主黨領導人米留科夫（Pavel Milyukov）、十月黨人的領導古奇科夫（Alexander Guchkov）和社會革命黨的克倫斯基（Alexander Kerensky）等當時屬進步集團的成員，成立了一個臨時政府主持俄羅斯政務，並且普遍得到英美西方國家的承認。臨時政府的目標是建設一個保障人民自由與平等的行憲新國家，但是其不僅欠缺有效的行政管理機構，也沒有確實的掌控軍隊與警察，更重要的是還繼續堅持參戰的政策，履行俄國對協約國的責任，帝國末期嚴峻的社會問題並未獲得改善，為此臨時政府的支持度急速下降，最終由列寧（Vladimir Lenin）領導的布爾什維克（Bolsheviks）在11月7日發動十月革命（October Revolution，此時為俄國曆法的10月）所推翻，正式成立俄羅斯蘇維埃聯邦社會主義共和國（Russian Soviet Federative Socialist Republic，RSFSR，簡稱蘇俄；1922年12月30日併入蘇維埃社會主共和國聯盟Union of Soviet Socialist Republics，USSR，簡稱蘇聯）。

圖1-14　克倫斯基

圖1-15　列寧

蘇俄政府面對內外交迫的生存問題，主要是對德戰爭與協約國干涉，以及內戰和經濟危機等問題。在列寧強烈的主導下，蘇俄先委曲求全與德國簽訂「布列斯特－利托夫斯克和約」（Treaty of Brest-Litovsk），同意割讓從芬蘭、波羅的海、波蘭、烏克蘭與外高加索地區等大片領土，並支付德國一筆巨額賠款。（圖1-16）如此犧牲為的是換取新政府能專心對內，著手穩固政權的工作。蘇俄單方面與德國媾和的舉動立即引來協約國（Entente Powers）的不滿，英、美、

法、義等國家一方面擔心德國會藉機獲得俄國戰略要地和軍用物資，一方面擔憂這第一個蘇維埃政權可能危害自身的社會穩定，遂派軍隊進占蘇俄在北極海和黑海的重要港口，提供武器裝備給反布爾什維克軍隊；日本甚至派6萬部隊占領庫頁島與貝加爾湖以東之西伯利亞大片地區。不過，隨著紅軍逐步在內戰中擊敗反布爾什維克軍隊，協約國軍隊也開始撤出蘇俄，到1920年底全境的反布爾什維克武裝勢力（相較於共產「紅軍」Red Army，他們以「白軍」White Army著稱）都已經被肅清，協約國的干涉行動也以失敗收尾。

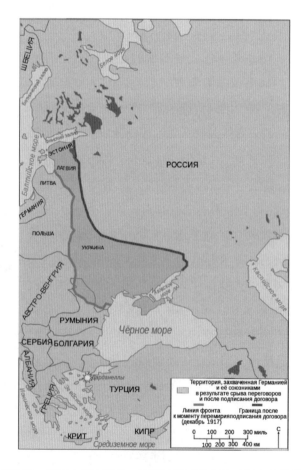

圖1-16　蘇俄依「布列斯特－利托夫斯克和約」割讓給德國的土地（擷取自維基百科）

　　同時期，蘇俄政府為了因應國內艱困的環境，在經濟上採行「戰時共產主義」（War communism）政策，推行「工業國有化」、「義務勞動制度」和「糧食與生活用品配給制」，並且向農民頒布糧食徵收令，除生存必須糧食外，其餘收成一律上繳國家。戰時共產主義引起農民與工人強烈的不滿，農民希望能停止徵糧、恢復自由貿易，以及擁有對自耕地完全的支配權；工人則要求更多的糧食與生活物品配給、准予跟農民以物易物、取消工廠對工人強制管理的辦法。兩者不滿的情緒越演越烈，不時造成農村暴動與工人罷工，還有襲擊共產黨和徵糧隊的事情發生。1920年內戰結束後，列寧開始推行「新經濟政策」（New Economic Policy），允許私人經營零售行業和小規模企業（雇員人數少於20人）；允許農民繳交農業稅後，可自由支配剩餘的農產品；允許農民租賃土地和聘雇一定數量的農業生產人員；另外，要求國營企業自行承擔營運成本、盈虧自負。實行「新經濟政策」使蘇俄經濟快速復甦。到1928年蘇聯的耕作土地面積已經微超過戰前的情況，工業產能也達到戰前的水準，全國75%的零售業掌握在私人企業手中。眼看富農和小企業主階層的不斷壯大，不僅引起共產黨領導幹部們的戒心，使其在1924年至1927年間頒布一系列限制小企業主和富農的政策，更造成黨內對未來治國路線的鬥爭，究竟是以溫和漸進手段進入社會主義國家，還是採激進強制的方式建設國家社會主義，尤其當1924年1月列寧去世後，路線之爭亦是權力接班之爭。

圖1-17　布哈林

　　當時兩條路線的代表人物分別是布哈林（Nikolai Bukharin）與托洛斯基（Leon Trotsky），但是最後收割權力果實的是史達林（Joseph Stalin）。史達林先聯合加米涅夫（Lev Kamenev）和季諾維也夫（Grigory Zinoviev）將托洛斯基逐出黨中央，然後再與布哈林和部長會議主席李可夫（Alexei Rykov）合作，反過來鬥倒加米涅夫與季諾維也夫。當史達林自身實力壯大後，再轉向批鬥布哈林一派。除了權術運用得宜外，史達林同時也提出自己對社會主義革命的見解，強調蘇聯在奉行列寧主義的前提下，可以靠自己的力量成功達成社會主義的革

命。如此帶有樂觀、希望與信心的「一國社會主義勝利論」（Socialism in One Country）獲得廣大黨員和民眾的支持，所以在1927年12月27日第十五屆全聯盟共產黨代表大會〔15th Congress of All-Union Communist Party（Bolsheviks）〕確立了史達林在黨內的唯一領導地位。為了加速國家工業化進程，以及因應蘇聯涉入國際戰爭的可能，史達林自1928年10月起至1941年6月蘇德戰爭爆發爲止，實行三個階段的「五年經濟計畫」（Five-year plans for the national economy of the Soviet Union），成功將蘇聯建設成一個重工業發達、農業集體化的國家，在綜合各項機械器具生產的年產量僅次於美國。然而，不可忽略蘇聯獲得如此快速且巨大成功的背後是奠基在廣大人民極端困苦的生活，以及大批經大清洗（Great Purge）而入勞改營（Gulag）的無償勞力所換來。

圖1-18　托洛斯基

圖1-19　史達林

　　1941年6月22日，納粹德國撕毀雙方先前在1939年8月23日簽訂的歐洲合作條約──「德蘇互不侵犯條約」（German-Soviet Non-Aggression Treaty，同被稱爲Molotov-Ribbentrop Pact），向蘇聯發動進攻。剛開始德軍勢如破竹，不僅向北包圍列寧格勒（Leningrad，現在的聖彼得堡），在中段兵臨莫斯科市外約90公里（約從臺北到苗栗竹南的距離），向南更達高加索山脈北面的莫茲多克（Mozdok），但是在蘇聯人堅忍頑強的抵抗下，列寧格勒與莫斯科皆未淪陷。1943年1月，約12萬名德軍在史達林格勒（Stalingrad，現在的伏爾加格勒）向蘇軍投降，此舉是蘇德情勢逆轉的分水嶺，蘇聯開始主導戰局發展並進行反攻，終在1945年4月30日攻克柏林，納粹德國在5月9日正式投降。俄羅斯尊稱這反敗爲勝的事蹟爲「偉大衛國戰爭」（Great Patriotic War），至今依舊發揮凝聚社會團結和培養愛國情操的重要作用。另一方面，蘇聯在結束太平洋戰爭方面也提供關鍵性的貢獻。1945年8月8日蘇聯中止「日蘇中立條約」（Soviet-Japanese

Neutrality Pact），並於次日向日本宣戰，蘇軍迅速擊敗日本關東軍和突入滿洲國（Manchukuo）中心的戰績，迫使日本放棄繼續對抗美、中盟軍的政策，在8月14日宣布無條件投降，第二次世界大戰正式完全結束。

當蘇聯越加堅定對抗納粹德國侵略的時候，其國際地位就越顯重要，美、英兩國與其結成盟國，不僅援助大量的軍品和民生物資，也與之聯合共商建立戰後世界的新秩序。1945年2月蘇、美、英在雅爾達（Yalta）舉行首腦會議，史達林、羅斯福（Franklin Roosevelt）和邱吉爾（Winston Churchill）確立強國於戰後世界利益的分配和新秩序，特別是關於德國、波蘭、遠東地區和成立聯合國等問題達成共識。然而，當戰爭結束後，蘇聯與美國在國際利益的矛盾和衝突日漸擴大。蘇聯爲了保護自身國家安全而劃立如緩衝區的勢力範圍，單方強硬拆解戰利品以恢復國內經濟，以及協助多國左翼政黨掌控政權的舉動，都被美國視爲蘇聯推動共產主義擴張的表現；而奉行資本主義的美國是二戰後經濟和軍事實力最強大的國家，不僅在亞洲還是歐洲都有軍事基地，還透過經濟活動連帶影響他國政治和經濟向其靠攏的發展，如此對蘇聯而言，也是一種帝國式資本主義勢力擴張、威脅社會主義國家世界的安全。

1947年7月美國在歐洲推行「歐洲復興計畫」（European Recovery Program，又名The Marshall Plan），一般被視爲蘇、美冷戰開始的標誌，蘇聯同時也在東歐推行「莫洛托夫計畫」（Molotov Plan）作爲反制，雙方陣營從此之後明顯走向分門對壘的競爭關係。值得注意的是，一方面蘇、美成功避免因敵對關係而在歐洲引發戰爭，儘管1949年美國主導成立軍事防衛性質的北大西洋公約組織（North Atlantic Treaty Organization，NATO），1955年蘇聯成立相同性質的華沙條約組織（Treaty of Friendship, Co-operation, and Mutual Assistance，WarPac），但是另一方面雙方在亞洲的「熱戰」卻無法避免，如：1947-1949年的中國內戰、1950-1953年的韓戰，以及1955-1975年的越戰等，都能反映爲蘇、美意識形態陣營的戰爭，兩國也以不同程度的軍事和經濟援助涉入其中。

1953年史達林去世，新接班人赫魯雪夫（Nikita Khrushchev）經三年的努力，站穩黨中央的位置後，在1956年蘇聯共產黨第二十屆代表大會（20th

Congress of the Communist Party of the Soviet Union）的祕密會議中對史達林進行大力的批判。之後，開始在國內實行「去史達林化」政策（De-Stalinization），停止對史達林的個人崇拜、為大清洗中的受害者平反，放鬆對社會嚴密的監視與控制，讓蘇聯政治和文化界皆出現「解凍」（Khrushchev Thaw）的現象。異議人士不再隨意受處決或送勞改營的威脅，新一代被世界推崇的蘇聯文學家，如：《齊瓦哥醫生》（*Doctor Zhivogo*）的巴斯特納克（Boris Pasternak）和《古拉格群島》（*The Gulag Archipelago*）的索忍尼辛（Alexander Solzhenitsyn），都從此時嶄露頭角。

圖1-20　赫魯雪夫

　　赫魯雪夫的改革也出現在經濟方面，他特別重視農業的產出，不僅曾在1954-1958年間下令向西伯利亞和哈薩克開墾4,000萬公頃的農地、極力推廣種植玉米，還在1957年要求五年內全國牛奶、奶油和肉品的產量需達到美國的水準，但長期來看這些目標最後都失敗告終，甚至在開墾區造成難以恢復的生態浩劫。赫魯雪夫變革所帶來希望與危機的情況也同時出現在國際事務上，其上任後先是明顯調整了史達林後期對西方的尖銳政策，多次強調蘇、美應該和平共處，在芬蘭與波蘭問題退讓，並著手削減軍隊多達350萬人，更在1959年成為第一位訪問美國的蘇聯領導人，然而在1961年1月新任美國總統甘迺迪（John F. Kennedy）就任後，採取冒險與進逼的策略，引發柏林危機和古巴飛彈危機。前者以築起柏林圍牆收尾，後者則是冷戰時期世界最接近核戰邊緣的時候，儘管最後兩國各自讓步化解危機，但赫魯雪夫的個人聲望卻在黨內大受打擊，1964年10月遂以健康惡化的理由卸下領導職。

　　繼任者布里茲涅夫（Leonid Brezhnev）一改赫魯雪夫具有去史達林化和自由化的內外政策，重新肯定史達林對國家的價值，不論在內政還是外交上都強調傳統威權的治理方式，並且特別重視軍事實力的發展。1968年1月在捷克斯洛伐克（Czechoslovakia）由該國共產黨發起一場政治民主化和經濟市場機制化的運動，其訴求相較於1956年「匈牙利十月事件」（Hungarian Uprising of 1956）要

溫和許多，但仍被蘇聯共產黨政治局判定有脫離蘇聯和
華沙公約組織的傾向，遂於8月20日派軍隊攻占布拉格
且控制捷克全境，結束這場被後人稱為「布拉格之春」
（Prague Spring）。布里茲涅夫為蘇聯在捷克的作為作
出解釋，強調社會主義國家的主權應受整體社會主義國
家陣營利益的限制，而任何一個社會主義國家的發展都
與蘇聯利益息息相關，所以蘇聯有責任維護整個陣營的
一致性，可以對其他社會主義國家進行干涉。這論點就
是著名的「布里茲涅夫主義」（Brezhnev Doctrine）。

圖1-21　布里茲涅夫

　　布里茲涅夫主義強化中華人民共和國（People's Republic of China，以下簡稱
中國）對蘇聯干涉其內政的懷疑，加劇雙方從赫魯雪夫時期就已經惡化的關係。
1969年3月蘇中在珍寶島（Zhenbao Island）和東北邊境上發生一系列武裝衝突，
使兩國進入軍事對峙的狀態。蘇中關係的巨變連帶影響美中和蘇美關係發展，美
國開始嘗試與中國在外交上進行和解，並使其在1971年取代中華民國（Republic
of China）在聯合國內的地位。同時期蘇聯也減緩與美國的軍備競賽，布里茲
涅夫與美國總統尼克森（Richard M. Nixon）不僅在1972年5月簽署《限制反
導彈防禦系統條約》（Anti-Ballistic Missile Treaty），雙方兩年後還在海參崴
（Vladivostok）就限制進攻性戰略武器等問題達成臨時協議。然而，儘管在布里
茲涅夫領導下，蘇聯軍事力量達到高峰、與美國的關係和緩，但因其不重視內政
改革，造成政府和社會制度發展變得保守與僵化，組織內貪汙、腐化和依靠裙帶
關係的風氣盛行；經濟改革帶來的成長也沒有縮減與美國的差距，反而有擴大的
現象；1979年出兵阿富汗的決定更使國家陷入經濟、政治與外交的泥淖。布里茲
涅夫執政末期，蘇聯已面臨不得不大幅改革的狀態。

　　1982年11月10日布里茲涅夫死後，連續兩任的蘇聯領導人安德羅波夫（Yuri
Andropov）和契爾年科（Konstantin Chernenko）都因年事高、健康狀況差而在
位時間短暫，所以54歲健康的戈巴契夫（Michael Gorbachev），在1985年3月11
日接任蘇共中央委員會總書記，成為蘇聯新領導人，同年蘇聯從阿富汗撤兵，結

束這場勞民傷財的戰爭。戈巴契夫隨後實行著名的「改造」（Perestroika）和「開放」（Glasnost）政策，前者是希望吸取部分市場經濟的優點以活絡蘇聯經濟，後者則冀望民主化、公開性和多元論的三大要素以改革政治體制，兩者最終的目標都是爲了重建一個讓蘇聯人充滿信心與驕傲的社會主義國家。然而事與願違，一方面蘇聯經濟的發展不僅從緩慢成長變爲負成長，市場消費品的產量也不見起色，財政赤字的情況持續惡化，通貨膨

圖1-22　戈巴契夫

脹與內、外舉債的幅度都達嚴重的程度；另一方面，大力檢討蘇聯過去歷史與政治表現的運動也如雨後春筍般在政治和社會上出現，蘇共內部產生許多相互攻訐的派系，社會示威遊行的活動也變得頻繁，民族之間的矛盾和衝突更上升到加盟國與中央的層級。儘管戈巴契夫同時間在外交事務上的表現獲得國際社會的好評，其強調全球在核戰的威脅下，整體人類的利益高於一切，所以反對軍備競賽、反對蘇美意識形態的冷戰，並推行和西方國家對話與合作的政策，但此舉無助緩和國內紛亂的局勢。

　　從1989年底開始，波羅的海三個加盟共和國政府——立陶宛、愛沙尼亞和拉脫維亞，紛紛向蘇聯中央表態要求獨立。戈巴契夫採取折衷方式，以取消蘇共在蘇聯的特殊地位，還有準備施行多黨制與總統制等方法向激進改革派退讓，然後在1991年3月17日舉行全國公投，獲得76.4%投票者的贊成——保留聯盟和蘇聯國名、反對分裂國家，向保守派表示其欲守護蘇聯的民意基礎和政策。這樣折衷的具體表現就是同年8月14日通過「新聯盟條約」（The New Union Treaty），將蘇聯的全名改爲「蘇維埃主權共和國聯盟」（Union of Sovereign States），拿掉原本的「社會主義」，承認每個加盟國爲主權獨立的國家，彼此平等、需互相尊重主權和領土完整，並且擁有權力直接與他國建立外交和貿易關係，蘇聯因此實際上從「聯邦」（Federation）轉變爲「邦聯」（Confederation）。這條約的通過隨即引爆保守派激烈的反彈，8月19日發生軟禁戈巴契夫的「八月政變」（August Putsch）。戈巴契夫雖然經過三天很快脫困，但其聲望和實力已經落後代表激進

派的俄羅斯聯邦總統葉爾欽（Boris Yeltsin）。戈巴契夫
雖然在8月24日宣布辭去蘇共中央總書記，並要求蘇共中
央自行解散，但1991年12月21日，俄羅斯、烏克蘭、白
俄羅斯、亞塞拜然、亞美尼亞、哈薩克、吉爾吉斯、摩
爾多瓦、塔吉克、烏茲別克和土庫曼等11國在阿拉木圖
（Alma-Ata）正式簽署以獨立國家國協（Commonwealth
of Independent States，CIS）代替蘇聯的決議，迫使戈
巴契夫在25日辭去蘇聯總統職務。此舉造成蘇聯正式解
體，俄羅斯遂進入俄羅斯聯邦（Russian Federation）的
新時代。

圖1-23　葉爾欽

參考資料

一、中文

專書

李邁先，1969。《俄國史》。臺北：正中出版。

周雪舫，2005。《俄羅斯史：謎樣的國度》。臺北：三民出版。

賀允宜，2004。《俄國史》。臺北：三民出版。

二、英文

專書

Hosking, Geoffrey, 2001. *Russia and the Russians: a history*. Cambridge, Mass.: Belknap Press of Harvard University press.

MacKenzie, David & Curran, Michael W., 1993. *A history of Russia, the Soviet Union, and beyond*. Belmont: Wadsworth.

Riasanovsky, Nicholas V. & Steinberg, Mark D., 2010. *A History of Russia*. Oxford University Press.

三、俄文

專書

Анисимов, Евгений, 2007. *История России от Рюрика до Путина. Люди. События. Даты*, Питер.

Орпов, А.С., Георгиев, В.А., Георгиева Н.Г, Сивохина, Т.А., 2009. *История России*. Проспект.

Соловьев, Сергей М., 2009. *История России с древнейших времен*. Эксмо.

第二章　民族與宗教

前言

Мы, многонациоальный народ Российской Федерации, соединненные общей судьбой на своей земле.

我們，俄羅斯聯邦多民族的人民，在自己的土地上因共同的命運結合在一起。

— 《俄羅斯聯邦憲法》前言

俄羅斯聯邦是個多民族的國家，民族眾多，宗教多元。形式上是個統一的政治體，但是在內部的人文、社會和文化現象上卻是多采多姿。在追求國家整合又同時保持文化多元的課題上，俄羅斯提供一個實際可見的範本。本章分兩部分，就俄羅斯聯邦的民族，語言及聯邦制度，與宗教現況分別說明。

第一節 民族，語言及聯邦制度

一、民族政策與聯邦制度

俄羅斯聯邦民族問題的最基本的背景來自於人口數的差異性、社會型態的不同、人口分布的分歧、民族政府建置的矛盾以及民族間互動的經驗的落差等。在這些條件的交互作用下，難免有不同程度、性質與層次的衝突發生。也因此，當代俄羅斯聯邦的民族政策所關注的問題有：

（一）俄羅斯人問題。包括俄羅斯人的公民權力、財產所有權以及政治權力的保障；

（二）以地方自治為基礎的聯邦制度；

（三）政治權力的分立。包括三權分立原則的確立、中央與地方分權的原則以及在權力架構中反映各民族的利益；

（四）各民族的合作；

（五）消除族群及社會差異及不平等。[1]

這些問題中以聯邦制度為要，該制度既是俄羅斯國體政治制度的一環，也是俄羅斯民族政策的設計樞紐。

聯邦制度在俄羅斯作為一個多民族的國家的前提之下，其所關照的不只是「中央－地方」之間的政府權力由哪一方行使的問題，還牽涉到「民族平等」、「民族自決」等問題，因此，「聯邦制」、「地方自治」、「民族平等與民族自決」、「分權原則」就形成了下面的基本構造。如圖2-1示：

---

[1] В.А.Тишков,Стратегия и механизмы национальной политики в Российской Федерации.// *Национальная политика в Российской Федерации.Материалы международной научно- практической конференции.* Москва:Наука, 1993. c.12-28

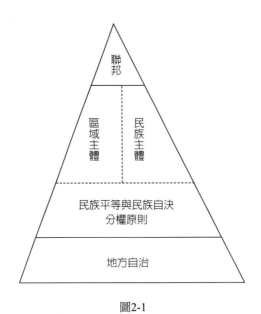

圖2-1

　　在圖2-1中，上層結構「聯邦制」採三權分立的總統制，而下層結構中的「地方自治」是俄羅斯聯邦做爲一個民主政體的最基本機制。其中差異性最大的，就在中層的制度運作上。

　　現行俄羅斯聯邦制度是「民族」聯邦主體與「區域」聯邦主體的雙軌並行制，聯邦主體分成兩類：

　　（一）「區域」類聯邦主體：3個直轄市（город федерального значения）、46個州（область）、9個邊區（край）；

　　（二）「民族」類聯邦主體：22個共和國（республика）、1個自治州（автономная область）、4個自治區（автономный округ）。其分布地區如下表2-1：

表2-1 俄羅斯聯邦「民族」類聯邦主體區域分布表

聯邦區 Федеральный округ	中央聯邦區 Центральный	南方聯邦區 Южный	西北聯邦區 Северо-Западный
共和國 Республика		卡爾梅克 Калмыкия 阿迪該 Адыгея 克里米亞 Крым	卡累利亞 Карелия 科米 Коми
自治州 Автономная область			
自治區 Автономный округ			涅涅次 Ненецкий АО
經濟地理區域 Экономический район	伏爾加河區 Волжский	北高加索區 Северо-Кавказский	北方區 Северный

聯邦區 Федеральный округ	遠東聯邦區 Дальневосточный	西伯利亞聯邦區 Сибирский		烏拉爾聯邦區 Уральский
共和國 Республика	雅庫特（薩哈) Саха (Якутия)	布里亞特 Бурятия 圖瓦 Тыва 哈卡斯 Хакасия	阿爾泰 Алтай	
自治州 Автономная область	猶太 Еврейская АО			
自治區 Автономный округ	楚克奇 Чукотский АО			漢特－曼西 Ханты- Мансийский АО — Югра 雅馬爾－涅涅次 Ямало-Ненецкий АО
經濟地理區域 Экономический район	遠東區 Дальневосточный	東西伯利亞區 Восточно-Сибирский	西西伯利亞區 Западно-Сибирский	西西伯利亞區 Западно-Сибирский

聯邦區 Федеральный округ	沿伏爾加河聯邦區 Приволжский			北高加索聯邦區 Северо-Кавказский
共和國 Республика	巴什科爾托斯坦 Башкортостан 烏德姆爾特 Удмуртия	馬利 Марий Эл 楚瓦什 Чувашия 莫爾德瓦 Мордовия	韃靼斯坦 Татарстан	達吉斯坦 Дагестан 殷古什 Ингушетия 卡巴爾金-巴爾卡利亞 Кабардино-Балкария 卡拉查-切爾克斯 Карачаево-Черкесия 北奧塞提-阿蘭尼亞 Северная Осетия — Алания 車臣 Чечня
自治州 Автономная область				
自治區 Автономный округ				
經濟地理區域 Экономический район	烏拉爾區 Уральский	伏爾加－維亞特區 Волго-Вятский	伏爾加河區 Волжский	北高加索區 Северо-Кавказский

　　「區域」性聯邦主體是以「俄羅斯人」（русские）爲主，歷史上即是構成俄羅斯國家的主體，因此，在「區域」類聯邦主體與聯邦政府的互動過程中，主要是以「分權原則」爲基本爭執點。

　　「民族」聯邦主體與聯邦政府之間不在於單純的權力劃分原則，而是牽涉到「民族自決」與「國家主權」的根本問題。

　　「民族」性聯邦主體的建置原則不考慮民族人口所占人口比重，而是依下列原則：

　　（一）各民族聯邦主體的所在地和「主體民族」（титульная нация）傳統的聚居地理位置相配合，

　　（二）在俄羅斯聯邦境外已有自己民族國家的民族，就不再建立聯邦主體

或是其他形式的自治單位，

（三）人數雖然多，且亦符合上述條件，但如果是呈散居在各大小城市，缺乏集中性，則也無法建置。

二、特殊名詞

俄羅斯因境內民族政治社會經濟文化上的差異性而有不同的階層化指稱，分別如下：

（一）「主體民族」（Титульная нация）

主體民族意指其民族政治單位是以本民族稱謂爲名，例如車臣共和國是因車臣人而名爲車臣共和國。在此事實情況下，所謂「主體民族」的概念不在反映人口的多少，而是反映出所謂「原住民族」（коренный народ）在某一地域中歷史、文化的優先性與傳統性。

（二）「少數民族」（Коренные малочисленные народы）

根據1999年通過的「俄羅斯聯邦少數民族權利保障法」（*О гарантиях прав коренных малочисленных народов Российской Федерации*）第一條中指出，所謂「少數民族」（коренные малочисленные народы）指的是：

1. 居住在自己祖先傳統的居住區域；
2. 保有傳統的生活、經濟及生產方式；
3. 人數在5萬以下；
4. 自我認同本身爲一獨立族群。[2]

---

[2] М.Ю. Тихомирова, под.ред.Б.С. Крырова, 1999.“Конмментарий к федеральному закону о гарантиях прав коренных народов малочисленных Российской Федерации”,Москва: Издание, с.15.

目前在此定義下的少數民族有46個，分布在北高加索區、極北區、西伯利亞以及遠東地區，總人口數約有36萬人，大多屬於使用芬蘭－烏拉爾語以及古亞細亞語的族群。這些少數民族多至4萬4仟人的涅涅次人（ненцы），少至只有596人，居住在庫頁島的歐洛奇人（орочи），以及堪察加半島的阿留申人（алеуты）——482

圖2-2　涅涅次人

資料來源：Ненцы http://www.narodru.ru/article1251.html

人。最少的是居住在楚克奇自治區（Чукотский автономный округ）凱列其人（кереки）——3名男性，1名女性，總計4人。

Кереки Екатерина Кальвичанау и Михаил Иванович Етынкеу.
В центре автор.

圖2-3　凱列其人於1969年的檔案照片

資料來源：Страна Туманская. Алькатваамцы

http://zorinanata.ru/pisateli-chukotki/strana-tumanskaya-v-leont-ev-alkatvaamcy

這些北方少數民族在分布上基本上出現「大分散、小集中」的現象，因此在民族政府的建置上大抵都依各民族的傳統居住區域為依據。例如，涅涅次人有涅涅次自治區（Ненецкий АО）、雅馬爾－涅涅次自治區（Ямало- ненецкий АО），楚克奇人的楚克奇自治區則是位於臨白令海峽的俄羅斯極東地區。

（三）「少數族群」（Национальное меньшинство）

俄羅斯聯邦各民族中，除了上述「少數民族」的「大分散、小集中」形式之外，對於非「少數民族」的其他民族，則是出現「大分散」的現象。也就是，一個民族分布區域除了本民族的歷史區域外，還散布在聯邦境內各地，但不是呈現特定地區集中的情形。例如，韃靼人（татары）總人口的530萬人中，只有200萬人居住在韃靼斯坦共和國（Республика Татарстан），亦即有64%的韃靼人是分布在聯邦內其他主體內，而這些韃靼人在其他聯邦主體內在人口比例上成為少數，成為所謂的「少數族群」（национальное меньшинство）。

「少數族群」依照1993年由當時「俄羅斯聯邦最高蘇維埃」（Верховный Совет Российской Федерации）所起草的法案「關於俄羅斯聯邦的少數族群」（О национальных меньшинствах в Российской Федерации）以及國家杜馬（Госдума）在1995年提出的「關於俄羅斯聯邦的少數族群」（О национальных меньшинствах в Российской Федерации），對於「少數族群」的定義可以歸納為下列幾點：

1. 居住在俄羅斯聯邦的公民；
2. 為某一民族的部分人群；
3. 不居住在本民族的民族政府或是傳統的歷史聚居區；
4. 保有民族自我意識、語言、文化、傳統以及其他的民族特性；
5. 不屬於「少數民族」的範圍。[3]

---

[3] Раис Тузмухамедов, 1995."Национальное меньшинство: варианты законодательного (правого) определения," *Панорама-Форум*, №3. с.9

（四）「跨境民族」（Разделенные народы）

俄羅斯聯邦除了聯邦境內民族的散布情形交錯以外，自蘇聯瓦解，各加盟共和國獨立後出現一個民族被分割在兩個或兩個以上國家的情形發生，這種民族被稱爲「跨境民族」（разделенные народы）。

所謂「跨境民族」應具有下列幾個條件：

1. 同一民族居住在傳統的歷史區域內，但是卻被相鄰不同國家的國界線所分割；

2. 分屬不同國家之公民，但在心理意識上仍認爲彼此爲同一民族；

3. 各自仍然保有語言、文化、習慣及其他民族特性。

例如，居住在俄羅斯與亞塞拜然的列茲金人（Лезгинский народ）」以及居住在俄羅斯與喬治亞的奧塞提人（Осетинский народ）。

上述三個條件中以第二點最重要，俄羅斯聯邦的北奧塞提共和國（Республика Северная Осетия）對於喬治亞的南奧塞提共和國的認知明示在其共和國憲法第16條：「北奧塞提共和國－阿蘭尼亞，在族群、民族、歷史、地域的統一的基礎上，建立與南奧塞提共和國的關係。」，[4]正說明了跨境民族的特殊現象。

三、民族

「俄羅斯聯邦憲法」前言開宗明義說明俄羅斯聯邦是個多民族國家，這種民族的多樣性經過長久的歷史發展過程，帶來了今日俄羅斯聯邦人文社會以及宗教文化的多元性質。

---

[4] http://www.region.rags.ru/10.txt

　　依照2010年俄羅斯聯邦全國人口普查資料，[5]在全國人口的一億四千二百萬人中，確定之民族（национальность; nationality）共140個，各民族由於內部文化差異而形成的族群（этнографическая группа; ethnographic group）則有46個。[6]在140個民族中俄羅斯人占80.9%，其餘各民族占19.1%。[7]非俄羅斯人各民族人口較多者如下圖2-4所示：

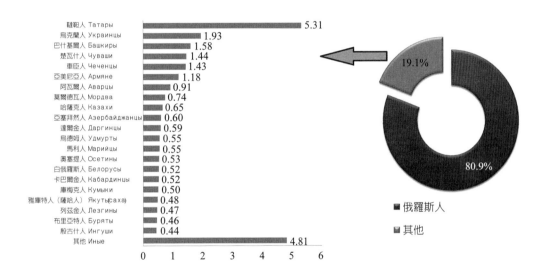

圖2-4　俄羅斯人口民族構成圖　　　　　　　　　　　　　　　　　　單位：百萬人

資料來源：改製自Об итогах Всероссийской переписи населения 2010 года（презентация）
　　　　　http://www.gks.ru/free_doc/new_site/perepis2010/croc/perepis_itogi1612.htm

　　由2002年到2010年各民族人口趨勢比較，有幾個現象需要說明：

5　本節關於2010年人口普查資料皆參考俄羅斯聯邦國家統計局資料庫，＜http://www.gks.ru/free_doc/new_site/perepis2010/croc/perepis_itogi1612.htm＞

6　例如，俄羅斯人中的哥薩克人（казаки），喬治亞人中信仰伊斯蘭的阿札爾人（аджары），韃靼人中信仰東正教的克里亞申人（кряшены），愛沙尼亞人中信仰東正教的謝圖人（сету）。

7　俄羅斯聯邦統計民族人口比例時，不是以「總人口」為基數，而是以「已確認民族身分總人口」為基數。

（一）俄羅斯人口中，民族成分呈現「雙集中」趨勢：俄羅斯人占絕對多數的同時，人數相對較多的前20個民族又占其餘民族總和的多數。

（二）俄羅斯人人口呈下降趨勢，平均每10年少4百萬人。如下表2-2：

表2-2　俄羅斯人人口趨勢簡表

普查年度	人口數（百萬人）	與前次比較水準	占民族總人口數比
1989	119.87	1.00	81.5%
2002	115.89	0.97	78.4%
2010	111.02	0.95	80.9%

資料來源：整理自最近三次人口普查資料

1.http://istmat.info/files/uploads/17594/naselenie_sssr._po_dannym_vsesoyuznoy_perepisi_naseleniya_1989g.pdf

2.http://www.perepis2002.ru/index.html?id=11

3.http://www.gks.ru/free_doc/new_site/perepis2010/croc/perepis_itogi1612.htm

俄羅斯人人口的持續下降被俄羅斯政府視爲影響俄羅斯國家社會發展的一個重大課題。據官方估計，以100個婦女應有214-215個小孩的平均值來看，俄羅斯婦女只有177個，與平均值相差甚遠。[8]

（三）非俄羅斯人的各民族人口雖然不多但是呈現「大區域的集中」的特色。除了散居在各大城市以外，主要聚居在：

1. 伏爾加河－烏拉爾河區，包括韃靼人（татары）、巴什基爾人（башкиры）、楚瓦什人（чуваши）、莫爾德瓦人（мордва）、烏德姆人（удмурты）、馬利人（марийцы）；

2. 北高加索區，包括車臣人（чеченцы）、阿瓦爾人（аварцы）、達爾金人（даргинцы）、奧塞提人（осетины）、卡巴爾金人（кабардинцы）、庫梅克人（кумыки）、列茲金人（лезгины）、殷古什人（ингуши）；

3. 西伯利亞地區，包括雅庫特人（якуты）、布里亞特人（буряты）。

---

[8]　Черняк Александр, 2000."К концу XXI века России как государства может и не быть,"*Российская Федерация сегодня*, июля, №114, с.24.

在這三個主要地區中，伏爾加河－烏拉爾河區及北高加索區為俄羅斯聯邦
伊斯蘭信仰的主要分布區，但是，在伏爾加河－烏拉爾河區所有民族人口皆呈下
降趨勢，而北高加索區的民族人口呈現明顯增加趨勢。如下表2-3：

表2-3　俄羅斯主要民族地區人口趨勢表

人口數單位：百萬人			1989		2002		2010	
區域	民族	宗教	人口數	與前次比較水準	人口數	與前次比較水準	人口數	與前次比較水準
伏爾加河－拉爾河區	韃靼人	伊斯蘭	5.52	100%	5.55	101%	5.31	96%
	巴什基爾人	伊斯蘭	1.35	100%	1.67	123%	1.58	95%
	楚瓦什人	東正教／原始信仰	1.77	100%	1.64	93%	1.44	88%
	莫爾德瓦人	東正教	1.07	100%	0.84	79%	0.74	88%
	烏德姆人	東正教／原始信仰	0.71	100%	0.64	90%	0.55	86%
	馬利人	東正教／原始信仰	0.64	100%	0.60	94%	0.55	92%
北高加索區	車臣人	伊斯蘭	0.90	100%	1.36	151%	1.43	105%
	阿瓦爾人	伊斯蘭	0.54	100%	0.81	150%	0.91	112%
	達爾金人	伊斯蘭	0.35	100%	0.51	146%	0.59	116%
	卡巴爾金人	伊斯蘭	0.39	100%	0.52	133%	0.52	100%
	庫梅克人	伊斯蘭	0.28	100%	0.42	150%	0.50	119%
	列茲金人	伊斯蘭	0.26	100%	0.41	158%	0.47	115%
	殷古什人	伊斯蘭	0.22	100%	0.41	186%	0.44	107%
	奧塞提人	東正教	0.40	100%	0.51	128%	0.53	102%

資料來源：整理自最近三次人口普查資料

　　1.http://istmat.info/files/uploads/17594/naselenie_sssr._po_dannym_vsesoyuznoy_perepisi_naseleniya_1989g.pdf

　　2. http://www.perepis2002.ru/index.html?id=11

　　3. http://www.gks.ru/free_doc/new_site/perepis2010/croc/perepis_itogi1612.htm

在2010年的普查資料中顯示，俄羅斯人婦女生育子女數大多爲二個（34.4%），而北高加索區信仰伊斯蘭的民族婦女生育子女數普遍爲三個及三個以上。包括車臣人（42%）、殷古什人（41%）、阿瓦爾人及達爾金人（36%）、庫梅克人（33%）、列茲金人（31%）。俄羅斯聯邦全國每1,000名婦女生育子女數爲1,496個，俄羅斯人婦女爲1,405個、殷古什人2,257個、車臣人2,196個、達爾金人1,975個、阿瓦爾人1,923個。

關於個人民族身分的確定，在2002年以前的人口普查中是以「依受訪者自己決定」（по самоопределению опрашиваемого）爲之。（請參考附錄一）

根據俄羅斯聯邦統計局2002年的人口普查技令（Методологические вопросы Всероссийской переписи населения 2002 года）明訂：

記載之民族，依受訪者所指。兒童之民族則由父母決定。[9]不得提供確切的民族稱謂。當拒絕回答或是無法回答時（如精神病患或是孤兒院兒童），則記載「無」。[10]

四、語言

整體而言，俄羅斯超過98%人口能使用俄語，因此，語言的統一性是俄羅斯聯邦在語言使用上的重要現象。

---

[9] 指14歲以下者－筆者。

[10] 原文如下：Вопрос 7. Ваша национальная принадлежность（по самоопределению опрашиваемого）Задавайте вопрос только в такой формулировке, как он записан в переписном листе.Записывается национальность, которую указывает сам опрашиваемый.

Национальную принадлежность детей определяют родители. Задавать уточняющие вопросы запрещается. В случае отказа отвечать на этот вопрос или если человек не может ответить на этот вопрос（например, психически больной или ребенок в детском доме），запишите «нет».

Федеральная служба государственной статистики, *Методологические вопросы Всероссийской переписи населения 2002 года*, <www.gks.ru/free_doc/new_site/.../perepis_itogi1612.htm>.

　　俄羅斯聯邦共有230種語言，其中170種語言為民族語言或是族群語言，這些語言分屬印歐語（индоевронейская семья）、阿爾泰語（алтайская семья）、烏拉爾語（уральская семья）及伊比利－高加索語（иберийско-кавказская семья）四個語系。其中約30個民族語言為具有書寫系統的「文語」型式。如下表2-4所示：

表2-4　俄羅斯聯邦主要民族語言系屬表

伊比利亞－高加索語系 Иберийско-кавказская семья				
阿布哈茲-阿迪該語族 Абхазско-адыгские	那赫語族 Нахские	達吉斯坦語族 Дагестанские		
阿迪該語支 Адыгские	維那赫語支 Вайнахские	阿瓦-安德-車茲語支 Аваро-андо-цезкие	拉克-達爾金語支 Лакско-даргинские	列茲金語支 Лезгинские
阿迪該語 Адыгейский 卡巴爾達-切爾克斯 Кабардино-черкесский	殷古什語 Ингушский 車臣語 Чеченский	阿瓦爾語 Аварский	達爾金語 Даргинский 拉克語 Лакский	列茲金語 Лезгинский 塔巴薩蘭語 Табасаранский

阿爾泰語系 Алтайская семья				
蒙古語族 Монгольские	突厥語族 Тюркские			
北方語支 Северные	不里阿耳語支 Булгарские	欽察語支 Кыпчакские	維吾爾-烏古斯語支 Уйгуро-огузские	吉爾吉斯-欽察語支 Киргизско-кыпчакские
布里亞特語 Бурятский 卡爾梅克語 Калмыцкий	楚瓦什語 Чувашский	巴什基爾語 Башкирский 卡拉查-巴爾卡爾語 Карачаево-балкарский 庫梅克語 Кумыкский 諾蓋語 Ногайский 韃靼語 Татарский	圖瓦語 Тувинский 哈卡斯語 Хакасский 雅庫特語 Якутский	阿爾泰語 Алтайский

烏拉爾語系 Уральская семья			印歐語系 Индоевропейская семья	
芬蘭-烏戈爾語族 Финно-угорские			斯拉夫語族 Славянские	伊朗語族 Иранские
波羅的海-芬蘭語支 Прибалтийско-финские	伏爾加語支 Волжские	彼爾姆語支 Пермские	東斯拉夫語支 Восточнославянские	東伊朗語支 Восточноиранские
卡累利亞語 Карельский	馬利語 Марийский 摩爾德瓦- 莫克沙語 Мордовский- мокша 摩爾德瓦- 艾爾吉雅語 Мордовский- эрзя	科米語 （科米-季良斯科語） Коми (коми-зырянский) 科米-彼爾米茲語 Коми-пермяцкий 烏德姆特語 Удмуртский	俄羅斯語 Русский	奧塞提語 Осетинский

資料來源：改製自В.П.Нерознак, (глав. ред.), Государственные и титульные языки России. Энциклопедический словарь-справочник.Москва:Academia,2002.c.17

　　由於語言的複雜，所以出現不同語群構成同一民族的現象。例如，莫爾德瓦語是由莫克沙語（мокша）及艾爾吉雅語（эрзя）兩個語群構成，而馬利語則是由陸格語（луг）和戈爾語（гор）。[11]

　　2010年的人口普查除了民族屬性的調查項目外，在9.3的部分另外加上由受訪者自述「母語」（родной язык）爲何的調查。（請參考附錄二）

　　所謂母語並不等同於民族語言，依1926年蘇聯統計學大會定義，所謂母語指的是受訪者掌握最好的語言，並在日常生活中使用者。[12]換言之，俄羅斯聯邦個人的民族屬性和其個人使用之母語之間並不絕對相符。

---

[11] В.П.Нерознак, (глав. ред.), Государственные и титульные языки России. Энциклопедический словарь-справочник.Москва: Academia,2002.c.17

[12] LiveJournal, *Перепись 1937 года(1)*, <http://i-grappa.livejournal.com/506416.html>.

　　雖然俄羅斯93.8%的人口其母語與民族屬性相符，但是由2002年到2010年，認為俄語為其母語者，各民族都有增加。例如哈薩克人增加2.4倍、布里亞特人增加61%、韃靼人增加44%、巴什基爾人增加37%。總計俄羅斯人以外，有5.3%的人口，其母語與民族屬性不同。其中40%的柯米人（коми）、38%烏德姆人、35%莫爾德瓦人、25%馬利人、29%楚瓦什人、20%韃靼人、76%烏克蘭人、83%白俄羅斯人、94%猶太人、79%朝鮮人、89%日耳曼人認為其母語是俄語。

第二節　宗教

一、宗教信仰人口比例

　　包含人口普查在內，俄羅斯並未進行任何形式關於國內宗教信仰人口的政府調查。目前關於俄羅斯國內宗教信仰人口的數據，基本上是根據民間民意調查機構的小規模樣本調查以及在俄羅斯聯邦法務部登記有案的宗教團體數目進行推估。

　　根據「列華達－中心」（Левада-центр）於2012年9月進行例行性關於俄羅斯公民宗教信仰的調查結果，顯示自2009年迄2012年，俄羅斯聯邦整體宗教信仰比例如下表2-5：

表2-5　俄羅斯聯邦主要宗教信仰人口比例表

	2009年12月	2010年12月	2011年12月	2012年6月	2012年7月	2012年9月
東正教（православие）	80	76	76	77	76	79
天主教（католицизм）	<1	<1	1	<1	1	1
基督新教（протестанты）	<1	<1	<1	<1	<1	<1
猶太教（иудаизм）	<1	<1	<1	<1	<1	1
伊斯蘭（ислам）	4	4	4	5	5	6
佛教（буддизм）	<1	<1	1	<1	<1	<1
印度教（индуизм）	-	-	<1	<1	<1	<1
其他（другое）	<1	1	1	<1	1	<1
無宗教信仰（ни к какому вероисповеданию）	8	10	9	9	9	7
無神論（атеист）	6	5	7	6	6	5

	2009年 12月	2010年 12月	2011年 12月	2012年 6月	2012年 7月	2012年 9月
拒絕回答（отказ от ответа）	1	3	1	2	1	1
難以回答（затрудняюсь ответить）	1	1	1	1	1	1

資料來源：Относители вы себя к какому-либо вероисповеданию? Если да, то к какому именно.

http://www.levada.ru/11-10-2012/rossiyane-o-religii-i-tserkvi

　　由民意調查結果來看，俄羅斯人口中，各宗教信仰比例大致上和宗教組織數量呈正相關。但是，由同個調查也顯示出，在自認為是東正教信徒的人口比例，基本上沒有變化。但是，經常上教堂的人數並不多。如下表2-6所示：

表2-6　俄羅斯聯邦東正教信徒宗教態度調查

	%
一週數次	1
一週大概一次	4
一個月2-3次	3
一個月大概一次	6
一年幾次	23
一年大概一次	16
不常	15
從未	29
拒絕回答	3
難以回答	1

資料來源：http://www.levada.ru/11-10-2012/rossiyane-o-religii-i-tserkvi

　　信仰伊斯蘭的穆斯林人口則是呈現穩定增加的趨勢，推估目前俄羅斯聯邦總體穆斯林人數接近1,000萬。

二、現有宗教與宗教團體

由於俄羅斯聯邦「宗教法」前言中，承認東正教會在俄羅斯歷史及精神文化遺產發展中的特殊角色以及尊重基督宗教、伊斯蘭、佛教、猶太教等構成俄羅斯各民族歷史遺產不可分割的一部分。[13]因此，傳統上將東正教，基督宗教，伊斯蘭，佛教，猶太教視爲俄羅斯傳統性宗教，與其他非傳統性宗教進行區隔。

前述主要的傳統宗教於1998年成立「俄羅斯跨宗教委員會」（Межрелигиозный совет России-МСР），委員會由俄羅斯東正教會牧首基利爾（Кирил）擔任榮譽主席，成員爲各傳統宗教組織領袖，包括俄羅斯東正教會莫斯科牧首區（Московский Патриархат）、北高加索穆斯林協調中心（Координационный центр мусульман Северного Кавказа）、俄羅斯穆夫提委員會（Совета муфтиев России）、俄羅斯穆斯林中央行政部（Центральное духовное управление мусульман России）、俄羅斯猶太人社團聯盟（Федерация еврейских общин России）、俄羅斯猶太人宗教組織及社團大會（Конгресс еврейских религиозных организаций и объединений России）以及俄羅斯佛教傳統會（Буддийская традиционная сангха России）。[14]該委員會扮演政府與各宗教組織與政府之間的溝通橋樑，於宗教、教育、文化各政策層面提出建議。包括建議將每年11月4日訂爲「人民團結日」（День народного единства）。

根據2015年調查資料顯示，俄羅斯國內有案可查的宗教組織計147個，其組織如下表2-7：

---

[13] 原文如下：признавая особую роль православия в истории России, в становлении и развитии ее духовности и культуры, уважая христианство, ислам, буддизм, иудаизм и другие религии, составляющие неотъемлемую часть исторического наследия народов России.

[14] Межрелигиозный совет России, <http://interreligious.ru/mezhreligioznyy-sovet-rossii>.

表2-7 俄羅斯聯邦現有宗教組織登記一覽表

編號	名稱	總計	全國性	地方性	神學院	修道院	宗教機構
1	俄羅斯東正教會（Русская православная церковь）	16,139	168	15,025	55	524	367
2	俄羅斯東正教自主教會（Русская православная автономная церковь）	29	3	23	0	3	0
3	俄羅斯東正教會海外教會（Русская православная церковь за границей）	11	0	10	0	1	0
4	眞東正教會（Истинно-православная церковь）	33	3	27	0	3	0
5	俄羅斯東正教自由教會（Русская православная свободная церковь）	3	0	3	0	0	0
6	烏克蘭東正教會－基輔牧首區（Украинская православная церковь-Киевский патриаихат）	9	1	8	0	0	0
7	舊信仰者（Старообрядцы）包含以下 8/9/10/11/12/	342	8	326	1	5	2
8	俄羅斯東正教會舊禮教會（Русская православная старообрядческая церковь）	181	1	177	0	1	2
9	古東正教會（Древлеправославная церковь）	99	3	92	1	3	0
10	沿海教會（Поморская церковь）	47	2	45	0	0	0
11	費多西和諧（Федосеевское согласие）	10	2	7	0	1	0
12	其他	5	0	5	0	0	0
13	羅馬天主教會（Римская католическая церковь）	225	8	207	1	0	9
14	希臘天主教會（Греко-католическая церковь）	2	0	2	0	0	0

編號	名稱	總計	全國性	地方性	神學院	修道院	宗教機構
15	亞美尼亞使徒教會[15]（Армянская апостольская церковь）	87	2	85	0	0	0
16	伊斯蘭（Ислам）	5,041	80	4,861	95	0	5
17	佛教（Буддизм）	248	11	235	2	0	0
18	猶太教（Иудаизм）包含以下19/20	260	9	248	1	0	2
19	正統派（ортодоксальный）	212	8	201	1	0	2
20	世俗派（современный）	48	1	47	0	0	0
21	浸信會（Евагельские христиане-баптисты）	832	51	774	6	0	1
22	福音信仰基督徒（Христиане веры евангельской）	495	39	450	6	0	0
23	福音派（Евангельские христиане）	709	34	671	3	0	1
24	福音使徒（Евангельские христиане в духе апостолов）	20	1	19	0	0	0
25	五旬派（Христиане веры евангельской-пятидесятники）	1,222	56	1,161	4	0	1
26	純福音教會（Церковь полного Евангелия）	29	2	27	0	0	0
27	福音派禁酒會（Евангельские христиане-трезвенники）	4	0	4	0	0	0
28	基督復臨安息日（Адвентисты седьмого дня）	573	20	552	1	0	0
29	路德派（Лютеране）包含以下30/31/32/33	220	12	205	3	0	0
30	路德會（Евангелическо-лютеранская церковь）	166	10	154	2	0	0

[15] 爲一性論者，主張基督體中「人」的本質被「神」的本質所吸收，這與基督教中的「二性合一」論有衝突，因此在公元451年在第4次的主教會議上被教會宣布爲「異端」。

編號	名稱	總計	全國性	地方性	神學院	修道院	宗教機構
31	俄羅斯路德統一會（Единая евангели-ческо-лютеранская церковь России）	2	0	2	0	0	0
32	英格爾教會（Церковь Ингрии）	44	1	42	1	0	0
33	其他	8	1	7	0	0	0
34	新使徒教會（Новоапостольская церковь）	48	4	44	0	0	0
35	衛理公會（Методистская церковь）	99	3	94	1	0	1
36	改革會（Реформатская церковь）	3	0	3	0	0	0
37	長老會（Пресвитерианская церковь）	192	7	181	3	0	1
38	英國國教會（Англиканская церковь）	1	0	1	0	0	0
39	耶和華見證人（Свидетели Иеговы）	385	1	384	0	0	0
40	門諾派（Меннониты）	7	1	6	0	0	0
41	救世軍（Армия спасения）	14	1	13	0	0	0
42	末世聖徒基督教會-摩門教（Церковь Иисуса Христа святых последних дней (мормоны)）	53	1	52	0	0	0
43	統一教（Церковь объединения (Муна)）	6	1	5	0	0	0
44	加冕聖母教會（Церковь Божьей матери "Державная"）	19	1	18	0	0	0
45	牛奶派（Молокане）[16]	20	1	19	0	0	0
46	反正教儀式派（Духоборцы）	0	0	0	0	0	0
47	最後遺訓教會-維薩里昂教會（Церковь последнего завета）	2	0	2	0	0	0
48	基督教會（Церковь Христа）	17	1	16	0	0	0
49	猶太基督徒（Христиане иудействующие）	2	0	2	0	0	0

[16] 出現於18世紀初的東正教支派，以齋戒時飲用牛奶得名。該派認爲聖經爲唯一眞理，只能依心靈領受與理解，反對一切形式儀式，不承認神職人員的必要性。

編號	名稱	總計	全國性	地方性	神學院	修道院	宗教機構
50	未名派（Неденоминированные христианские церкви）	11	7	2	1	0	1
51	科學會（Саентологическая церковь）	1	0	1	0	0	0
52	印度教（Индуизм）	1	0	1	0	0	0
53	克理師那意識－毗濕奴（Сознание Кришны (вайшнавы)）	76	2	74	0	0	0
54	巴哈伊教（Вера Бахаи）	15	1	14	0	0	0
55	密教（Тантризм）	0	0	0	0	0	0
56	道教（Даосизм）	0	0	0	0	0	0
57	亞述教會（Ассирийская церковь）	5	1	4	0	0	0
58	錫克教（Сикхи）	1	0	1	0	0	0
59	科普特教會（Копты）	0	0	0	0	0	0
60	薩滿教（Шаманизм）	22	0	22	0	0	0
61	猶太卡拉依派（Караимы）[17]	0	0	0	0	0	0
62	祅教（Зороастризм）	1	0	1	0	0	0
63	精神統一派 Духовное единство（толстовцы）	0	0	0	0	0	0
64	生命倫理－雷利赫派（Живая этика (рериховцы)）	0	0	0	0	0	0
65	原始信仰（Языческие верования）	10	1	9	0	0	0
66	其他（Иные вероисповедания）	82	3	76	0	0	3
67	合計	27,626	545	25,968	183	536	394

資料來源：Состав и количество религиозных организаций, сведения о которых внесены в ведомственный реестр зарегистрированных в Российской Федерации некоммерческих организаций на 01.04.2015 года.[17]

http://www.religsvoboda.ru/index.php/2015-02-27-08-49-06/arhiv

---

[17] 中世紀時興起於中東兩河流域地區的猶太教支派，否認拉比（rabbi）口傳律法的權威性，主張只依聖經，禁欲，又稱經典派、閱讀派。

　　由前述資料可以看出俄羅斯宗教信仰的特點：

　　（一）非常多元，有傳統性宗教也有非傳統性宗教。前者依照組織規模依序是：東正教－伊斯蘭－基督新教福音派－猶太教－佛教－天主教，另外是傳統上受尊重的亞美尼亞使徒教會以及西伯利亞地區廣泛存在的薩滿教與原始信仰。

圖2-5　2012年11月2日，俄羅斯總統普欽與各主要宗教領袖在人民團結日前夕，於紅場向米寧及波札爾斯基（Минин и Пожарский）雕像獻花之場景，大致反應出前述宗教在當代俄羅斯的象徵意義。[18]主要宗教代表由左至右分別為：天主教、亞美尼亞使徒教會、猶太教、俄羅斯東正教、伊斯蘭、佛教、俄羅斯東正教舊禮教會。[19]

　　（二）隨著社會開放各種新興宗教或由外國傳入，如摩門教、耶和華見證人、統一教、科學會等。亦有俄羅斯本土自創的教派，如「最後遺訓教會-維薩

[18]　Возложение цветов к памятнику Кузьме Минину и Дмитрию Пожарскому на Красной площади в День народного единства http://www.patriarchia.ru/db/text/2568415.html

[19]　17世紀東正教改革運動中自官方教會分裂出來的東正教會，隨即被政府及官方東正教會強力打壓，直到1971年才解除逐出教會（анафем）的命令。

里昂教會」。這些新興宗教雖然信眾不多，但是與俄羅斯東正教會之間彼此存在著緊張關係，成為俄羅斯當代社會宗教關係中的焦點議題。

（三）1991年後，西伯利亞地區的薩滿教明顯地有復興的趨勢，但是由於其族群與區域特性，所以只有地方性組織。

（四）佛教是藏傳佛教系統，都屬於俄羅斯佛教傳統會（Буддийская традиционная сангха России），主要信眾是在伏爾加河下游的卡爾梅克共和國（РеспубликаКалмыкия）、貝加爾湖周邊的布里亞特共和國（Республика Бурятия）以及西伯利亞的圖瓦共和國（Республика Тыва）。以蒙古民族系統的卡爾梅克人、布里亞特人和突厥民族系統的圖瓦人為主，充分反映出民族的獨特性。

（五）俄羅斯穆斯林主要是遜尼派，占95%。以教法學派而言，主要是哈那菲（Hanafi）及沙菲耶（Safii），分別占穆斯林人口的65%及30%。伊斯蘭作為俄羅斯第二大的宗教，穆斯林主要集中在伏爾加河區及北高加索地區兩處。依照不同地區分設「穆斯林行政部」（Духовное управление мусульман），各地區行政部獨立運作，分別是北高加索穆斯林協調中心（Координационный центр мусульман Северного Кавказа）、俄羅斯穆斯林中央行政部（Центральное духовное управление мусульман России）。

以最大的俄羅斯中央穆斯林行政部（Центральное духовное управление мусульман России）為例，該部分管俄羅斯歐洲地區穆斯林事務，下有14個行政分部。主管的教長「穆夫提」（муфтий шейх），由穆斯林大會（маджлис）選出，任期五年。設有包含莫斯科伊斯蘭大學（Московский исламский университет）的各級學校。總處設於巴什科爾托斯坦的首府烏法（Уфа）。

整體而言，當代俄羅斯的宗教現況出現舊的、傳統的宗教信仰重振，同時又和新興宗教產生碰撞的趨勢。

三、宗教政策的法理原則

俄羅斯聯邦強調自身為一世俗國家，因此在俄羅斯任何宗教都不被視為國教或是必須信仰之宗教，並且保障個人信仰宗教或不信仰宗教之自由。

在憲法層次上，俄羅斯憲法中主要關係到宗教的部分如下：

第13條：在俄羅斯聯邦承認意識形態的多樣性。

第14條-1：俄羅斯聯邦——世俗國家，沒有一個宗教可被視為國教。

第14條-2：所有宗教團體獨立於政府之外並在法律之前一律平等。

第19條：國家保障個人及公民的自由及平等的權利，不因其宗教，禁止任何形式因宗教信仰而對公民權利的限制。

第28條：保障良心與信仰的自由，人人有權自主地決定其宗教信仰或不信仰任何宗教。自由地選擇擁有及傳布宗教教義以及根據教義的活動。

第29條：禁止宣傳、傳布宗教仇恨與敵意，禁止宣傳宗教的至高性。

第30條：每個人有權加入團體，沒有人可以強迫任何人加入或是參與某團體。

第59條：俄羅斯聯邦公民如果其信仰與服兵役衝突，或者與其相關法律衝突，有改服國民替代役（гражданская служба）之權利。

此外規範宗教活動最基本的是「良心自由及宗教團體法」（О свободе совести и о религиозных объединениях）[20]（以下簡稱「宗教法」）。

在「宗教法」中關於「宗教團體」有專章處理，其目的在以法律對宗教團體行為進行規範與保障，實際上就是規範出政府與宗教之間的權利義務關係。

---

[20] КонсультантПлюс."О свободе совести и о религиозных объединениях,"Федеральный закон от 26.09.1997 N 125-ФЗ（ред. от 13.07.2015）<http://www.consultant.ru/document/cons_doc_LAW_16218>.

　　所謂宗教團體（религиозные объединения）是指由常住俄羅斯公民依法自願性組成，以共同遵守教儀及傳布信仰爲目的之團體。「宗教團體」有兩種形態：一種稱之爲「宗教群體」（религиозная группа），另一種稱之爲「宗教組織」（религиозная организация）。

　　「宗教群體」指未在政府進行登記，不具有法人身分者。「宗教組織」區分爲全國性及地方性兩種，必須有三個以上的地方組織才被承認爲全國性宗教組織。但是，無論是全國性或是地方性組織，都必須在法務部進行登記，具有法人身分，被視爲非營利組織（некоммерческая организация）。

　　俄羅斯聯邦對宗教團體採登記制，一方面方便政府管理，另一方面是根據「宗教法」第三章的規定，正式登記爲法人的宗教組織可以享有下列權利：

　　─包括內部自治、舉行儀式禮拜、擁有建築及用地，可以依要求在醫療院所、托兒所、療養院、收容所、監獄等地方舉行宗教儀式；
　　─有出版、印刷書面文字、影音資料之權利，並且成立宣傳的機構；
　　─爲培養傳教士與神職人員可設立專業的神學院，而由專業的神學院（政府立案）就學畢業者可以抵免兵役；
　　─進行國際交流的權利；
　　─擁有財產的權利，但無論動產或不動產都不得利用來進行抵押、貸款與金融操作；
　　─可以開設企業。

　　需要指出的是，登記後並非自動成爲法人，而仍需經過審議，或是有登記後，因故被主管機關撤銷登記的可能。如「宗教法」第12條所列：

　　─各登記負責機關可拒絕登記，例如該組織的設立宗旨有違憲、違法的情形；
　　─該組織不被認爲是「宗教性」組織；

附錄二：俄羅斯聯邦2010年人口普查調查表（第7項爲民族屬性調查，第9項爲語言調查項目）

Утверждена
распоряжением Правительства
Российской Федерации
от 16 декабря 2009 г. №1990-р

Форма Л
Переписной лист

ВСЕРОССИЙСКАЯ ПЕРЕПИСЬ НАСЕЛЕНИЯ 2010

Л1

№ переписного участка　№ инструкторского участка　№ счётного участка　№ помещения в пределах счётного участка　№ бланка

Образец нанесения метки ⊠　Образец исправления метки　Образец написания цифр: 1234567890　Образец исправления цифр: 5　Незначащие нули не записывайте: □□2

А № п.п. домо-хозяйства в пределах помещения

Б № п.п. лица в пределах домохозяйства, на которое заполняется переписной лист

1 Первому по порядку члену домохозяйства отметьте "записан первым"
Остальным членам домохозяйства отметьте, кем он (она) приходится тому, кто записан первым

- записан первым
- жена, муж
- дочь, сын
- мать, отец
- сестра, брат
- свекровь, свекор, теща, тесть
- невестка (сноха), зять
- бабушка, дедушка
- внучка, внук
- другая степень родства, свойства
- не родственник

Запишите кто это

(например, опекаемый ребенок, наемный работник и т.д.)

Если мать (или отец) этого лица проживает с ним в одном домохозяйстве, то проставьте порядко-вый номер из зо-ны Б, под кото-рым записана мать (или отец) опрашиваемого

№ матери (или отца)

2 Ваш пол　мужской □　женский □

3 Дата Вашего рождения　Определить по таблице

число　месяц　год　число исполнившихся лет

4 Место Вашего рождения

Запишите наименование республики, края, области, авт. области, авт. округа, г. Москва, г. Санкт-Петербурга для России (в том числе РСФСР) или наименование иностранного государства, которое оно имело на момент рождения опрашиваемого (в том числе союзной республики бывшего СССР)

Для лиц в возрасте 16 лет и более и состоящих в браке лиц до 16 лет

5 Ваше состояние в браке
Отметьте подсказ, соответствующий состоянию в браке на 14 октября 2010 года

Если супруг(а) этого лица проживает с ней (ним) в одном домохозяйстве, то проставьте поряд-ковый номер из зо-ны Б, под которым записан(а) супруг(а) опрашиваемого

- состою в браке → Зарегистрирован ли Ваш брак?　да □　нет □
- разведен(а) официально (развод зарегистрирован)
- разошелся(лась)
- вдовец, вдова
- никогда не состоял(а) в браке

№ супруга

6 Ваше гражданство

- Российской Федерации □

Для граждан иностранного государства и лиц с двойным гражданством запишите наименование государства

- без гражданства □

7 Ваша национальная принадлежность
По самоопределению в соответствии со ст. 26 Конституции РФ

отказ от ответа

8 ОБРАЗОВАНИЕ И ОБУЧЕНИЕ

Для лиц в возрасте 10 лет и более

8.1 Ваше образование
Отметьте только один вариант, соответствующий наивысшему уровню полученного образования

- начальное общее (начальное)
- основное общее (неполное среднее)
- среднее (полное) общее
- начальное профессио-нальное
- среднее профессиональное (среднее специальное)
- неполное высшее профессио-нальное (незаконченное высшее)
- высшее профессиональное (высшее):
  - бакалавр
  - специалист
  - магистр
- послевузовское профессиональное

Окончившим вуз до 1995 года отмечать "специалист"

- не имею образования → Умеете ли Вы читать и писать?　да □　нет □

Для лиц с высшим и послевузовским профессиональным образованием

8.2 Имеете ли Вы ученую степень кандидата или доктора наук?

кандидат наук □　доктор наук □　не имею □

Для лиц в возрасте 6-50 лет

8.3 Учитесь ли Вы в образовательном учреждении?
да □　нет □

Для детей в возрасте до 10 лет, не посещающих школу

8.4 Посещает ли ребенок дошкольное учреждение?
да □　нет □

9 ВЛАДЕНИЕ ЯЗЫКАМИ

9.1 Владеете ли Вы русским языком?
да □　нет □

9.2 Какими иными языками Вы владеете?

язык жестов

9.3 Ваш родной язык

Служебная зона　1 □　2 □　3 □　4 □　5 □　6 □　7 □

8.1 □　8.2 □　8.3 □　8.4 □　9.1 □　9.2 □　9.3 □　А □□ Б □ В

Конфиденциально (гарантируется получателем информации)

參考資料

俄文

（一）專書

Нерознак, В.П. (глав. ред.), 2002. *Государственные и титульные языки России. Энциклопедический словарь-справочник.* Москва: Academia.

Тишков, В.А., 1993. "Стратегия и механизмы национальной политики в Российской Федерации," *Национальная политика в Российской Федерации. Материалы международной научно-практической конференции.* Москва: Наука.

Тихомирова, М.Ю. , под.ред.Б.С. Крырова, 1999. "Конмментарий к федеральному закону о гарантиях прав коренных народов малочисленных Российской Федерации", Москва: Издание.

（二）期刊論文

Тузмухамедов Раис, 1995. "Национальное меньшинство: варианты законодательного (правого) определения," *Панорама-Форум* , №3.

Черняк Александр, 2000. "К концу XXI века России как государства может и не быть," *Российская Федерация сегодня*, июля, №114.

（三）網站

КонсультантПлюс. "О свободе совести и о религиозных объединениях," *Федеральный закон от 26.09.1997 N 125-ФЗ (ред. от 13.07.2015)* <http://www.consultant.ru/document/cons_doc_LAW_16218>.

Левада-Центр. *Относите ли Вы себя к какому-либо вероисповеданию? Если да, то к какому именно.* <http://www.levada.ru/11-10-2012/rossiyane-o-religii-i-tserkvi>.

LiveJournal. *Перепись 1937 года(1).* <http://i-grappa.livejournal.com/506416.html>.

Российская ассоциация защиты религиозной свободы. *Состав и количество религиозных организаций, сведения о которых внесены в ведомственный реестр зарегистрированных в Российской Федерации некоммерческих организаций на 01.04.2015 года.* <http://www.religsvoboda.ru/index.php/2015-02-27-08-49-06/arhiv>.

Федеральная служба государственной статистики. *Население, учтенное при Всероссийской переписи населения 2010 года.* <http://www.gks.ru/free_doc/new_site/perepis2010/croc/perepis_itogi1612.htm>.

Федеральная служба государственной статистики. *Методологические вопросы Всероссийской переписи населения 2002 года.* <www.gks.ru/free_doc/new_site/.../perepis_itogi1612.htm>.

第三章　政治發展

林永芳

前言

　　1991年底，蘇聯解體，戈巴契夫全方位的社會主義體制改革壯志未酬，留下民主轉型、經濟改革、國族認同、憲政工程等未竟之業。繼起的俄羅斯進行千頭萬緒的國家建造，如公民身分的重新界定、領土疆界的再度劃分，以及國家治理的政策選擇。葉爾欽主政的九○年代，在舊秩序已去，新秩序未及的情況下，國家亂象叢生，俄國脆弱的民主於正式的制度安排和非正式的治理之間擺盪，法治面向始終添加人治的政治力色彩。

　　普欽於2000年主政以來，政治趨於穩定，但俄國政治發展已與民主化（democratization）的路徑漸行漸遠，轉而與威權化（authoritarianization）的軌跡亦步亦趨。俄式威權的濫觴與韌性，在於俄國專制歷史缺乏民主經驗的傳承、普欽強勢領導風格的高民意支持度，以及多黨競爭選舉結果賦予了威權統治的正當性。本文主要從蘇聯統治遺緒與後共政治轉型之「變」與「常」的相互作用，闡述俄羅斯以獨特國情為「體」和總統集權為「用」的治理模式。克里姆林宮在俄國政治發展的四個關係脈絡下──府會關係、中央與地方關係、國家與社會關係、俄國與世界關係，藉由行政權獨大、中央垂直權力、收編社會力量、恢復大國地位，進行威權治理的鞏固與深化。

第一節　府會關係──總統權獨大

蘇聯政治體制形式上的國家權力在於蘇維埃（совет；議會），立法和行政合一，但實際上蘇聯共產黨掌握所有權力，以菁英甄補的「職官名錄」（номенклатура）和專斷的民主集中制進行統治。史達林的極權統治過後，蘇共不再搞個人崇拜，而是以政治局為集體領導的決策核心，蘇共總書記為同儕中排名第一的領導人。戈巴契夫於1985年成為總書記後，進行了由黨到政的權力轉移，首先呼籲回歸蘇維埃憲政權力，於1989年當選首屆蘇聯人民代表大會最高蘇維埃主席（名義上的國家元首），接著1990年成為蘇聯首屆總統，至此蘇共也產生了保守與改革、中央與地方的黨內不同派系，作為蘇聯基柱的共產黨不再牢不可破，地方激進改革派，如葉爾欽，甚至叛離共產黨成為體制外的反共急先鋒。

1990年，葉爾欽當選俄羅斯人民代表大會最高蘇維埃主席，修改加盟共和國憲法，設立了總統制。同樣是總統制設計，但謹小慎微的戈巴契夫於1990年採蘇聯人代會間接選舉方式，成為蘇聯首任，也是最後一任總統；反觀，反對陣營的葉爾欽則於1991年由人民直選方式，當選俄羅斯加盟共和國總統。競爭性選舉機制，以及普選總統的政治威望，賦予了地方領導人抗衡蘇共中央的正當性，形成了所謂的「葉爾欽效應」，也使得稍後於1991年8月，蘇共保守派於莫斯科發起的反戈巴契夫改革政變以失敗收場，造成了共黨政權垮臺、蘇聯解體。

葉爾欽於蘇聯解體後，為避免政治動盪或為統治集團既得利益打算，沒有立即進行新的國會和總統選舉，延續著蘇聯統治時期的合法性，失去了政治改革的契機，使得俄羅斯聯邦人代會和地方議會成為反葉爾欽的主要場域。1991年6月葉爾欽當選俄羅斯總統後，辭去最高蘇維埃主席職務，副主席哈斯布拉託夫（Руслан Имранович Хасбулатов）接替主席一職，葉爾欽無法再直接控制國會。面對國內經濟危機，葉爾欽1991年10月獲國會授與為期一年的擴大權力，以總統命令進行激進經濟改革、任命地方行政首長。總統葉爾欽任命自己兼總理職務，組成以副總理蓋達爾（Егор Тимурович Гайдар）為首的經濟改革派政府。1992-

1993年，因經濟改革路線歧異和政治權力爭奪等問題，人代會成為反葉爾欽的大本營，產生總統制下典型的「雙重政權」困境——即民選總統和民選議會均聲稱其權力來自人民授權，國會轉而與副總統魯茲柯伊（Александр Владимирович Руцкой）結盟，對抗葉爾欽，形成憲政危機。原先反蘇共的「大雜燴」政治同盟——民主和市場經濟代表葉爾欽、軍方和民族主義代表魯茲柯伊、議會和地方勢力代表哈斯布拉托夫，在無共同敵人下宣告瓦解。兩極化的府會政爭得以落幕，在於葉爾欽以非憲的武力手段解散國會、逮捕政敵，俄羅斯發展中的民主內涵自此多了一道難以抹滅的陰影。

1993年底，總統版的憲法公投通過，確立了行政、立法、司法三權分立的代議式聯邦共和國體制，俄國進入了所謂的「第二共和」。根據憲法，行政部門有聯邦總統（包括總統辦公廳各局處、總統全權代表、諮詢單位：國家安全會議、國務委員會、其他專責委員會等）和聯邦政府（總理、副總理、部會首長）。總統為國家元首，國家軍隊最高統帥，決定國家內部與對外政策的基本方針，連選僅得連任一次，每屆任期四年（2008年修憲改為六年）。聯邦議會（Федеральное собрание）即俄羅斯國會，由聯邦院（Совет Федерации）和國家杜馬（Государственная дума）兩院組成，是俄羅斯聯邦的代表與立法機關。下議院國家杜馬共450名代表由選舉產生，每屆任期四年（2008年修憲改為五年）；上議院聯邦院由聯邦主體的行政與立法各一名代表組成。

俄羅斯總統，相對於總理和國會，享有優勢的權力。例如，總統有權隨意任免總理，從1996年8月至1999年8月，短短三年間，葉爾欽就更換了五位總理，形成總統「有權無責」，總理「有責無權」的現象；總統可以繞過國會三讀程序，逕行發布等同法律的命令；總統享有議案否決權，國會反否決門檻過高；總統享有被動解散國會權，如國家杜馬否決總統提名的總理人選三次、國家杜馬兩次通過對政府的不信任案，或聯邦總理向國家杜馬提出的信任案遭否決，以及罷免總統不易等等。然而，葉爾欽主政的九○年代，國家治理無方，國力持續衰退，總統威信大受打擊，加上共產黨為國會最大黨，形成朝小野大的局面，改革法案不易通過，以總統令代替法律，並不具備國會立法的程序正義，凸顯其正當

性不足，且國會通過的法律可推翻總統立法，違背法律的穩定性和信任原則。

　　1999年底，葉爾欽提前退位，根據憲法由時任總理的普欽代理總統一職，並應於三個月內舉行總統選舉。2000年普欽順利接班，將俄國導向中央集權的強國之路。出身情治單位的普欽重用軍警情治幹部，進行對地方菁英和金融寡頭的整飭，利用行政資源扶植統一俄羅斯黨（Единая Россия），使其於歷次國會大選掌握國會多數席次，行政部門提出的法案，國會迅速通過；延攬同樣來自聖彼得堡的財經專家、法律同業，進行經濟改革和法制變革。2008年普欽兩任總統屆滿，選民對其八年任內的個人滿意度高達八成左右，唯政治穩定下的諸多遺緒，如貪腐問題、行政官僚習氣、威權傾向和法律虛無主義等國家治理的重要課題，依然無解。普欽指定的第一副總理梅德維傑夫以七成的得票率當選總統，普欽轉任總理兼統一俄羅斯黨黨魁，延續普欽路線。2012年梅德維傑夫不尋求連任，普欽於2012年以六成四的得票率三度入主克里姆林宮，任命梅德維傑夫出任總理一職。世襲式的統治集團，反映出俄國傳統政治文化的延續性。

第二節 中央與地方關係──政權垂直權力

　　1917年共黨政權成立，1922年包含15個主體民族加盟共和國的蘇維埃社會主義共和國聯盟（簡稱蘇聯）正式形成，其中包含了行政轄區最大與人口最多的俄羅斯蘇維埃聯邦社會主義共和國。以共黨專制統治所支撐的族群聯邦制，在國家統治能力弱化時，成為了衝突與分離主義的來源，演變成國家解體的「顛覆性制度」。也就是說，自治區內的主體民族，擁有準國家的領土和政府，在地方菁英策動和媒體的宣傳下，凝聚了本土認同，進而提升族群動員的意願和能力。後共地區的「衝突凍結區」，如先前俄羅斯境內的車臣共和國、喬治亞境內的阿布哈茲自治共和國和南奧塞提亞自治州，以及現今摩爾多瓦境內的外涅斯特自治共和國，都可說是族群聯邦制的遺緒。

　　蘇共統治末期，時任蘇聯之俄羅斯加盟共和國領導人葉爾欽，為抗衡蘇共中央，號召其他加盟共和國及其境內的民族自治區進行地方主權至上的法律戰，造成了「主權遊行」的示範效應，自1988年11月16日愛沙尼亞加盟共和國率先宣示主權至1991年7月止，共有41個蘇聯主體民族接連宣示主權，其中包含了1990年6月12日主權宣示的俄羅斯加盟共和國。1991年底蘇聯解體，15個共和國獨立之後，原先居住在其他14個加盟共和國的2,500萬俄裔人口，轉眼間成了離散族群，面臨了遷徙與回歸的國族認同困境。

　　承襲蘇聯時期的族群聯邦制度，獨立後的俄羅斯聯邦包含了89個聯邦主體：以主體民族（titular nationality）劃分的21個共和國、10個自治專區和1個自治州；以及以行政疆域劃分的49個州、6個邊疆區和2個聯邦直轄市（莫斯科、聖彼得堡）。憲法第五條第一款規定，各聯邦主體權利平等，然而，各聯邦主體無論就土地面積、人口數、族群組成、經濟社會發展程度而言，存在著大小不一的情況，形成了俄羅斯套娃式的不對稱聯邦。

　　獨立後的俄羅斯，於九○年代面臨了國家統治能力弱化的局面，同樣是族群聯邦的制度設計，但俄國並沒有重蹈蘇聯解體的覆轍，其原因除了人口組成變

化和經濟依賴外，例如全國人口約八成爲俄裔、北高加索地區主體民族占多數的共和國皆高度仰賴聯邦預算補助，也在於中央與地方菁英議價的財政博弈。爲停止地方對政經自主的貪求無厭，克里姆林宮藉由1992年3月「放權讓利」的聯邦條約，承認境內的共和國爲主權國家，擁有獨立稅收權、土地和天然資源所有權、民選總統，以及憲法。據統計，1994-1998年克里姆林宮與聯邦主體簽署了46個雙邊條約，其中多數條約與聯邦憲法相抵觸，賦予地方更多的稅收和自主權限，雖暫時維繫了國家，但也付出了地方坐大和地方發展不均的代價。

普欽執政後，進行了一系列的聯邦體制改革，旨在增加中央對地方的管控，打造統一的法律空間，以達中央權力的垂直貫徹，使俄羅斯更加接近單一制國家。

首先，劃分聯邦區。依照現有的軍事安全部署區域，將全國劃分七個聯邦區（西北、中部、南部、伏爾加、烏拉爾、西伯利亞、遠東），各自管轄區內聯邦主體，各區派任一名總統全權代表，督導地方確實遵守聯邦憲法、聯邦法律和總統命令；掌控中央政府在地方機關的人事安排；確保地方的安全與經濟發展；利用各種手段逼使地方菁英對中央輸誠。2011年北高加索地區從南部聯邦區獨立出來，成爲第八個聯邦區。2014年烏克蘭親俄政權倒臺後，原隸屬於烏克蘭的克里米亞自治共和國在俄國強力介入下，於3月16日進行的「脫烏入俄」公投獲壓倒性同意。俄國隨即承認公投結果，將克里米亞劃歸爲俄羅斯聯邦轄下的第九個聯邦區，惟於2016年7月克里姆林宮以加強治理爲名撤銷克里米亞聯邦區，將其併入南部聯邦區。

其次，改革上議院聯邦院的組成。因憲法未載明聯邦院代表產生的方式，僅指出地方議會與行政機關各有一名代表，且未言明須由地方行政首長和議長擔任，故能取消八十九個聯邦主體的行政首長和議長的當然委員身分，改由地方指派代表方式，剝奪地方首長兼任上議院委員所享有的豁免權，避免上議院成爲地方菁英集體行動的場域。

第三，地方行政首長產生方式。2004年北奧塞提亞共和國貝斯蘭中小學恐怖攻擊事件後，取消了地方行政首長普選，改爲總統提名經地方議會同意，若議

會兩度否決總統提名人選，總統可解散議會，進行議會改選。同時，若地方行政首長怠忽職守或失去總統信任，總統有權解除其職務。為緩解2011-2012年國會與總統選舉期間，群眾對政權不滿的遊行抗議活動，時任總統的梅德維傑夫改變地方行政首長產生方式，除幾個聯邦主體外，一律恢復為人民直選，並於2012年10月的地方選舉開始實施。

第四，統一俄羅斯黨的垂直權力。2001年的《政黨法》禁止地方性政黨競選，使地方菁英喪失了動員和侍從的黨機器，稍後相關立法也賦予了地方議會經由政黨比例名單產生的多數黨可提名地方行政首長人選，在統一俄羅斯黨幾乎囊括了地方議會多數席次下，中央對地方的控制更加明顯。自2012年恢復地方行政首長普選以來，歷年的選舉結果也幾乎都由統一俄羅斯黨提名的候選人獲勝。

最後，聯邦主體合併與新增。俄羅斯89個聯邦主體，大體上是蘇聯時期遺留下來的行政區化，2005-2008年，數個地廣人稀的自治專區併入了接鄰的州或邊疆區，聯邦主體數目減至83個。在克里米亞併入俄國後，2014年新增兩個聯邦主體，即克里米亞共和國和黑海艦隊所在地——塞凡堡聯邦直轄市，目前聯邦主體數目為85個。

第三節　國家與社會關係──反對力量邊緣化

　　蘇聯體制的特徵之一為共產黨的一黨專政。根據蘇聯憲法第六條，共產黨是蘇聯社會領導與指引力量。因此，舉凡工會、婦女組織、作家協會等「社會組織」，只是扮演共黨政策的傳聲筒和輸送帶，形成共黨單一組織的社會結構。中央到地方的蘇維埃選舉，僅是共黨提名人選的同額選舉，投票率和得票率動輒百分之九十九起跳，這是一種沒有選擇性的選舉（elections without choice），人民也沒有不去投票的權利，不具競爭性的選舉儀式只是作為社會團結和政權正當性的背書工具。蘇共末代總書記戈巴契夫改革初期的政治自由化政策，如釋放政治犯、解除報禁、鬆綁教條式的意識型態、促成了言論多元和民間團體風起雲湧；改革後期的政治民主化，如成立了差額選舉的人代會，修改憲法解除黨禁、設立總統制，造成了社會和地方力量崛起。

　　然而，俄羅斯的政黨體系發展，從共黨專政的瓦解，到多黨林立，現在又回到了支配性的政黨體系。前述1993年10月政爭結束後，葉爾欽於年底進行了國會選舉綁憲法公投的戲碼。克里姆林宮趁著舊國會剛被支解，反對陣營無力且無暇集結之際，進行後共時期第一次的全國大選，冀望新的國會和憲法能賦予政權正當性的基礎。首屆國會為過渡性質，為期兩年，下議院國家杜馬，採混合選舉制，半數席次由單一選區選出，另一半由政黨比例名單選出。投票結果出爐，憲法公投勉強過關，然而第一屆國家杜馬在政黨比例名單方面，由極端民族主義政黨自由民主黨，囊括了多數席次，單一選區席次則由獨立候選人獲得最多席次。克里姆林宮扶植的政黨，選舉表現不如預期。第二屆（1995年）和第三屆（1999年）的國家杜馬選舉，俄國共產黨已躍居國會最大黨，反映出年紀稍長和非都會區選民對九〇年代現況的不滿。

　　反觀，普欽主政迄今，2003年、2007年和2011年的國家杜馬選舉，執政黨統一俄羅斯黨已成國會第一大黨，而歷次的地方選舉也盡是統一俄羅斯黨的天下。俄國的政黨體系，已由九〇年代競爭性的多黨體系，演變至今日侍從性的一黨獨大制。（俄羅斯主要政黨歷屆國家杜馬選舉結果，請參表3-1）尤其，2007年和

表3-1　俄羅斯主要政黨歷屆國家杜馬選舉結果，1993-2011年

政黨	1993				1995				1999				2003				2007		2011	
	政黨得票率%	政黨比例席次	單一選區席次	總席次	政黨得票率%	政黨比例席次	單一選區席次	總席次	政黨得票率%	政黨比例席次	單一選區席次	總席次	政黨得票率%	政黨比例席次	單一選區席次	總席次	政黨得票率%	總席次	政黨得票率%	總席次
統一俄羅斯黨*	–	–	–	–	–	–	–	–	–	–	–	–	37.6	120	103	223	64.30	315	49.39	238
俄羅斯共產黨	12.4	32	16	48	22.3	99	58	157	24.3	67	46	113	12.6	40	12	52	11.57	57	19.19	92
自由民主黨	22.9	59	5	64	11.2	50	1	51	6.0	17	0	17	11.5	36	0	36	8.14	40	11.65	56
公正俄羅斯黨*	–	–	–	–	–	–	–	–	–	–	–	–	–	–	–	–	8.14	38	13.22	64
雅布羅科集團	7.9	20	6	26	6.9	31	14	45	5.9	16	4	20	4.3	0	4	4	–	–	–	–
右翼力量聯盟	–				–				8.5	24	5	29	4.0	0	3	3	–	–	–	–
統一黨*	–				–				23.3	64	9	73	–				–	–	–	–
祖國-全俄羅斯運動	–				–				13.3	37	31	68	–				–	–	–	–
祖國黨	–				–				–				9.0	29	8	37	–	–	–	–
俄羅斯的選擇*	15.5	40	27	67	3.9	0	9	9	–				–				–	–	–	–
我們家園-俄羅斯*	–				10.1	45	10	55	1.2	0	7	7	–				–	–	–	–

*指歷次國會大選前由克里姆林宮扶植的權力黨。

說明：1993、1995、1999、2003採混合選舉制度，政黨比例名單門檻為5%；2007、2011採政黨比例代表制，政黨門檻為7%。統一黨、祖國-全俄羅斯運動，於2001年合併為統一俄羅斯黨。祖國黨於2007年與其他兩個小黨——生活黨、退休者黨，合併為公正俄羅斯黨。歷屆分配政黨名單次之政黨與政黨席次參選數如下：8/13；4/43；6/26；4/11；4/7。

資料來源：俄羅斯中選會，http://www.cikrf.ru；Stephen White, Richard Sakwa, and Henry Hale, *Developments in Russian Politics* 7& 8。

2011年的國家杜馬選，改採政黨比例代表制，政黨分配席次的得票率門檻由5%提高至7%，使小黨泡沫化，目前國家杜馬的四個主要政黨，僅俄羅斯共產黨可說是唯一的反對黨，其他政黨皆支持克里姆林宮，異議聲音僅能藉由體制外的零星抗議活動表達訴求。

然而，看似固若金湯的威權政體，卻於2011-2012年國會與總統大選期間出現了裂隙，面臨了蘇聯解體以來最大規模的反對運動的挑戰。統治集團與社會關係的再度緊張，其肇因不外是制度性貪腐，導致統一俄羅斯黨的聲望日益下滑，被反對派人士冠上「小偷與騙子的政黨」；選舉過程不公，例如官方行政資源和國營電視獨厚執政黨；以及時任總理的普欽再度出馬角逐總統大位，引發反對陣營對政權輪替的期待落空，尤其受到當時阿拉伯之春的示範效應影響。在眾聲喧嘩下，統一俄羅斯黨得票率從上回的六成四驟降至四成九，但仍維持國會過半席次，雖未大敗但只可說是「慘勝」。時任總統的梅德維傑夫順應選舉結果和新的政治局勢，於卸任前推出了一系列的政治改革，如放寬政黨登記門檻、恢復地方行政首長直選、國家杜馬選舉辦法從比例代表制改回混合選舉制。據俄國司法部的政黨登記資料指出，原本合法登記的政黨數目僅有7個，自2012年7月5日以來，已至少有70個政黨獲准登記，其中包括原先體制外的主要反對力量俄國共和黨–人民自由黨（Республиканская партия России–Партия народной свободы）。

在國內政治穩定考量與外部威脅認知的交互作用下，克里姆林宮透過中央到地方的跨黨派組織，如公眾院（Общественная палата）和俄羅斯人民陣線（Общероссийский народный фронт），主導社會倡議，履行政府的施政目標，對社會力進行收編與動員。在全國大選的關鍵時刻，抗爭活動並未能促成民主突破，反對力量再度去動員化，俄國的威權體制仍充滿了調適性與韌性。同時，透過法令規章等法制與行政手段，加強管控民間團體，如2006年修訂的非政府組織法，和2012年要求接受外國資助與從事政治活動的非政府組織須登記爲「外國代理人」的非政府組織法修訂（№ 121-ФЗ «О внесении изменений в отдельные законодательные акты Российской Федерации в части регулирования деятельности некоммерческих организаций, выполняющих функции иностранного агента»）。隨著內外情勢的演變，尤其是克里米亞事件後，俄國受到西方國家的孤立，針對政府打擊「外國代理人」（иностранные агенты）、「西方第五縱隊」（пятая колонна запада），列瓦達民調中心（Левада-Центр）於2015年11月20-23日，在國內48個地區對年滿18歲以上的1,600位民眾進行個別訪談，其調查結果顯示，有高達四成一的受訪者表示政府作法完全站得住腳，僅二成五民眾認為國內並不存在著所謂的「第五縱隊」，這是政府藉故轉移社會批評焦點。

　　2015年2月反對派領袖涅姆佐夫（Борис Ефимович Немцов）不幸被暗殺身亡後，儘管疑雲重重，仍無損克里姆林宮在多數人民心中的威望，反而凸顯反對陣營的坐困愁城。根據列瓦達民調中心的調查結果顯示，多數俄國人民並不認同主要的體制外反對派人士，如卡西揚諾夫（Михаил Михайлович Касьянов）、里茲柯夫（Владимир Александрович Рыжков）、納瓦林（Алексей Анатольевич Навальный）等人。（參表3-2）

表3-2　俄國人民對體制外反對派的認同度（%）

	絕對認同	或許認同	難決定	或許不認同	絕不認同
2015年2月	3	12	18	37	31
2012年1月	3	12	19	33	33
2011年12月	2	10	28	31	28

資料來源：列瓦達民調中心（Левада-Центр），
http://www.levada.ru/print/27-02-2015/neobkhodimost-politicheskoi-oppozitsii-i-podderzhka-oppozitsionnykh-trebovanii；轉引自，Russian Analytical Digest, No. 166（15 April 2015）。

　　2016年9月舉行的第七屆國家杜馬選舉結果出爐，此次共有14個政黨角逐，在投票率創歷史新低的情況下（47.88%），統一俄羅斯黨大獲全勝，在包含政黨名單席次和單一選區席次下總共囊括343席，其他三個國會主要黨團依舊是：俄羅斯共產黨42席、自由民主黨39席、公正俄羅斯黨23席。僅兩個小黨祖國黨、公民論壇在單一選區各獲一席，另有一席由親克里姆林宮的「獨立候選人」獲得。而同時舉行的地方選舉部分，統一俄羅斯黨仍是最大的贏家。

第四節　俄國與世界關係 —— 重返大國地位

　　俄國在經歷了冷戰失敗和蘇聯解體後，內有地方勢力高漲與高加索地區分離運動，外有北約和歐盟不斷東擴與中國崛起，不免產生了內憂外患的圍城心態。因此，俄國人普遍認為，普欽的最大成就在於恢復俄國的大國地位，重拾國家尊嚴。俄羅斯於2014年3月兼併克里米亞後，就算因西方國家的經濟制裁和油價下滑導致俄國經濟發展重挫，普欽國內聲望始終屹立不搖。（參圖3-1）回顧普欽的崛起與戰爭勝利不無關係，1999年，當時還默默無聞的普欽出任總理，因收復車臣而嶄露頭角，順勢將他推向2000年的總統大位。2008年俄羅斯與喬治亞發生戰爭，正值普欽兩任總統屆滿轉任總理，其指定接班人梅德維捷夫新手上任，戰事告捷也確立了「梅普共治」的正當性。2012年普欽再度就職總統，當時國內針對執政黨表現和制度性貪腐的反對聲浪不斷，但就2014年克里米亞回歸一役，舉國上下愛國主義和民族主義當道，奠定了普欽個人在多數俄國人心中的歷

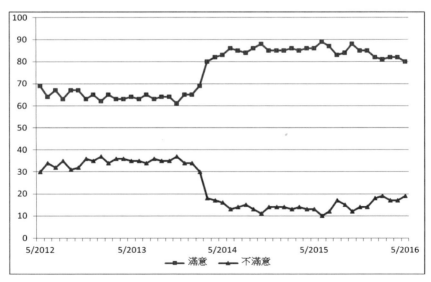

圖3-1　普欽第三任總統任期迄今（2012年5月–2016年5月）整體施政滿意度（%）

資料來源：列瓦達民調中心（Левада-Центр），http://www.levada.ru

史地位。而2015年出兵敘利亞對恐怖組織伊斯蘭國進行所謂的反恐攻擊行動，意在凸顯俄國的軍事強權地位，以及俄國在解決國際衝突上的不可或缺。民氣可用之下，加上新近國會大選完勝，普欽2018年總統連任之路更加通行無阻。

克里姆林宮並藉由2015年二戰勝利七十週年，廣發象徵軍隊英勇，黑橘色相間的聖喬治絲帶，擴大舉辦紀念活動與紅場閱兵，廣邀與俄國友好的國際領袖共襄盛舉，更加提升普欽政權的內外正當性。11月4日國家團結日，成爲鞏固領導中心、共禦外侮的最佳群衆動員機會。在軍事愛國主義氣氛瀰漫之下，對史達林在國家生活中所扮演的角色持正面評價者，根據列瓦達民調中心於2014年12月的調查結果，來到了五成二的歷史新高。

面對歐盟和北約的不斷東擴，普欽的「歐亞經濟聯盟」（Евразийский экономический союз）大戰略逐步落實，也就是前蘇聯地區以俄國爲首的再度整合，劃定戰略紅線，不容西方陣營越雷池一步，否則後冷戰的國際現狀將被打破。俄國對外部地緣政治威脅的認知，包含顏色革命所導致的周邊親俄政權替換，如喬治亞、烏克蘭，合理化其對國家核心利益的堅持。俄羅斯「近鄰」的波羅的海國家、中亞和高加索地區仍有爲數可觀的俄裔人口或具俄羅斯公民身分者，備而不用的「族群牌」或「公民牌」於兩國關係交惡時，成爲境外用兵的正當性王牌。一旦威權治理失效或內有危機發生時，俄羅斯的歐亞主義者藉由打造一個俄羅斯世界（Русский мир）進行「保護僑民、收復失土」的擴張主義政策以轉移國內不滿焦點，也就不足爲奇了。

大國地位的追求，確保俄國的戰略空間，與國內主權至上的俄式民主——「主權式民主」（суверенная демократия）互爲表裡。家長式統治的傳統政治文化，深深影響著國家與人民的互動關係。蘇聯七十年的共黨統治，在政治、經濟、社會等專制遺緒和價值、態度、行爲等蘇維埃化過程，比起中東歐地區四十五年的共黨統治來得更加全面性和延續性，影響後共時期民主治理要素的發展，如政治參與、公民文化、社會資本等。恩威並重的威權統治技巧、電視媒體的操控、審時度勢的威權制度調適，以及傳統價值復甦，如東正教信仰、民族歷史情懷、愛國情操、領導人英明形象等，在在說明俄國國情獨特性的制度面與規

範性的社會建構。維持現況的秩序與穩定成爲界定俄國政治發展的關鍵詞彙，對於挑戰既有的政治權威與傳統習俗的少數權益保障，如轉型正義、同性戀人權等議題，則不受到多數民意的重視。若如上所述，那麼在強調集體利益和個人自主性之間，是否可以並行不悖？顯然，人民的自身感受對威權治理維繫至關重要。根據列瓦達民調中心自1991年6月至2015年11月針對俄國人自身的自由度感受長期調查顯示，自普欽2000年主政後，多數俄國人覺得身爲自由人（非專指政治自由），明顯高於九〇年代葉爾欽時期所做的兩次民意調查。（參表3-3）

表3-3　您認爲在我們社會自己是自由人嗎？（%）

	6/91	1/96	2/00	2/05	8/06	10/07	10/11	10/13	10/14	11/15
肯定是	24	14	21	17	20	28	19	13	23	16
應該是	19	19	32	36	33	30	39	39	46	50
肯定不是	20	26	22	26	26	23	25	30	19	21
應該不是	25	27	18	15	18	15	9	9	3	5
難以回答	12	15	6	6	3	5	9	9	8	8

資料來源：列瓦達民調中心（Левада-Центр），
　　　　http://www.levada.ru/2015/12/08/borba-s-pyatoj-kolonnoj-i-oshhushhenie-svobody-v-obshhestve/

第五節　結論

　　蘇聯曾為世界超強的獨裁政體，因戈巴契夫的改革失敗而解體，其過程除少數零星衝突外，基本上是理性、和平、非暴力的絲絨分裂，也因此，原本的菁英、制度、價值、行為規範具有歷史的延續性，後共威權國家仍受到共黨專制遺緒不同程度的影響。獨立後的俄羅斯面對內外環境的改變，不斷進行制度、政策、人事、和觀念上的調適，試圖在變動的世局中，尋求自身的立足之地。葉爾欽治國無方，置民主發展於險境，普欽的威權治理，因而深得民心。俄羅斯在四分之一世紀的政治轉型後，發展出具有民主外貌、威權內涵的混合式政體，縱使民主尚未崩潰，但已停滯不前。

　　俄國目前中央集權下的政治穩定，依恃的不外是總統權獨大、去聯邦化的垂直權力、支配性的政黨體系、弱化的反對力量，和大國崛起的愛國心態；欠缺的則是民主常態下的要素，如分權制衡、政府問責、政黨輪替、地方和社會的監督、近悅遠來的王道吸引力。誠然，為確保國家的長治久安，民主作為國家治理根基，仍需法治、行政效率、經濟發展、公平正義的相互扶持，才能賦予民主治理的正當性和公信力。俄國政治發展何去何從，仍在於俄國人民明智的抉擇。

參考資料

一、英文

（一）專書

Bressler, Michael L., 2008. *Understanding Contemporary Russia*. Boulder, CO: Lynne Rienner.

Brown, Archie, 2001. *Contemporary Russian Politics: A Reader*. Oxford, UK: Oxford University Press.

Dallin. Alexander, and Gail W. Lapidus, eds., 1994. *The Soviet System: From Crisis to Collapse*. Boulder, CO: Westview Press.

Danks, Catherine, 2009. *Politics Russia*. London: Routledge.

Gel'man, Vladimir, 2015. *Authoritarian Russia: Analyzing Post-Soviet Regime Changes*. Pittsburgh, PA: University of Pittsburgh.

Gill, Graeme, and James Young, eds., 2015. *Routledge Handbook of Russian Politics and Society*. London: Routledge.

Hesli, Vicki L., 2006. *Governments and Politics in Russia and the Post-Soviet Region*. Boston, Mass: Cengage Learning.

McFaul, Michael, 2002. *Russia's Unfinished Revolution: Political Change from Gorbachev to Putin*. Ithaca, NY: Cornell University Press.

Ostrow, Joel M., ed., 2012. *Politics in Russia: A Reader*. Wahington, DC: CQ Press.

Remington, Thomas F., 2012. *Politics in Russia*, 7th ed. Glenview: Longman.

Sakwa, Richard, 2008. *Russian Politics and Society*, 4th ed. London: Routledge.

Shiraev, Eric, 2013. *Russian Government and Politics*, 2nd ed. New York: Palgrave Macmillan.

Treisman, Daniel, 2012. *The Return: Russia's Journey from Gorbachev to Medvedev*. New York: Free Press.

Wegren, Stephen K., ed., 2016. *Putin's Russia: Past Imperfect, Future Uncertain*, 6th ed. Lanham: Rowman & Littlefield.

White, Stephen, Richard Sakwa, and Henry E. Hale, eds., 2010. *Developments in Russian Politics 7*. New York: Palgrave Macmillan.

White, Stephen, Richard Sakwa, and Henry E. Hale, eds., 2014. *Developments in Russian Politics 8.* New York: Palgrave Macmillan.

White, Stephen, 2011. *Understanding Russian Politics.* Cambridge, UK: Cambridge University Press.

（二）網站

Russian Analytical Digest, <http://www.css.ethz.ch/publications/RAD_EN>.

二、俄文

（一）專書

Василенко, И. А., 2014. *Современная российская политика.* М.: Юрайт.

Исаев, Б. А., Н. А. Баранов, 2013. *Современная российская политика.* СПБ.: Питер.

Никовская, Л. И. (отв. ред.), 2013. *Куда пойдёт Россия: новые возможности и ограничения современного развития.* М.: Ключ-С.

Липман, Мария, Николай Петров (ред.), 2012. *Россия-2020: сценарии развития.* М.:Моск. Центр Карнеги.

Лукьянов, Федор, 2015. *Россия в глобальной политике: новые правила игры без правил.* М.: Эксмо.

Соловьев, А. И. (гл. ред.), *Государство и общество в пространстве власти и политических коммуникаций (Политическая наука: ежегодник 2013).* М.: Российская ассоциация политической науки.

（二）網站

Левада-Центр, <http://www.levada.ru>.

第四章　經濟轉型發展

洪美蘭

前言

　　冷戰時期曾爲共產世界與東方集團霸主之歐亞大國——俄羅斯，可說是
1989年共產政權垮臺後最重要的轉型經濟體國家，由過去蘇聯時期實行的計
劃經濟轉向市場導向經濟（market oriented economy）。自從俄國總統葉爾欽
（Boris Nikolayevich Yel'tsin）決定採用激進模式（revolutionary model）[1]的「震
撼療法」，或稱爲「休克療法」（shock therapy），進行經濟轉型（economic
transformation）至今，俄國內部總體經濟不但早已從轉型衰退走向成長，在經濟
全球化（economic globalization）趨勢下，亦積極參與國際經濟，曾被譽爲金磚
四國之一，竄升爲國際間熱門的新興市場。故針對俄國經濟市場化轉型後的改革
發展，將從國內市場機制（market mechanism）建立，以及俄國參與國際市場，
即其對外經貿發展兩面向來統整歸納俄國的經濟轉型發展。

---

[1]　所謂激進模式是以哈佛大學薩克斯（Jeffrey D. Sachs）教授爲主的經濟學家們建議的經濟轉型方式。激進
轉型理論建議後共國家同時進行自由化、穩定化、私有化的一次性徹底改革即可快速地將共產計劃經濟
轉向市場經濟。詳參：洪美蘭，經濟激進轉型策略-中東歐之經驗與啓示，臺北：翰蘆出版社，2002，頁
33-39。

第一節　建立國內市場機制

依據激進經濟轉型理論，原共產主義國家可藉由同時進行自由化、穩定化、私有化[2]的一次性改革，快速將計劃經濟轉向市場經濟。自由化政策包括價格自由化和經貿對外開放，目的在於建立無論對內或對外皆是市場自由競爭的交易環境。其中，價格自由化更是建立「市場機制」（亦稱爲價格機制），讓市場自由運轉的首要必須條件。然而，對原本因經濟衰退而處於供不應求的共產經濟社會而言，意即在賣方占有優勢地位的賣方市場狀態下進行價格自由化，賣方有利於將價格轉嫁給消費者，導致物價飛漲，故激進經濟轉型理論規劃，在進行價格自由化的同時，必須實行穩定化政策作爲配套措施。至於私有化政策則在於，藉由私有財產制保障個體在市場上自由競爭後的獲利確實由個人所享有支配，不會被剝奪。在私有產權制度保護下，個體爲了爭取豐厚個人利得，將會積極於市場上與人競爭。換言之，因爲私有制，個人才有競爭的動機。

基於上述激進經濟轉型理念，俄國於1992年1月開始價格自由化，正式啓動了俄國的經濟轉型。一如激進經濟轉型理論所預估的，價格自由化後，物價在需求拉動通貨膨脹（demand-pull inflation）快速增長，引發心理預期型通貨膨脹後，通貨膨脹加速飛漲，最後導致成本型通貨膨脹（cost-push inflation），各類型通貨膨脹加乘效應形成惡性通膨（galloping inflation / hyperinflation），儘管俄國亦依據激進經濟轉型理論建議，在實行價格自由化的同時進行穩定化配套措施，採取緊縮財政政策和貨幣政策。1992年通膨高達1526%（參見下表4-1），人民從因確實需要而購買，轉爲搶購未必即時需要的商品，如家電等，以避免物價持續飛漲而導致貨幣實質購買力下降之貶值問題。搶購商品以保值，造成當時俄國供不應求的現象更加惡化，商店經常出現貨架空蕩蕩的特殊景象。

---

[2] 激進轉型模式的私有化包含所有權移轉和經營權移轉（民營化）之雙重意義，與一般市場經濟制度中的國營企業民營化概念有所差別。兩者內涵之差異，請詳參：洪美蘭，前揭書，2002，頁19-20；27-30。

　　激進經濟轉型理論建議面對高通膨現象必須採行緊縮政策因應。然而，高通膨已經讓廠商面臨原物料成本飆漲壓力，當俄國當局採取緊縮政策後，廠商面臨的生產成本再次增長，如緊縮貨幣政策將導致利率提升而使企業單位取得資金的成本增加；財政緊縮也讓企業獲得政府補助減少，總結終致生產困難，不但惡化總體產出，亦無法有效解決市場供不應求之匱乏問題。[3]因此，緊縮政策的結果是，俄國經濟逐漸衰退，從下表4-1，俄國激進轉型後的總體經濟表現中，1998年前的國內生產多年年下滑即可得知。

表4-1　俄羅斯主要的總體經濟指標

年度	實質國內生產毛額 （年變動率）	失業率 （年平均）	通貨膨脹 （年變動率）	政府收支餘額 （占GDP%）
1990	-3.0	-	-	-
1991	-5.0	0.1	-	-
1992	-14.8	0.8	1,526.0	-18.9
1993	-8.7	5.7	875.0	-7.3
1994	-12.7	7.5	311.4	-10.4
1995	-4.1	8.9	197.7	-6.6
1996	-3.6	9.9	47.8	-9.4
1997	1.4	10.7	14.7	-8.5
1998	-5.3	12.1	27.6	-8.1
1999	6.4	12.4	86.1	-3.1
2000	10.0	10.7	20.8	3.2
2001	5.1	9.1	21.6	2.7
2002	4.7	8.0	15.7	0.6

[3]　當激進經濟轉型理論提出時，漸進主義者也提出該理論將導致總體經濟衰退、失業增長與通膨上升等經濟混亂問題，針對此類問題，主張激進轉型理論的學者不否認，卻認為其是經濟轉型必經與必須付出的轉型成本，此過程將因激進的快速轉型而渡過，當市場機制建立與發揮運轉後即可獲得解決。有關激進理論與漸進主張的爭論，請詳參：洪美蘭，前揭書，2002，頁39-47。

年度	實質國內生產毛額 （年變動率）	失業率 （年平均）	通貨膨脹 （年變動率）	政府收支餘額 （占GDP%）
2003	7.3	8.3	13.7	1.1
2004	7.2	8.1	10.9	5.0
2005	6.4	7.6	12.7	8.1

說明：

1. "-"代表資料缺乏。

2. 通貨膨脹以當年年平均消費者物價計量。

資料來源：

1. 實質國內生產毛額、通貨膨脹和政府收支餘額：EBRD, Economic statistics & forecasts, Selected economic indicators, at http://www.ebrd.com/country/sector/ econo/stats/sei.xls, extracted on October 10, 2007.

2. 失業率：International Monetary Fund, International Financial Statistics, at http:// www.imfstatistics.org/imf/, extracted on January 22, 2008.

3. 作者彙整自製。

　　俄國經濟激進轉型後，人民面對的是物資經常被搶購一空的貨架，物價飆漲侵蝕終生積蓄，生產連續率退的經濟社會狀況。當時主導激進轉型的蓋達（Yegor Gaidar）成為眾矢之的，國會要求其下臺負責、要求中央銀行放鬆銀根[4]，實施軟預算（soft budget），導致俄國未能貫徹激進轉型理論的緊縮政策，通膨問題因而未能獲得有效控制。在國會強大壓力下，與國有企業關係良好的齊諾梅爾金（Viktor Chernomyrdin）擔任總理，俄國的激進經濟轉型也被迫放緩，逐漸轉向漸進路線。

　　俄國經濟轉型在私有化方面也同樣面臨了強大抗拒。蓋達原計劃依據激進轉型理論建議，實施無償的私有化憑證自由分配模式（Voucher Free Distribution Models），故於1992年發放憑證給俄羅斯國民，但卻面臨企業不願被私有化的抵制。為了鼓勵企業私有化，政府釋出讓既有的企業員工以優惠價格先取得部分股權之誘因，終於讓俄國企業私有化開始啟動。因此，俄國多數企業是採取有償的

[4]　俄國府會之爭因而影響經濟激進轉型政策的持續性，如穩定化政策搖擺不定，其過程可詳參：吳玉山，俄羅斯轉型1992-1999：一個政治經濟學的分析，臺北：五南，2000年，頁171-179。

第二選項私有化（second privatization option）方式達成的[5]。也就是企業內部者（職工與經理人）可用比公開市價更優厚的折扣價優先獲得51%企業股份，但實質上多為經理人購買（Manager buy-out，MBO）私有化。當時私有化的主政者（executor）為丘拜斯（Anatoly Chubais）。

此外，1995年政府將績優國有股票向各大銀行抵押融資的股票擔保融資（loan for share）卻是影響俄國市場機制建置的關鍵，因為此舉讓金融寡頭（oligopoly）財閥擁有重要國有資產，如電信公司（Svyazinvest）；大型石化燃料公司如Yukos、Sidenko、Sibneft等，造成俄國市場變為寡頭經濟。故俄國的私有化被批評有競租（rent-seeking）貪腐問題，遠離了激進經濟轉型建議的，公平開放全民共享的無償私有化憑證模式。

儘管俄國激進轉型在強大壓力下被迫放緩，但歷經幾番波折後，俄國的市場機制仍在價格自由化和私有化後逐漸成型，市場機制所需的基本元素，如價格由市場供需決定、企業自負盈虧的自主經營等架構終究建立。不過，俄國內部的市場因股票擔保融資私有化而種下俄國生產結構偏向於少數大型企業壟斷市場的寡頭經濟。故俄國經濟轉型後，經濟成長的利得亦集中於少數人享有，形成社會不均（inequity）問題。俄國從過去的共產均貧經濟社會，轉變為不均的金融寡頭式不完全競爭市場，如何促進國家經濟社會均衡成長發展成為轉型後俄國的主要經濟課題。

---

[5] 其他選項的私有化方式和內容，詳參：洪美蘭，經濟均衡發展策略－歐洲轉型國家之案例與啟示，臺北：翰蘆出版社，2008，頁252-253。

第二節　對外經貿發展

　　俄國獨立後的市場導向經濟轉型，不但對內建立起市場機制，對外也在市場自由競爭原則下開放。然而，獨立初期俄國國內工業固定資本存量普遍老舊，多數產品國際競爭力不足，自由化政策的經貿對外開放，讓擁有豐沛原物料礦藏資源，如石化能源等天然資源稟賦的俄羅斯，在國際貿易的比較利益（comparative advantage）法則下，呈現出以出口原物料為主的形式參與國際市場。不過，俄國亦善用其優勢的自然稟賦條件，成功從過去軍事強權轉變為國際市場上占有重要席次的能源出口大國。從其加入世貿組織的過程中，提出了總體而言開放程度優於中國大陸、巴西、印度、東協國家等新興經濟體之條件，展現其參與全球經濟之決心與企圖。因此，下文將從貿易和外來投資途徑整合歸納俄羅斯獨立至今的對外經貿活動脈絡，解析俄國與國際經濟互動的特質與政策效果，以獲悉俄羅斯對外經貿發展全貌及其現階段在國際經濟體系中的角色定位，洞悉其經濟變化趨勢，掌握俄國融入全球經濟之契機與商機。

一、俄羅斯的國際貿易活動：外貿盈餘效應與地緣經濟特質

（一）貿易量與貿易對象變化之意涵

　　激進經濟轉型後，俄國從過去計劃經濟時代以封閉性的共產集團貿易為主，轉變為開放經濟體，此變化趨勢由近年來其從事國際貿易活動的情況中（見下表4-2），充分體現出來。從下表4-2的貿易數據可見，除了與過去傳統貿易夥伴－獨立國協（以下簡稱獨協，Commonwealth of Independent States，CIS）國家進行貿易活動外，與非獨協國家的貿易額，無論進、出口皆呈現高過於與獨協國家之貿易值，此統計現象顯示：俄國不但開啟了與世界各國之貿易往來，逐漸融入世界經濟體系中，更展現出其與非獨協國家之貿易已經躍升為其參與國際貿易

活動的主軸，因而貿易盈餘亦主要來自於對非獨立國協國家貿易盈餘之貢獻。

表4-2　1994-2012年俄羅斯商品貿易　　　　　　　　　　　　單位：十億美元

項目 年	出口總額		進口總額		貿易盈餘	
	獨協	非獨協	獨協	非獨協	獨協	非獨協
1994	15.7	51.7	14.0	36.5	1.7	15.2
1995	17.0	65.4	18.3	44.3	-1.4	21.2
1996	18.6	71.1	20.8	47.3	-2.3	23.8
1997	19.1	67.8	18.6	53.4	0.5	14.4
1998	15.8	58.7	14.3	43.7	1.5	14.9
1999	12.0	63.6	10.4	29.2	1.6	34.4
2000	14.3	90.8	13.4	31.4	0.8	59.3
2001	15.3	86.7	13.0	40.7	2.2	45.9
2002	16.4	90.9	12.2	48.8	4.2	42.1
2003	21.4	114.6	15.1	61.0	6.3	53.6
2004	30.2	153.0	19.9	77.5	10.3	75.5
2005	33.5	210.2	21.9	103.5	11.7	106.7
2006	43.4	260.2	24.0	140.2	19.3	119.9
2007	53.8	300.6	31.8	191.7	22.0	108.9
2008	71.1	400.5	39.0	252.9	32.2	147.5
2009	48.1	255.3	24.1	167.7	24.0	87.5
2010	62.6	337.8	35.2	213.6	27.4	124.2
2011	83.8	438.1	48.6	275.3	35.3	162.9
2012	82.5	446.8	46.8	288.7	35.7	158.1

資料來源：

1.The Central Bank of the Russian Federation, Statistics - Monetary Statistics - Merchandise Trade of the Russian Federation, http://www.cbr.ru/eng/statistics/credit_statistics/print.asp?file=trade_e.htm, extracted on February 26, 2013.

2.作者整理繪製。

　　若進一步分析俄國對外貿易年成長率變化（見下表4-3）將發現，從2003年起至今，除了2009年和2012年因2008年美國次貸風暴引發國際金融危機及其後續效應，即除了在歐美債務危機陰霾影響外，無論與獨協或非獨協之進、出口皆呈現出連續性地成長，且成長率都高達兩位數，證明俄羅斯近年來在國際貿易舞臺上的確相當活躍。而俄國得以於2003年起順利積極向國際市場擴張，首先當歸功於國際經濟環境從1997年亞洲金融危機中逐漸復甦後，景氣於2003年明顯趨於熱絡，之後連續長達四年相對高的全球經濟成長（見下表4-4），成為裨益俄國出口高速成長的重要因素。其次，俄國政府於千禧年初幾年執行當時經濟發展和貿易部部長格列夫所規劃的「俄羅斯聯邦政府長期社會經濟政策基本方向」，簡稱格列夫計畫（Программа Грефа），降低稅率、簡化進口關稅稅種、持續降稅，獲得了擴大企業投資與提振內需之經濟效益，帶動進口成長。

表4-3　1995-2012年俄羅斯商品貿易年成長率　　　　　　　　　　　　　　　單位：％/年

年 \ 項目	出口		進口		貿易總額	
	獨協	非獨協	獨協	非獨協	出口	進口
1995	8.0	26.7	31.1	21.4	22.3	24.1
1996	9.4	8.7	13.5	6.8	8.8	8.8
1997	2.7	-4.6	-10.7	12.9	-3.1	5.7
1998	-17.2	-13.5	-23.1	-18.1	-14.3	-19.4
1999	-24.0	8.4	-17.4	-33.3	1.5	-31.9
2000	18.8	42.8	29.4	7.8	39.0	13.5
2001	7.2	-4.6	-2.9	29.6	-3.0	19.8
2002	7.2	5.0	-6.8	19.9	5.3	13.4
2003	30.4	26.0	24.1	24.9	26.7	24.8
2004	41.4	33.5	31.9	27.0	34.8	28.0
2005	11.1	37.4	10.1	33.6	33.1	28.8
2006	29.3	23.7	9.8	35.4	24.5	31.0
2007	24.1	15.5	32.2	36.7	16.8	36.0

項目 年	出口		進口		貿易總額	
	獨協	非獨協	獨協	非獨協	出口	進口
2008	32.2	33.2	22.5	31.9	33.1	30.6
2009	-32.4	-36.3	-38.2	-33.7	-35.7	-34.3
2010	30.1	32.3	46.7	27.3	32.0	29.7
2011	33.8	29.7	37.5	29.0	30.3	30.2
2012	-1.6	2.0	-3.7	4.9	1.4	3.6

資料來源：

1.The Central Bank of the Russian Federation, Statistics - Monetary Statistics - Merchandise Trade of the Russian Federation, http://www.cbr.ru/eng/statistics/credit_statistics/print.asp?file=trade_e.htm, extracted on February 26, 2013.

2.作者整理繪製。

表4-4　世界經濟成長率　　　　　　　　　　　　　　　　　　　　單位：%

年	1995	1996	1997	1998	1999	2000	2001	2002
實質經濟成長率	1.41	1.95	2.28	0.98	1.96	2.92	0.34	0.70
年	2003	2004	2005	2006	2007	2008	2009	2010
實質經濟成長率	1.44	2.85	2.35	2.82	2.74	0.33	-3.16	3.05

資料來源：World Bank,
　　　　　http://databanksearch.worldbank.org/DataSearch/LoadReport.aspx?db=2&cntrycode=&sercode=NY.GDP.PCAP.KD.ZG&yrcode=, extracted on October 24, 2011.

　　此外，從上表4-2亦發現，俄國參與國際貿易過程中，除了1995-1996年與獨協國家之貿易呈現微幅赤字外，俄國的貿易餘額皆為盈餘狀態。而且自2002年以來，除了2009年因2008年美國次貸風暴引發國際經濟衰退（見上表4-4）使其貿易盈餘下滑外，無論與獨協國家或非獨協國家之貿易盈餘皆一改過去波動成長態勢，多呈現相對穩定地持續增加。對照上表4-3，由其貿易總額欄分析可知，從2002年起，進、出口年成長率除了2009年為負值外，皆呈現同時成長趨勢，但俄國因先前經濟轉型的長期衰退導致內需投資與消費能力不足，故2003-2005年間進口成長幅度顯然落後於出口的高成長率，促使貿易盈餘出現穩健成長趨勢。

尤其是從2003年以來，無論對獨協國家或非獨協國家之出口皆表現出穩定的高成長，譬如：俄國對其傳統市場——獨協國家之出口年成長率由2002年的7.2%擴張至2003年的30.4%，甚至2004年之成長率更創下歷史新高，達41.4%；近年來其對新興的貿易夥伴——非獨協國家之出口年成長率，亦於2005年達到37.4%的高成長率（見上表4-3），故促使俄國貿易盈餘大幅成長，2011年貿易盈餘高達1,982億美元（見上表4-2）。

然而，俄國參與國際經濟活動，從中獲取貿易盈餘的過程中，其經濟亦開始受到國際經濟因素影響，如從上表4-3中可見，1997-1998年間出口總額負成長乃是因亞洲金融風暴衝擊到其出口，亞洲金融危機亦成為俄國1997-1998年間金融風暴的遠因之一，進而導致俄國經濟受挫，減少進口需求，故1998-1999年進口呈現負成長。幸而，多年來累積之外匯實力，以及2003年後持續擴大的貿易順差所帶來之豐厚貿易盈餘，促使俄國內需開始轉為強勁，2006年進口成長率轉為高過於出口成長率即是最佳例證。其中，當年度對來自非獨協國家之進口成長率更高達35.4%（見上表4-3），2007年持續擴增為36.7%，致使2007年貿易盈餘降至1,309億美元（見上表4-2）。

換言之，近年來俄國內需強勁，致使其對外貿易發展趨勢開始出現逆轉，由以往的出口成長率高於進口成長值，改變為進口成長高於出口成長，意謂著俄國已經逐漸在國際市場中凸顯出其作為需求者之角色。不過，2008年美國次貸風暴及其後續的歐、美信貸危機引發之國際金融問題又再次衝擊俄國，導致2009年俄國貿易無論在出口或進口上皆呈現出大幅衰退（見上表4-3）。2010-2011年間雖逐漸復甦，恢復為兩位數字的高成長率，然2012年又再次因歐美債務問題影響，進出口成長幅度皆下滑（見上表4-3）。

（二）俄國之國際貿易結構

從上文分析俄羅斯近年來貿易量發現，俄國在轉型後與世界經濟互動過程中，呈現出兩個特徵：一是從國際貿易中獲得了豐厚的貿易盈餘利得；其次是貿

易夥伴國擴增，趨向多元化。故有必要進一步從俄國的貿易結構來深入解析和了解這兩項特徵。

　　首先，就貿易產品結構而言。俄羅斯歷年主要出口產品結構變化不大（見下表4-5），始終以礦物產品、金屬及金屬產品、機器設備及運輸工具、化學品及橡膠為出口大宗。其中，礦物產品中屬於石油、天然氣等能源性的礦物燃料出口占總出口的比率始終相當高，甚至從千禧年起，因當年世界經濟實質成長率高達2.92%（見上表4-4），在國際景氣復甦，市場需求成長強勁下，促其出口比重皆超過總出口值的一半以上，2011年更創下歷史新高達69.9%（見下表4-5）。受惠於國際景氣熱絡帶動國際市場對原物料、能源需求吃緊，導致國際能源價格從2003年起持續高漲，直到2008年才下滑，但若與歷年相較仍算處於高檔。因此，於轉型前即形成在世界市場上原料和礦產資源供應專業化的俄羅斯，得以從此出口結構中獲取豐厚的貿易盈餘利得。然出口結構過於單一化的現象，亦將使俄國出口對國際能源需求形成依賴，帶來能源價格變動影響俄國總體經濟穩定性，故俄國政府於2004年初成立穩定基金（Stability Fund）以因應之，但卻無益於改善產業結構不健全問題，即過於倚賴能源原物料產業而影響其他工業部門發展之所謂「荷蘭病」（Dutch disease）現象，面臨總體經濟失衡風險。

表4-5　1994-2012年俄羅斯主要貿易產品結構　　　　　　　　　　　　單位：%

品名 年	出口產品				進口產品			
	礦物產品 （礦物燃料）	金屬及 金屬產品	機器設備及運輸工具	化學品 及橡膠	機器設備及運輸工具	食品及農業原料	化學品 及橡膠	金屬及金屬產品
1994	44.1 （43.1）	17.8	8.8	8.7	35.2	27.7	9.9	6.5
1995	41.7 （40.4）	20.3	10.1	9.9	32.9	30.2	10.7	7.5
1996	47.8 （46.8）	19.8	9.7	8.6	31.8	26.0	14.7	8.7

品名 年	出口產品				進口產品			
	礦物產品（礦物燃料）	金屬及金屬產品	機器設備及運輸工具	化學品及橡膠	機器設備及運輸工具	食品及農業原料	化學品及橡膠	金屬及金屬產品
1997	48.3（47.4）	20.8	10.2	8.2	35.1	26.3	14.5	6.9
1998	42.7（41.5）	22.1	11.0	8.4	35.7	26.3	15.2	6.8
1999	44.6（43.8）	20.5	10.6	8.3	32.3	28.4	16.4	7.2
2000	53.9（53.2）	17.1	8.8	7.1	30.5	23.3	18.6	8.3
2001	54.7（54.1）	14.7	10.4	7.5	34.0	22.0	18.2	7.2
2002	55.2（54.6）	14.1	9.4	6.9	36.3	22.5	16.7	6.3
2003	57.6（57.0）	13.8	8.9	6.8	37.4	21.0	16.8	7.2
2004	57.8（57.2）	16.7	6.6	7.7	41.1	18.3	15.8	7.7
2005	64.8（64.0）	14.0	5.9	5.6	44.0	17.7	16.5	7.5
2006	65.9（65.4）	13.7	5.8	5.6	47.7	15.7	15.8	7.5
2007	64.9（64.2）	14.0	5.5	5.9	50.9	13.8	13.8	7.9
2008	69.8（68.8）	11.7	4.8	6.5	52.7	13.2	13.2	6.9
2009	67.4（66.7）	11.1	5.9	6.2	43.4	17.9	16.7	6.5
2010	68.8（68.0）	10.7	5.6	6.4	44.5	15.9	16.3	7.4

品名 年	出口產品				進口產品			
	礦物產品 （礦物燃料）	金屬及 金屬產品	機器設 備及運 輸工具	化學品 及橡膠	機器設 備及運 輸工具	食品及農 業原料	化學品 及橡膠	金屬及金 屬產品
2011	71.1 （70.1）	9.2	5.0	6.3	48.4	13.9	15.1	7.3
2012	71.4 （70.3）	8.5	5.1	6.1	50.1	12.9	15.3	7.0

說明：

1.千禧年之前的數據皆不包含與白俄羅斯之進、出口貿易數據。

2.礦物產品中的礦物燃料是指石油及天然氣。

資料來源：

1.The Central Bank of the Russian Federation, Bank of Russia Today - Annual Report-2000 Statistical Addendum, http://www.cbr.ru/eng/today/annual_report/Chat_5_2000e.pdf, Table 13, p.162 and Table 14, p.163, extracted on Feb. 25, 2007.

2.The Central Bank of the Russian Federation, Bank of Russia 2008 Annual Report, http://www.cbr.ru/eng/publ/God/ar_2008_en.pdf, Table 13, p.208 and Table 14, p.209, extracted on October 19, 2010.

3.The Central Bank of the Russian Federation, Bank of Russia 2010 Annual Report, http://www.cbr.ru/publ/God/ar_2010.pdf, Table 13, 14, p.241, extracted on October 24, 2011.

4.Центральный банк Российской Федерации, Издания Банка России - Годовой отчет Банка России - Годовой отчет Банка России за 2011 год, http://www.cbr.ru/publ/God/ar_2011.pdf, Table 13, p.238 and Table 14, p.239, extracted on February 26, 2013.

5.Центральный банк Российской Федерации, Издания Банка России - Годовой отчет Банка России - Годовой отчет Банка России за 2012 год, http://www.cbr.ru/publ/God/ar_2012.pdf, Table 11, p.246 and Table 12, p.247, extracted on September 9, 2016.

6.作者整理繪製。

　　反觀，俄國進口商品結構。主要進口產品以機器設備及運輸工具、食品及農業原料、化學品及橡膠、金屬及金屬產品等為大宗。值得注意的是，2006年不但傳統上進口的最大宗產品——機器設備及運輸工具之年成長率高達51%，鞋及紡織、紡織製品也達到同樣的成長幅度；皮革、毛皮製品進口年成長率更高達

56%。[6]機器設備及運輸工具進口的大幅成長，以及鞋、紡織製品及毛、皮製品等民生消費性產品進口的成長，皆是內需市場提升的最有力證明。其中，民生消費的成長主要來自於中產階級，此意謂俄國經濟社會已經有別於轉型初期，中產階級正在成長與擴張[7]。而機器設備及運輸工具進口占總進口比重於2007年首次突破一半以上（見上表4-5），顯示攸關各種產業生產現代化的機器設備之內需亦有所成長，代表著俄國內部正進行其他產業的加速發展，對平衡依賴能源出口的產業結構調整上，將發揮實質助益。

因此，從俄國進口成長的結構來看，顯然俄國經濟正在蛻變中。原本俄國在自由主義市場化轉型下，採取對外自由開放的經貿政策，經國際市場競爭與基於比較利益原則，致使其經濟退化為直接開發與片面倚賴豐沛的天然礦物原料等資源稟賦產業為主，其他產業次要之「二元性」經濟（dualism economy）結構[8]，不但已經產生了改變跡象，在外貿盈餘厚植內需購買力後，中產階級力量亦逐漸擴增強化，成為挑戰普梅共治的新勢力，因為其對生活和俄國總體政經環境關切，要求更多的公民權益。

簡言之，從俄羅斯貿易產品結構中得知，其在國際市場上之比較利益已經相當明確，即為能源性礦物產品。俄國運用此資源稟賦豐富產品交換其現階段產業結構轉型最需要之機器設備及運輸工具，以及與民生相關之食品與農業原料、化學品和橡膠等產品。此種產品交易結構現象充分展現出俄國已經融入國際市場互通有無之貿易網絡系統。

其次，從貿易夥伴國家結構來探究俄國對外經貿活動之另一個表徵——貿易夥伴國多元化現象。依據下圖4-1：主要出口國變化趨勢發現，其出口夥伴國家

---

[6] The Central Bank of the Russian Federation, Bank of Russia Today - Annual Report of the Central Bank of the Russian Federation 2006, http://www.cbr.ru/eng/today/annual%5Freport/ar_2006_en.pdf, Table 14, p.184, extracted on March 19, 2007.

[7] 俄國中產階級占總人口比率已經由2003-2004年間的5%成長至2012年的18%。參見Центр стратегических исследований, Ноябрь 2012, "Настроения экономики. Итоги ноября 2012 года", РОСГОССТРАХ, http://www.rgs.ru/media/CSR/Economic%20mood_2012_11.pdf, p.9, extracted on February 26, 2013.

[8] 俄國二元經濟之其他成因、影響與政府的調整對策，詳參：洪美蘭，前揭書，2008，頁284-293。

圖4-1　2003年以前俄羅斯主要出口國

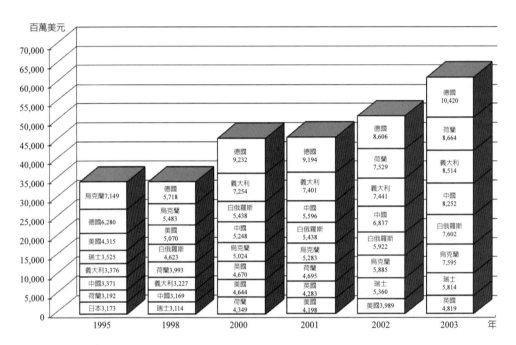

資料來源：

1.Goskomstat (Federal State Statistics Service), External economic activities - Foreign trade of the Russian Federation with non-CIS countries, http://www.gks.ru/free_doc/2006/rus06e/25-05.htm, extracted on Feb. 25, 2007.

2.Goskomstat (Federal State Statistics Service), External economic activities-Foreign trade of the Russian Federation with the CIS countries, http://www.gks.ru/free_doc/2006/rus06e/25-06.htm, extracted on Feb. 25, 2007.

3.The Central Bank of the Russian Federation, Bank of Russia Today - Annual Report-1998 Statistical Addendum, http://www.cbr.ru/eng/today/annual_report/StatAdde.pdf, Table 7, p.162 and Table 8, p.163, extracted on Feb. 25, 2007.

4.作者整理繪製。

結構從千禧年後有了明顯變化。千禧年以前的主要出口對象分別爲獨協的烏克蘭和白俄羅斯，以及歐洲的德國、瑞士和義大利，也有美洲的美國和亞洲的中國，的確遍及世界各地。然而，從千禧年起俄羅斯對美國之出口開始出現衰退，也就是說千禧年後美國已不再是俄國的前五大出口國之一，且在同期俄國對荷蘭之出口卻逐年成長。深入分析俄國與荷蘭之貿易商品結構發現，俄羅斯對荷蘭之出

口大幅成長主要在於能源石化產品的急速成長，[9]2002年俄國對荷蘭之出口值甚至超越其長久以來的傳統貿易夥伴——烏克蘭和白俄羅斯，以及義大利、中國等這些俄國過去重要的出口國。從下圖4-2更可見，俄國近年來之主要出口國為荷

圖4-2　2004-2009年間俄羅斯主要出口國

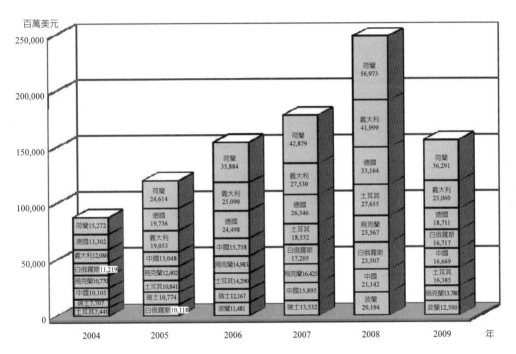

資料來源：

1.Goskomstat (Federal State Statistics Service), External economic activities - Foreign trade of the Russian Federation with far abroad countries, http://www.gks.ru/bgd/regl/b10_12/IssWWW.exe/stg/d02/26-05.htm, extracted on Sep. 28, 2010.

2.Goskomstat (Federal State Statistics Service), External economic activities - Foreign trade of the Russian Federation with the CIS countries, http://www.gks.ru/bgd/regl/b10_12/IssWWW.exe/stg/d02/26-06.htm, extracted on Sep. 28, 2010.

3.作者整理繪製。

[9]　CBS database. Cited from: Govert Gijsbers, Johannes Roseboom and Geert Schoch, *Technological Cooperation Netherlands-Russia*, http://www.tno.nl/downloads/Quick%20scan%20Rusland-Nederland.pdf, Netherlands Organization for Applied Scientific Research, November 2006, p.10, Table2.

蘭、德國、義大利、白俄羅斯、土耳其、烏克蘭和中國。顯示俄羅斯已經由獨立初期剛參與國際經貿活動時，透過多元化策略，從嘗試性出口的合作過程中，不但成功打開國際市場，出口對象由過去獨協國家擴大至鄰近的歐、美、亞洲等各國；更於千禧年後逐漸發展出其主要的出口夥伴國家，現階段之出口對象顯然趨於集中在歐洲地區，唯一例外的是位於亞洲的中國。但無論對歐或對中國，主要出口品皆為礦物能源。受益於蘇聯時期即已興建，遍及東歐和獨協地區之輸油管道，故基於地利之便，俄國的能源出口深具地緣特質，以其周邊國家為主。

　　俄國對中國之出口之所以於千禧年後明顯成長，一方面主要歸因於中國經濟崛起，能源需求顯著增加；但另一方面亦是企圖藉此分散對歐的依賴，調整先前「重歐輕亞」的對外經貿政策。近年來在中國經濟崛起的影響下，俄國積極經營亞洲市場。如2011年11月俄國與美國成功一同加入東亞峰會，並在海參崴主辦2012年亞太經合會高峰會，凡此皆顯示俄國近年來修正其「重歐輕亞」，改採的東向政策，確實獲得強化與東亞國家經貿關係之效果。現階段俄羅斯亦冀望透過持續提高與亞太國家經濟互動整合之舉，引進日、韓、美等更多元的投資，加速遠東西伯利亞開發，達成其對外經貿裨益內部經濟發展之政策目標。

　　反觀俄國主要進口來源國家結構。在2003年以前，變化不大（見下圖4-3），主要進口國有獨協的白俄羅斯、烏克蘭、哈薩克等國；歐洲則以德國為主；美國始終位居第三至第五大進口國；亞洲則以中國為主要進口來源。總體而言，進口量較高的重要進口國始終以德國、白俄羅斯和烏克蘭為主。不過，來自中國之進口值，逐年穩定成長趨勢相當明顯，且成長幅度從千禧年後開始加速，此乃歸因於中國對俄貿易長年赤字，故中國政府於千禧年起積極加強對俄經貿，當年中俄雙邊政府簽訂了多項經貿合作協議，一改過去著重於簽定政治性宣示的協議態度，轉變為對實質性之經貿合作進行規劃，在中國政府努力推動下，2007年終於達成改善長久以來對俄貿易逆差之現象，2008年起中國更已經躍升為俄國第一大進口國。所以，中俄貿易有如此大的逆轉，一方面可歸功於俄國經濟轉型已經轉趨於成長，促使其內需購買力開始強勁復甦。然而，另一方面從中、俄雙

圖4-3 2003年以前俄羅斯主要進口國

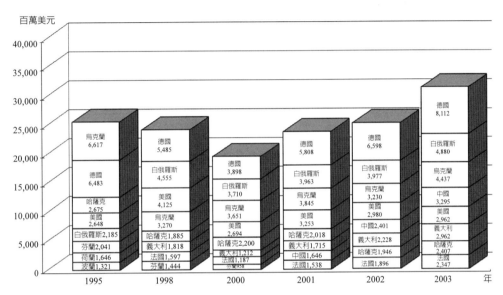

資料來源：

1.Goskomstat (Federal State Statistics Service), External economic activities - Foreign trade of the Russian Federation with non-CIS countries, http://www.gks.ru/free_doc/2006/rus06e/25-05.htm, extracted on Feb. 25, 2007.

2.Goskomstat (Federal State Statistics Service), External economic activities - Foreign trade of the Russian Federation with the CIS countries, http://www.gks.ru/free_doc/2006/rus06e/25-06.htm, extracted on Feb. 25, 2007.

3.The Central Bank of the Russian Federation, Bank of Russia Today - Annual Report-1998 Statistical Addendum, http://www.cbr.ru/eng/today/annual_report/StatAdde.pdf, Table 7, p.162 and Table 8, p.163, extracted on Feb. 25, 2007.

4.作者整理繪製。

邊經貿發展歷程來看，[10]亦將發現政府政策才是幕後促進雙邊貿易急速成長的重要推手。除了中國之外，從2004年起亞洲的日本亦逐漸成爲俄國前五大進口國（見下圖4-4），相對而言，俄羅斯從其傳統貿易國——白俄羅斯的進口卻明顯

[10] 有關中俄經貿的歷程變化與發展，請詳參：洪美蘭，「中國大陸與俄羅斯貿易關係之發展、轉變與其意涵」，遠景基金會季刊，第十三卷第三期，2012年7月，臺北：遠景基金會，頁21。

下滑。不過，俄國總統普欽（Vladimir Putin）在任總理職務時即倡議建立「歐亞聯盟」（Eurasian Union），呼籲獨協國家學習歐洲聯盟等區域經濟整合組織，深化彼此的經濟合作，表示將積極重整和加強與獨協國家之關係，故從上表4-2發現，2010年俄國對獨協國家之進口年增率高達46.1%。

圖4-4　2004-2009年間俄羅斯主要進口國

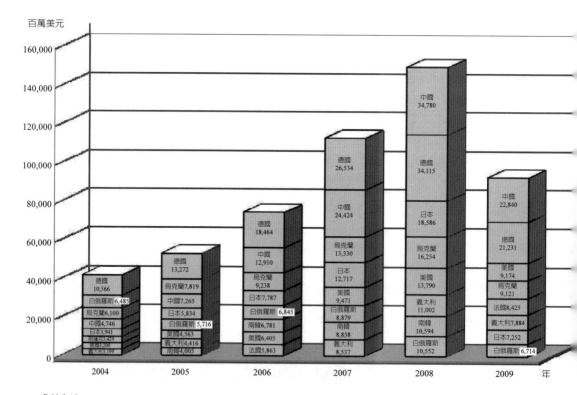

資料來源：

1. Goskomstat (Federal State Statistics Service), External economic activities - Foreign trade of the Russian Federation with far abroad countries, http://www.gks.ru/bgd/regl/b10_12/IssWWW.exe/stg/d02/26-05.htm, extracted on Sep. 28, 2010.

2. Goskomstat (Federal State Statistics Service), External economic activities - Foreign trade of the Russian Federation with the CIS countries, http://www.gks.ru/bgd/regl/b10_12/IssWWW.exe/stg/d02/26-06.htm, extracted on Sep. 28, 2010.

3. 作者整理繪製。

　　簡言之，從俄羅斯的貿易國家結構分析可見，在2003-2004年以前俄國對歐洲國家，特別是德國，和對獨協國家中的白俄羅斯和烏克蘭之貿易依存度皆相當高，無論進、出口，這些國家皆是俄羅斯的主要貿易夥伴國，其對外貿易呈現出「重歐輕亞」的現象。然而從2004年以後，俄羅斯從獨協國家中的白俄羅斯之進口量逐年下降，從亞洲的中國和日本之進口卻明顯增加，特別是對中國之貿易，從千禧年起無論進、出口量皆有所成長，其重要性已經不遜於俄國傳統夥伴國——烏克蘭、白俄羅斯等。即當今俄國主要的貿易夥伴國家已經逐漸發展爲「歐亞並重」，但儘管如此，其貿易對象仍以周邊歐亞國家爲主，深具地緣特性。

　　因此，總結俄國對外貿易活動發現，初期俄國基於自由主義，採取開放市場，在與世界各國貿易往來中呈現出，貿易夥伴國遍及世界各洲的多元化分散現象。但從千禧年後此現象逐漸改觀，即俄羅斯對外貿易關係已經由初期摸索階段邁入現在的明朗時期，不但已由初期嘗試性的合作中確立出其主要的貿易對象——周邊的歐亞國家，亦經由國際貿易的「比較利益」原則確立出其在全球市場的定位——供應資源稟賦豐富的礦物燃料等能源性出口品，交換產業結構轉型所需之機器設備與運輸工具，以及加工製品與民生消費財等產品。雖然此種貿易狀態凸顯出俄國經濟退化至依賴原物料資源稟賦之初級發展階段，但俄國也從對外貿易中獲取豐厚的貿易盈餘利得，外匯存底快速累積。2006年7月，俄國外匯存底首次躍升爲世界第三，超越臺灣，依俄國央行統計當年度國際收支帳（Balance of Payment，簡稱BP帳）主要由貿易盈餘構成之經常帳盈餘爲944億6,700萬美元。俄國在國際貿易中所占的重要性與日俱增，俄羅斯經濟與國際經濟逐漸建立起密不可分的聯繫關係，此趨勢深化俄羅斯與國際經濟之整合。

　　除了國際貿易成爲俄國經濟發展中重要的組成元素之一外，經常被視爲經濟發展的另一項外來助力——外來投資，在俄國與國際經濟互動下，亦對俄國經濟產生效應。因此，下文將針對外來投資活動進行深入分析。

二、俄國的外來投資：從自由開放的「國際主義」到「國家主義」兼備

（一）經濟轉型初期的開放效應

相對於其他中、東歐經濟轉型國家，俄羅斯獨立初期經濟轉型過程中，受惠於外來投資之貢獻率相對偏低。當一些轉型國家透過吸引外資減輕轉型困境時，俄羅斯卻苦於多數資金經由非法管道流出，使其總體經濟更加艱難，如因國內投資不足而生產下降，導致經濟大幅衰退。

經濟轉型初期資金淨流出之嚴重情況，雖於稍後有所改善，但若進一步分析其外來投資的資本類型結構（見下表4-6）將發現，從1996年起出現一個特殊現象：證券投資（portfolio investment）淨流入量高於外來直接投資（Foreign direct investment，FDI）。1995年俄羅斯的證券投資還是淨流出24億800萬美元，卻在1996年轉變為淨流入87億5,700萬美元，往後幾年亦一直維持證券投資淨流入量高於直接投資的特殊狀況。此種特殊外來投資現象，對俄羅斯經濟而言，並無實質助益，反而埋下1997-1998年俄國爆發金融危機的種子。因為，此種投資結構表示，外來投資並非直接流入實質生產體系中，外資並未對俄羅斯產業結構轉型有所貢獻，特別是在邁向有關技術進步和知識密集型產業的製造業轉型方面，而是流入當時尚未健全的俄國資本市場。這對急待生產技術現代化和企業重建的俄國經濟轉型而言，無益於提供直接快速和長期穩定之資金投入。

換言之，俄國轉型後，接受市場開放自由競爭的自由主義思維，開放本國市場加入自由世界經濟殿堂時，卻因自身總體經濟尚未健全茁壯，亦無力提供誘人之吸引外資策略，更尚未熟悉管理與善用全球化資本流動之法則，故出現先是資金外流，然後是較具投機性的國際資金湧入脆弱的俄國資本市場，進而受1997年亞洲金融風暴衝擊影響引發內部金融危機。所以，經濟轉型初期俄國參與國際資本市場並未蒙受實質利益，反倒是付出許多學習成本。因此，普欽當選總統後，於千禧年6月28日所同意的「對外政策概念」（The foreign policy concept）

中，除了揭示要加速與國際經濟整合，及加強與國際財經機構互動為其主要對外
政策目標之一外，亦指出有關經濟發展的七項重要步驟，表示要運用對外政策，
確保有利的外在條件以形成國內市場經濟、降低與世界經濟整合之危機，促進公
平的國際貿易制度、吸引投資等。顯示普欽總統在上任之初就意識到，俄國對外
經濟開放政策基本上是正確的方向，但在俄國逐漸與國際經濟整合過程中，如何
從對外開放中為俄國爭取有利的國際經貿條件，並獲取國際經濟資源，裨益於俄
國內部經濟結構改革，將是俄國融入國際經濟與貿易體系時，能否驅弊獲利，助
益其經濟健全發展的關鍵。而此種以務實主義來看待世界和俄國在其中之角色，
正是普欽發揮俄國傳統對外政策中，同時兼具「國際主義」與「國家主義」雙重
性特質之最佳作為。

表4-6　1994-1998年俄羅斯外來投資淨流入量　　　　　　　　　　單位：百萬美元

年 ＼ 投資類型	外來直接投資	證券投資
1994	538	36
1995	1,658	−2,408
1996	1,708	8,757
1997	3,640	45,433
1998	1,156	7,779

資料來源：Central Bank of Russia. Cited from: V. S. Avtonomov and T. P. Soubbotina ed., The World and Russia, http://www.worldbank.org/depweb/beyond/wren/wnrbw_14.pdf, Table 14.3, p.84, extracted on Feb. 25, 2007.

（二）外資來源與投資結構之變化

　　所幸，上述無助於直接裨益俄國經濟轉型的外來投資類型結構，在普欽主
政後的千禧年起有所改觀（見下表4-7）：外來直接投資明顯成長，且流量高於
證券投資。千禧年當年外來直接投資占總投資額的40.4%，證券投資僅占1.3%，

2004年證券投資占投資總額更降至不足1%，而外來直接投資額卻從2002年起每年皆持續穩定成長，直到2008年美國次貸風暴引發國際景氣衰退才下滑。外來直接投資成長首先應歸功於俄國總體經濟表現，如以經濟成長率來看，俄國經濟已經由過去轉型初期的負成長衰退期，從1999年起轉變為正值，經濟潛力浮現，吸引外資投入。其次，普欽上臺，政治趨於穩定，政府積極調整政策，由過去發行公債彌補財政赤字導致市場資金排擠效應產生，轉向於致力完善相關投資法規，於1999年通過符合國際法規的「俄羅斯聯邦外國投資法」，並提供投資誘因，不但促使民間企業將資金從債券撤出投入生產，亦吸引外來投資。

　　在總體經濟朝向穩定成長發展和政府正面投資政策之激勵下，俄國境內直接投資風險降低且預期報酬較為明顯可期，故促使外來直接投資流入量顯著成長。依據聯合國貿易暨發展會議報告，2007年俄國吸引的外來直接投資為全球開發中國家排名第三位，同期俄國企業海外併購和投資也是新興市場的第三大投資國。然而，強勁的經濟成長再次引起國際投資客的關注，2006年除了直接投資持續成長外，證券投資又再次出現顯著的增加現象，由2005年的4億5,300萬美元遽增為31億8,200萬美元（見下表4-7）。所幸，2008年美國次貸危機發生，才遏止證券投資的成長。

表4-7　2000-2013年俄羅斯外來投資流量

年＼投資類型	投資總額		直接投資		證券投資		其他投資	
	百萬美元	%	百萬美元	%	百萬美元	%	百萬美元	%
2000	10,958	100	4,429	40.4	145	1.3	6,384	58.3
2001	14,258	100	3,980	27.9	451	3.2	9,827	68.6
2002	19,780	100	4,002	20.2	472	2.4	15,306	77.42
2003	29,699	100	6,781	22.8	401	1.4	22,517	75.8
2004	40,509	100	9,420	23.3	333	0.8	30,756	75.9
2005	53,651	100	13,072	24.4	453	0.8	40,126	74.8

投資類型 年	投資總額		直接投資		證券投資		其他投資	
	百萬美元	%	百萬美元	%	百萬美元	%	百萬美元	%
2006	55,109	100	13,678	24.8	3,182	5.8	38,249	69.4
2007	120,941	100	27,797	23.0	4,194	3.5	88,950	73.5
2008	103,769	100	27,027	26.0	1,415	1.4	75,327	72.6
2009	81,927	100	15,906	19.4	882	1.1	65,139	79.5
2010	114,746	100	13,810	12.1	1,076	0.9	99,860	87.0
2011	190,643	100	18,415	9.7	805	0.4	171,423	89.9
2012	142,970	100	18,666	12.1	1,816	1.2	134,088	86.7
2013	170,180	100	26,118	15.4	1,092	0.6	142,970	84.0

資料來源：

1.Rosstat. Cited from: Y. Gaidar, S. Sinelnikov-Mourylev and N. Glavatskaya, Russian Economy in 2005-Trends and Outlooks (Issue27), Moscow: Institute for the Economy in Transition, 2006, Table 33, p.213.

2.Goskomstat, Investments-Volume of Foreign Investments by Types, http://www.gks.ru/free_doc/2006/rus06e/23-09. htm, extracted on Feb. 25, 2007.

3.Goskomstat, Investments-Volume of Foreign Investments by Types, http://www.gks.ru/free_doc/2007/b07_12/23-09. htm, extracted on March 19, 2008.

4.Goskomstat, Investments-Volume of Foreign Investments by Types, http://www.gks.ru/bgd/regl/B08_11/IssWWW. exe/Stg/d03/24-09.htm, http://www.gks.ru/bgd/regl/b09_11/IssWWW.exe/Stg/d03/24-08.htm, http://www.gks.ru/bgd/regl/b11_11/IssWWW.exe/Stg/d2/24-08.htm, extracted on October 24, 2011.

5.Федеральная служба государственной статистики, Иностранные инвестиции в Российскую Федерацию, http://www.gks.ru/wps/wcm/connect/rosstat_main/rosstat/ru/statistics/enterprise/investment/foreign/index.html#, extracted on September 9, 2016.

6.作者整理繪製。

　　在外來直接投資成長過程中，由於國際經濟景氣復甦和國際能源價格上漲，俄國在國際市場中具比較利益優勢的能源產業，不但趨於樂觀成長，貿易利得更是收益可觀，因而成為外資急欲爭相積極投資參與的熱門首選領域。然由於能源產業屬於不完全競爭市場（imperfect competitive markets）之特殊產業，且具備國家經濟戰略意涵，無論是俄國私人企業或公有部門皆不希望此產業被外商

壟斷，或由外資來主導該國之石化能源產業。但俄國又急須外商成熟的專業技術和現代化管理技巧，來促使俄國能源產業效率化和利潤極大化，故「合作開採」協議成為俄國政府決定准許外商參與俄羅斯能源產業的最終投資合作模式。此合作模式特點在於：俄國保留控股權的前提下，借重外國公司提供開發天然資源所需之資金與技術，透過合作開採協議，助益俄國能源產業的持續發展，譬如：2005年9月16日俄國公布合作開採北極圈內巴倫支海的什托克曼（Штокман）天然氣田之外商合作名單時，即再次強調與重申「合作開採」協議之精神與實際操作方法。俄國亦立法限制外資入股戰略性和敏感性工業，因此，外資興趣濃厚的石化能源出口導向型投資，實質上存在著相當多的進入障礙與限制。

　　若進一步分析外來投資來源國結構及產業流向結構將發現，相較於千禧年之前，以1997年為例，當年主要外來投資來源國為美國、英國、德國、瑞士和荷蘭，光是這些國家就提供了俄羅斯超過四分之三的外來投資量，且外國投資者最有興趣投資之產業為金融和燃料工業，其次是貿易和飯店服務業。然近年來俄國主要投資來源國家轉變為荷蘭、盧森堡、英國、塞浦勒斯和德國。[11] 先前名列為前五大投資來源國之一的美國，已逐漸落後於歐洲國家。外來投資產業結構在近兩年來亦起了變化，過去占外來投資總額比率顯現逐年成長的礦業投資[12]，在2005年卻呈現趨緩，由2004年的24.5%降為11.2%。反之，2005年外資在製造業、批發零售業、汽機車修理業和個人及家庭用品等內需導向型投資，占外來投資總額之比重卻有所成長，分別從25.3%成長為33.5%，以及從32.2%提升

---

[11] See: Федеральная служба государственной статистики (The Federal State Statistic Service), Россия в цифрах (Russia in figures), http://www.gks.ru/wps/wcm/connect/rosstat/rosstatsite/main/publishing/catalog/statisticCollections/doc_1135075100641, extracted on Oct. 27, 2011.

[12] 礦業投資中又以能源生產原料為主，譬如：依據俄國國家統計局2003年數據顯示，當年外資投注於俄國各類經濟活動中，礦業占了外來投資總額的19.3%，而能源生產原料又占了其中的17.3%；若以2004年為例，能源生產原料提高至占21.6%。See: Goskomstat（Federal State Statistics Service），Investments-Volume of foreign investments by kinds of economic activities, http://www.gks.ru/free_doc/2006/ rus06e/23-10.htm, extracted on March 16, 2007.

爲38.2%。[13]外資在礦業投資比率成長之趨緩，實與普欽政府積極將此類產業之主導權收歸控管有所關聯，例如：震驚世界輿論和俄國國內外投資界的尤克斯（Yukos）事件，外界視爲非單純地政府稽查逃漏稅之執法行爲，而被解讀爲深具政治性，故導致外資對俄投資趨於審愼。雖然西方批評俄國此種國有產權的重建或大型私有化企業之再國營化（renationalisation），將有損俄國私有化過程而調降其轉型的量化標準，但統計數據卻顯示出普欽政府已經初步成功達成扭轉外資流向之政策目標。此外，內需導向型投資比重成長當然亦需歸功於俄國近年來亮麗的總體經濟表現，俄羅斯內需市場能力的提升逐漸吸引了投資觸角敏銳的外商積極投入，特別是歐洲廠商，更是善加利用其地緣優勢，拓展俄國市場。

　　的確，若進一步對照俄國央行公佈的俄羅斯國際投資情況，將發現，國際投資淨額即海外資產與負債相抵後，首次於2003年底出現負值，爲41億9,100萬美元，換言之，俄羅斯已從資本流出國家轉爲資本流入國家。依據俄國央行統計歷年來私部門資金流量顯示，以往一直呈現資金淨流出的現象，也從2005年起首度轉爲資金淨流入1億美元。這些數據皆證明俄國過去資金外流現象已經改觀。加以外來投資之統計資料（見上表4-7）亦顯示：近幾年外來投資量增加快速，如2004年外資流入量爲405億900萬美元，比上一年度成長36.4%，2005年之年成長率也高達32.4%，2011年外資流入量更創下新高達1,906億4,300萬美元。進口替代產業因外資助益而獲得加速發展的利基，裨益俄羅斯經濟結構轉型。也就是說，俄國與國際經濟整合後，國際資本也已經開始逐步貢獻於俄國總體經濟，特別是在產業結構轉型上，對促其產業非局限於能源性部門之單一化發展，將發揮正面效應。

　　綜上分析可知，俄國獨立後，在葉爾欽時期依據激進轉型理論進行市場導向轉型，雖然轉型引發惡性通貨膨脹、失業率成長、重大國有資產被少數新興企業家壟斷，形成寡占式市場經濟，但基本上完成了由共產計劃經濟轉型爲市場經

---

[13] See: Goskomstat (Federal State Statistics Service), ibid.

濟之目的。對內建立了市場機制，對外開放，參與國際經貿活動。

　　其中，俄國對外經貿發展，由上述分析發現，具有階段性特徵。初期自由主義下的市場化轉型政策強調對外開放自由，經國際競爭與比較利益原則之市場效果，致使俄國經濟退化爲依賴能源物料資源稟賦出口的初級經濟體，以及產生資金外逃等負面效應。然同時俄國亦從參與國際經濟活動中獲取豐厚的外貿盈餘，厚植了內需市場潛力與吸引外來投資等效果。加以，後期政府對外經貿政策轉爲「國家主義優先」，強調對外經貿須裨益內部經濟改革，故對外經貿的正面效益逐漸在俄國經濟蛻變的過程中發酵，如俄國由資金流出轉變爲流入國，外來投資出現轉向增加內需型產業的投資等，這些變化能否持續助益俄國產業結構轉型，相當值得後續持續關注，而俄國內部經濟持續的變化亦將決定其對外經貿發展面貌的再次轉折，影響其在國際市場上之角色定位。

參考資料

一、中文

（一）專書

中華人民共和國商務部歐洲司、中國社科院俄羅斯東歐中亞研究所編，2005。《俄羅斯經濟發展規劃文件彙編》。北京：世界知識。

李靜杰主編，2004。《十年巨變：俄羅斯卷》。北京：中共黨史出版社。

吳玉山，2000。《俄羅斯轉型1992-1999：一個政治經濟學的分析》。臺北：五南。

洪茂雄，1991。《東歐變貌》。臺北：時報文化。

洪美蘭，2002。《經濟激進轉型策略—中東歐之經驗與啟示》。臺北：翰蘆出版社。

洪美蘭，2008。《經濟均衡發展策略—歐洲轉型國家之案例與啟示》。臺北：翰蘆出版社。

畢英賢，1991。《新蘇聯》。臺北：時報文化基金會。

鄭良瑩，2003。《前進俄羅斯必讀—政經文化情勢總分析》。臺北：中華民國對外貿易發展協會。

（二）期刊論文

王承宗，1998。〈俄羅斯與中共經濟關係之探討〉，《問題與研究》，臺北：政大國際關係研究中心，第37卷，第6期，頁35-80。

吳春光，2004。〈俄羅斯出口制度的形成與政策效果〉，《問題與研究》，臺北：政大國際關係研究中心，第43卷，第2期，頁85-116。

吳春光，2007。〈俄羅斯科技產業政策分析—從戈巴契夫到普京〉，《遠景基金會季刊》，臺北：遠景基金會，第8卷，第3期，頁127-170。

吳福成，2008/3。〈2008年俄羅斯經濟產業總預測〉，《中華民國太平洋企業論壇簡訊》，臺北：太平洋經濟合作理事會中華民國委員會，頁2-5。

洪美蘭，2006/11/27。〈十七大後中國與中亞經濟關係之深化整合〉，《從十七大觀察中國發展研討會》，臺北：政大國際事務學院，頁1-10。

洪美蘭，2012/7。〈中國大陸與俄羅斯貿易關係之發展、轉變與其意涵〉，《遠景基金會季刊》，第十三卷第三期，臺北：遠景基金會，頁1-48。

洪美蘭，2005。〈以『臺灣接單、大陸出貨』模式擴展臺俄貿易關係之研析〉，《俄羅斯學報》，臺北，第4期，頁142-150。

洪美蘭，2001/9。〈俄羅斯市場探微〉，《經濟前瞻》，臺北：中華經濟研究院，No.

77，頁101-105。

洪美蘭，2009/6/17。〈國際金融危機後首屆金磚四國峰會之研究〉，《遠景基金會「國際金融危機後首屆金磚四國峰會之研究」座談會》，頁1-7。

宿豐林、楊芳，2006/12。〈中俄邊境貿易的過去、現在與未來〉，《西伯利亞研究》，第33卷，第6期，頁8-10。

張康琴，1999。〈俄羅斯金融危機〉，《東歐中亞研究》，第1期，頁52-56。

歐陽承新，2005/7/5。〈俄羅斯經濟嵌入良性循環齒輪〉，《經濟前瞻》，臺北：中華經濟研究院，第100期，頁86-92。

龍舒甲，2001。〈外高加索地區新情勢：兼論俄羅斯對該地區政策之轉變〉，《問題與研究》，臺北：政大國際關係研究中心，第40卷，第3期，頁49-67。

（三）網站

2009/4/24。〈發展中國家對當前金融危機的展望〉，《上海合作組織官網》。<http://www.sectsco.org/CN/show.asp?id=220>。

中華人民共和國駐俄羅斯聯邦大使館經濟商務參贊處，2007/5/6。〈中俄合作－合作簡介－中俄政府經貿協定〉。<http://ru.mofcom.gov.cn/aarticle/zxhz/hzjj/200312/20031200159282.html>。

盧永山編譯，2006/7/28。〈俄羅斯外匯存底衝到世界第3〉，《自由電子報》。<http://www.libertytimes.com.tw/2006/new/jul/28/today-e4.htm>。

2011/12/8。〈經濟部能源局—油價趨勢圖〉。<http://www.moeaboe.gov.tw/oil102/>。

二、英文

（一）專書

Avtonomov, V. S. and Soubbotina, 1999. T. P., *The World and Russia, Material for Reflection and Discussion.* World Bank Institute and St. Petersburg University of Economic and Finance.

Brabant, Jozef M. van, 1998. *The political economy of transition: Coming to grips with history and methodology*. London: Routledge.

Freinkman, L. M. and Yossifov, P., 1999. *Decentralization in Regional Fiscal Systems in Russia: Trends and Links to Economic Performanc*. Washington: Word Bank Working Paper 2100.

Gaidar, Y., S. Sinelnikov-Mourylev and N. Glavatskaya, 2006. *Russian Economy in 2005 - Trends and Outlooks (Issue27)*. Moscow: Institute for the Economy in Transition.

Gladman, Imogen and Dominic Heaney ed., 2006. *Eastern Europe, Russia and Central Asia 2005*. London: Europa Publications.

Gijsbers, Govert, Johannes Roseboom and Geert Schoch, November 2006. *Technological Cooperation Netherlands-Russia*, http://www.tno.nl/downloads/Quick%20scan%20Rusland-Nederland.pdf. Netherlands Organization for Applied Scientific Research.

Negri, Artur eds., September 6-9, 2006. *New Europe, Report on Transformation, XVI Economic Forum*. Poland: Krynica, Coordinator of the Report Prof. Dariusz K. Rosati, Warsaw: Foundation Institute for Eastern Studies.

The European Bank for Reconstruction and Development (EBRD), 2005. *Transition Report 2005*. London: EBRD.

World Trade Organization (WTO), April 12, 2007. *International trade statistics 2006*. Press Release of WTO.

（二）期刊論文

"Foreign Policy Concept of the Russian Federation", 09-01-2000. *International Affairs (Moscow)*, IAF-No. 005.

Greenwald, Bruce C. and Stiglitz, Joseph E., 1986. "Externalities in Economies with Imperfect Information and Incomplete Markets", *The Quarterly Journal of Economics*, Vol. 101, No. 2, pp.229-264.

Hung, Mei-lan, February 13, 2006. "Natural gas dispute between Ukraine and Russia", *Taiwan News*, A.11.

Mau, Vladimir, January - March 2007. "Strengths and Weaknesses of the Russian Economy", *Russia in Global Affairs*, Moscow: Foreign Policy Research Foundation, No. 1, pp.1-14.

Melich, J., 2000. "The Relationship between the Political and the Economic in the Transformations in Eastern Europe", *East European Quarterly*, Vol. 34, Issue 2, p.131, Summer.

Moon, Chung-in and Georg Sorensen "The prospects for just growth", in Atul Kohli, Chung-in Moon and Georg Sorensen edited, 2003. *States, Markets and Just Growth: Development in the Twenty-First Century*, New York: United Nations University Press, pp.258-277.

Ture ková, Andrea, 2008. "Russian Foreign Direct and their Governance," *Faculty of International Relation UEP*, Vol. 2, No. 19, pp.7-21.

（三）網站

EBRD, Economic statistics & forecasts, Selected economic indicators, at <http://www.ebrd.com/country/sector/ econo/stats/sei.xls>, extracted on October 10, 2007.

Goskomstat (Federal State Statistics Service), External economic activities - Foreign trade of the

Russian Federation with non-CIS countries, <http://www.gks.ru/free_doc/2006/rus06e/25-05. htm>, extracted on Feb. 25, 2007.

Goskomstat (Federal State Statistics Service), External economic activities - Foreign trade of the Russian Federation with the CIS countries, <http://www.gks.ru/free_doc/2006/rus06e/25-06. htm>, extracted on Feb. 25, 2007.

Goskomstat (Federal State Statistics Service), External economic activities - Foreign Trade of the Russian Federation, <http://www.gks.ru/free_doc/2006/rus06e/25-07.htm>, extracted on February 7, 2007.

Goskomstat (Federal State Statistics Service), Investments-Volume of foreign investments by kinds of economic activities, <http://www.gks.ru/free_doc/2006/rus06e/23-10.htm>, March 16, 2007.

Goskomstat, Investments, <http://www.gks.ru/free_doc/2006/rus06e/23-09.htm>, extracted on Feb. 25, 2007.

Goskomstat, Investments-Volume of Foreign Investments by Types, <http://www.gks.ru/bgd/regl/ B08_11/IssWWW.exe/Stg/d03/24-09.htm>, <http://www.gks.ru/bgd/regl/b09_11/IssWWW. exe/Stg/d03/24-08.htm>, <http://www.gks.ru/bgd/regl/b11_11/IssWWW.exe/Stg/d2/24-08. htm>, extracted on October 24, 2011.

International Monetary Fund, International Financial Statistics, <http:// www.imfstatistics.org/ imf/>, extracted on January 22, 2008.

Interstate Statistical Committee of the Commonwealth of Independent States, at <http://www. cisstat.com/rus/index.htm>, extracted on October 12, 2010.

The Central Bank of Russian Federation, Balance of Payments of the Russian Federation for 2005, <http://www.cbr.ru/eng/statistics/credit_statistics/print.asp?file=bal_of_payments_05_ e.htm>, extracted on 1st February 2007.

The Central Bank of Russian Federation, External Debt of the Russian Federation in 2005, <http://www.cbr.ru/eng/statistics/credit_statistics/print.asp?file=debt_05_e.htm>, extracted on 1st February 2007.

The Central Bank of the Russian Federation, <http://www.cbr.ru/eng/hd_base/mrrf/main_7d. asp?C_mes=01&C_year=2005&To_mes=12&To_year=2012&mode=&x=34&y=10>, extracted on February 26, 2013.

The Central Bank of Russian Federation, International Investment Position of Russia for 2000-2005: external assets and liabilities at end of period, <http://www.cbr.ru/eng/statistics/credit_ statistics/print.asp?file=iip_rf_e.htm>, extracted on 1st February 2007.

The Central Bank of Russian Federation, Net Capital Export by Private Sector (based on the balance of payments, flows data), <http://www.cbr.ru/eng/statistics/credit_statistics/print.asp?file=capital_e.htm, p.2>, extracted on 1st February 2007.

The Central Bank of the Russian Federation, Balance of Payments of the Russian Federation for 9 Months of 2007, <http://www.cbr.ru/eng/statistics/credit_statistics/print.asp?file=bal_of_payments_07_e.htm>, extracted on March 18, 2008.

The Central Bank of the Russian Federation, Statistics - Monetary Statistics - Merchandise Trade of the Russian Federation, <http://www.cbr.ru/eng/statistics/credit_statistics/print.asp?file=trade_e.htm>, extracted on February 26, 2013.

The Central Bank of the Russian Federation, Bank of Russia 2010 Annual Report, <http://www.cbr.ru/publ/God/ar_2010.pdf>, Table 13, 14, p.241, extracted on October 24, 2011.

The Central Bank of the Russian Federation, Bank of Russia Today - Annual Report-1998 Statistical Addendum, <http://www.cbr.ru/eng/today/annual_report/StatAdde.pdf>, extracted on Feb. 25, 2007.

The Central Bank of the Russian Federation, Bank of Russia Today - Annual Report-2000 Statistical Addendum, <http://www.cbr.ru/eng/today/annual_report/Chat_5_2000e.pdf>, extracted on Feb. 25, 2007.

The Central Bank of the Russian Federation, Bank of Russia Today - Annual Report of the Central Bank of the Russian Federation 2005, <http://www.cbr.ru/eng/today/annual_report/ar_2005_en.pdf>, extracted on Feb. 25, 2007.

The Central Bank of the Russian Federation, Bank of Russia Today - Annual Report of the Central Bank of the Russian Federation 2006, <http://www.cbr.ru/eng/today/annual%5Freport/ar_2006_en.pdf>, Table 14, p.184, extracted on March 19, 2007.

The Central Bank of the Russian Federation, <http://www.cbr.ru/eng/statistics/credit_statistics/print.asp?file=bal_of_payments_06_e.htm>, extracted on April 5, 2007.

The Central Bank of the Russian Federation, Statistics - Monetary Statistics - Merchandise Trade of the Russian Federation, <http://www.cbr.ru/eng/statistics/credit_statistics/print.asp?file=trade_e.htm>, extracted on February 9, 2007.

World Bank, <http://databanksearch.worldbank.org/DataSearch/LoadReport.aspx?db=2&cntrycode=&sercode=NY.GDP.PCAP.KD.ZG&yrcode=>, extracted on October 24, 2011.

三、俄文

（一）專書

Лузянин, С. Г. (Lyzyanin S. G.), 2007. *Восточная Политика Владимира Путина (Eastern Politic Vladimir Putin)*, Moscow: ACT.

（二）期刊論文

Ахапкин, Н. Ю. (Ahapkin, N. U.), 2006. "Ивестиционное Обеспечение Инновационного Развития в Регионах России", Варшава: Интернациональный Экономический Иститут.

Рязанов, Виктор Тимофеевич (Ryazanov V. T.), "Переходная Экономика России и Её Проблемы: 1990-2006 гг. (Transitional Economy of Russia and Its Problems: 1990-2006)", Speech in the Graduate Institution of Russian Studies, National Chengchi University, 2005.

（三）網站

Федеральная служба государственной статистики (The Federal State Statistic Service), Россия в цифрах (Russia in figures), <http://www.gks.ru/wps/wcm/connect/rosstat/rosstatsite/main/publishing/catalog/statisticCollections/doc_1135075100641>, extracted on Oct. 27, 2011.

Федеральная служба государственной статистики (Federal State Statistics Service), «Россия в цифрах - 2010 г: Распределение экспорта и импорта Российской Федерации по некоторым зарубежным странам (диаграмма)», <http://www.gks.ru/bgd/regl/b10_11/Main.htm>, extracted on Sep. 28, 2010.

Федеральная служба государственной статистики, Иностранные инвестиции в Российскую Федерацию, <http://www.gks.ru/wps/wcm/connect/rosstat_main/rosstat/ru/statistics/enterprise/investment/foreign/index.html#>, extracted on September 9, 2016.

Центральный банк Российской Федерации, Издания Банка России - Годовой отчет Банка России - Годовой отчет Банка России за 2011 год, <http://www.cbr.ru/publ/God/ar_2011.pdf>, extracted on February 26, 2013.

Центральный банк Российской Федерации, Издания Банка России - Годовой отчет Банка России - Годовой отчет Банка России за 2012 год, <http://www.cbr.ru/publ/God/ar_2012.pdf>, extracted on September 9, 2016.

Центр стратегических исследований, Ноябрь 2012, "Настроения экономики. Итоги ноября 2012 года", РОСГОССТРАХ, <http://www.rgs.ru/media/CSR/Economic%20mood_2012_11.pdf>, extracted on February 26, 2013.

第五章　對外政策

劉蕭翔

前言

　　冷戰後，俄羅斯聯邦（Russian Federation，以下簡稱俄羅斯）對國際新秩序充滿期待，但這樣的期盼未幾即因自己不見容於西方而幻滅。俄羅斯的對外政策因而幾度更弦易轍，由向西方一面倒，轉爲東西平衡，最後再變爲全方位外交。儘管俄羅斯今日已經再起，並仍自許爲與美國（America）平起平坐的超級大國，同時也有自己的全球戰略布局規劃。然而，囿於己身實力所限與地緣政治現實，俄羅斯對外政策的當務之急仍爲因應來自西、南、東三方的迫切挑戰。

第一節　對外政策理念的轉變

　　俄羅斯在蘇維埃社會主義共和國聯盟（Union of Soviet Socialist Republics，USSR，以下簡稱蘇聯）解體後，以有別於過往的新身分——民主俄羅斯重生，並致力於融入西方，但俄羅斯與西方仍舊扞格不斷。與此同時，俄羅斯國內對國家身分定位的爭論依舊，並與外在國際環境持續互動建構，進而促成國家對外政策理念的轉變。在摸索前進之際，俄羅斯仍不免受到過往救世使命的自我期許，以及地緣政治客觀現實的羈絆。俄羅斯今日的對外政策理念，便在上述多重變因的影響下應運而生。

一、轉變中的外交傳統

　　近代俄國因周邊欠缺天然屏障，使其以擴張替代防禦，從而透過縱深彌補地形缺陷。在16世紀越過烏拉山東進，18世紀南向擴張後，俄國數百年內便從東歐一隅小國，躍為橫跨歐亞的大帝國。

　　以史為鑑可知，發源於歐洲的俄國素來重歐輕亞，西方向來為俄國安全之所繫，南方則為其威望之所在，東方往往在情勢容許時才被顧及。此一帝俄時期的外交傳統在蘇聯時期仍有其延續性，彼時歐洲依舊是蘇聯外交的重心，無論與東方的中國關係良窳與否亦然。時至今日，形塑該外交傳統的客觀條件卻已大為不同。科技日新月異使得天涯若比鄰，羸弱不振百餘年的中國亦今非昔比。在世界政經重心已向亞太地區轉移下，俄羅斯昔日的外交傳統既在延續，也在轉變。西方仍是俄羅斯的外交重點，既是技術與外資來源，亦是地緣政治壓力源頭。南方除仍攸關國家威望外，也是俄羅斯再起的憑藉之一，此間恐怖主義（Terrorism）與跨國毒品走私亦成俄國南疆的新隱憂。如何因應崛起的東方則成為當代俄羅斯外交的新課題。

　　此外，帝俄的擴張雖然為日後蘇聯與俄羅斯廣袤的版圖奠基，但福兮禍所伏，一旦國勢頹靡，卻反倒可能成為沉重的地緣政治包袱。俄羅斯往往得權衡取捨，以免顧此失彼，此一特性也在無形間羈絆俄羅斯的對外政策。

二、大西洋學派與歐亞學派之爭

　　俄羅斯甫獨立時需要一份外交文件說明國家立場，此既涉及對外部世界的理解，亦涵蓋自我定位的認知。在1993年〈俄羅斯聯邦對外政策概念〉（Foreign Policy Concept of the Russian Federation）公布前，俄羅斯國內曾就此掀起大西洋學派（Atlanticists）與歐亞學派（Eurasianists）的理念之爭。

　　大西洋學派堅信俄羅斯屬於西方文明，而俄羅斯正追求與西方同樣的民主價值理念，彼此也將遭遇恐怖主義、極端宗教勢力的相同威脅，故應與西方建立夥伴關係並融入西方。歐亞學派又分為民主派與斯拉夫派，但都強調俄羅斯的特殊性，認為俄羅斯將註定成為東西文明的橋樑。

　　俄羅斯與東西方的關係則是歐亞學派與大西洋學派的爭論焦點。歐亞學派認為大西洋學派的「向西方一面倒」是種戰略錯誤，儘管認同東方有一定的威脅性，卻認為東方既是威脅，亦是機遇。歐亞學派內部對西方的態度則有分歧，民主派不否認與西方友好的重要性，若權利平等又不傷害俄羅斯的東方利益，便不反對與之合作。與西方的夥伴關係無疑將有助於俄羅斯與東方和南方的交往，而與東方和南方的夥伴關係又能賦予俄羅斯和西方交往時的獨立性。是故，民主派以為此時正是俄羅斯與雙邊合作，打破過去在東西方間左右為難的時刻。斯拉夫派則反對西方的援助與和西方國際組織的過度糾葛，認為此有礙國家的外交操作。俄羅斯應自力走出獨特的發展道路，而非成為東方或西方文明的一部分。儘管對西方的態度不同，民主派與斯拉夫派卻一致認同南方和東方是傳統自然盟友，而應優先考量。

　　隨著俄羅斯國內對外交路線西傾的不滿日增，「近鄰」（near abroad）——

獨立國家國協（Commonwealth of Independent States，CIS，以下簡稱獨立國協）國家的重要性也逐漸提升，西方雖仍是俄羅斯對外政策的優先，但蜜月期已告終結。1993年初，歐亞學派民主派的中間路線後來居上，並凌駕大西洋學派，但時至1994年，鼓吹務實思維與國家利益的現實主義學派（Realism）反倒崛起。之後歐亞學派民主派多數轉入現實主義陣營，斯拉夫派則轉變爲地緣政治學派。

三、現實主義的崛起

「極」（pole）[1]是俄國現實主義者觀察世界秩序的切入點，而其認知的區域重點也與歐亞學派相似，除了近鄰，東歐、中東、遠東和西方外，其他地區對俄羅斯僅具次要意義。現實主義者並認爲外交政策應取決於現實利益，而非救世思想。「當代世界秩序的權力結構爲何」與「俄羅斯如何因應參與」，則是現實主義學派內部爭論的焦點。儘管各方對此莫衷一是，但隨著現實主義的嶄露頭角，其思維仍成爲官方論述的基礎。1996年1月，葉夫根尼·普里馬科夫（Yevgeny Primakov）出任外長後，多極化（multipolarization）思想被定調爲俄羅斯對外政策的基礎。均勢（Balance of Power）理念則於1990年代後期，尤其在21世紀初又成爲時尚，而俄羅斯的角色與戰略也常被表述爲對均勢與多極世界的支持。

2000年〈俄羅斯聯邦國家安全概念〉（National Security Concept of the Russian Federation）揭櫫俄羅斯的新世界觀，並傳達對美國獨斷且漠視俄羅斯大國身分的不滿。大國意識則在弗拉基米爾·普欽（Vladimir Putin）就任總統後的首份對外政策戰略——2000年對外政策概念裡具體化，宣示在國際社會取得穩固、有影響力且符合大國身分的地位，是俄羅斯對外政策的首要任務之一。

---

[1] 俄國學界一般將「極」理解爲具有一定的軍事、經濟與政治潛力，而且有意調節國際進程的權力中心。

2008年與2013年的對外政策概念雖不再提「大國」一詞，卻仍堅持「多極」（multipolarity）理念，蓋因「多極」實即大國間的均勢與協調。弗拉基米爾·普欽就任總統以來的三份外交戰略文件，也揭示務實的外交新哲學，亦即外交的主要任務在爲經濟增長創造良好的外部條件，但俄羅斯此前的對外政策卻鮮少與經濟因素調和。

　　各思潮流派在內外交迫下，雖然針鋒相對卻又未涇渭分明，幾經更迭後反倒在若干原則達成一致。大國意識、均勢與多極理念便在反思爭辯後應運而生。此除受外在國際環境制約外，亦爲地緣政治包袱使然。作爲維持其西面、南面與東面地區平衡的大國，則可謂俄羅斯自1990年代中期以來的外交共識。

第二節　俄羅斯與西方

　　自彼得大帝（Peter the Great）推動西化以來，西方在俄國多數時候即是進步象徵，俄國也自許爲西方國家。然而，俄國卻往往被西方視爲半開化的「亞洲」國家，認爲只有輕薄的「西化」外表，勉強掩飾其獨裁的東方本質。這樣的困境並未因蘇聯解體而改變，俄羅斯今日仍舊不見容於西方，雙方雖有合作，卻又不敵根本分歧而難以長久。

一、起伏跌宕的俄美關係

　　此前國際能源價格的飆漲不僅讓俄羅斯綜合國力提升，也讓俄羅斯與西方的關係主客易位，俄羅斯對美國的態度也益發強硬。俄美雙方不但多有扞格，又難以相互妥協。

　　俄美關係的起伏肇因於彼此互信不足，復以俄羅斯對外交往常避不開美國因素，美國雖是俄羅斯對外政策的首要考量，但俄羅斯在美國對外政策裡卻無對等地位。俄羅斯更自認其對美國適時的國際支持，常未獲得應有的回饋。美國至多僅是稍減對俄國內政的批評，更多時候卻是以人權爲名的干涉和單邊治外法權制裁。另一癥結則爲美國片面改變俄美戰略平衡，美國以抵禦來自伊朗（Iran）的彈道飛彈攻擊爲由，逕自退出1972年〈反彈道飛彈條約〉（Anti-Ballistic Missile Treaty，ABM Treaty）並擬於東歐建立反彈道飛彈基地之舉，即讓俄羅斯備感威脅。弗拉基米爾·普欽雖肯定2010年〈新削減戰略武器條約〉（Strategic Arms Reduction Treaty，New START）是俄美巨大的外交成就，但對美國與北大西洋公約組織（North Atlantic Treaty Organization，NATO，以下簡稱北約）企圖在俄國邊界咫尺之處部署反彈道飛彈系統仍極爲不滿，認爲此舉將改變俄羅斯於此間獨有的戰略核嚇阻（nuclear deterrence）局面。弗拉基米爾·普欽即爲此抨

擊美國狂熱追求本國的絕對安全，卻讓他國安全毫無保障，更破壞歷時幾十年才建立的戰略平衡。**2**

　　俄美雙方在前蘇聯地區的競逐亦為肇因。俄羅斯向來視之為禁臠，並傾向從地緣政治角度解讀外人於此間的作為，而美國主導北約東擴、推動聯外能源管線建設與支持反俄政權之舉，無不令莫斯科（Moscow）如芒在背，如鯁在喉。俄羅斯在北約東擴上有其不可觸觸的紅線，此即北約不可納入前蘇聯國家為成員國，但美國卻意圖在2008年4月的北約峰會讓格魯吉亞（Georgia）與烏克蘭（Ukraine）入會。俄羅斯因而在當年8月高加索危機——俄格戰爭（Russo-Georgian War）後，順勢承認格國境內南奧塞提亞（South Ossetia）與阿布哈茲（Abkhazia）獨立。俄羅斯此舉除警告美國與北約不得進犯其勢力範圍外，亦為對同年2月西方承認科索沃（Kosovo）獨立的回應。此外，古阿姆民主與經濟發展組織（GUAM Organization for Democracy and Economic Development）、民主選擇共同體（Community of Democratic Choice）與2003年起相繼爆發的「顏色革命」（Color Revolution），也讓俄羅斯懷疑美國有意藉推廣民主而對其戰略圍堵。

　　弗拉基米爾・普欽初任總統後，俄美關係雖曾有新局面，但未幾仍陷入與1990年代同樣的輪迴。綜觀俄美關係的演變則能發現，其惡化常起於俄羅斯認為遭美國忽視，或美國干涉其認定的勢力範圍。從1990年代起的北約東擴、科索沃戰爭（Kosovo War）、顏色革命、高加索危機與近年的烏克蘭危機**3**皆是如

2　俄美兩國在核嚇阻理念的南轅北轍顯為彼此分歧主因。俄羅斯自認是僅對侵略者反擊的防禦性核嚇阻，嚇阻對象也不包括無核及未參與〈不擴散核武器條約〉（Treaty on the Non-Proliferation of Nuclear Weapons，NPT）的國家，而自1994年起俄羅斯所有的戰術核武皆部署於境內，也僅用境內的反彈道飛彈系統支持核嚇阻。俄羅斯並指責美國是進攻性先發制人的核嚇阻，在任何時候對任何國家進行無差別打擊，更在境外和北約盟國前進部署戰術核武，運用全球反彈道飛彈系統支持核嚇阻。

3　2013年底烏克蘭放棄與歐盟的貿易協議，並轉向與俄羅斯合作後，烏克蘭國內激烈的抗爭即隨之而起，翌年2月更引發政變。2014年3月，俄羅斯以保護說俄語民眾安全為由出兵烏克蘭，親俄的克里米亞也公投決定入俄，俄羅斯則趁勢兼併克里米亞。烏克蘭境內的頓涅茨克州（Donets'k Oblast'）和盧甘斯克州（Luhans'k Oblast'）也跟進欲獨立自治，並不時傳出俄軍暗地支持烏東分離勢力的傳聞。西方為此對俄羅斯祭出連串的制裁，俄羅斯也悍然反制。

此，而俄羅斯的反彈也隨其國勢日強而升高，俄格戰爭更是俄羅斯冷戰後的首度境外用兵。在2015年底公布的〈俄羅斯聯邦國家安全戰略〉（National Security Strategy of the Russian Federation）裡，俄羅斯甚至首度將美國列為其國家安全威脅之一。

俄美關係雖是世上第一組戰略夥伴關係，卻早已是明日黃花。俄羅斯即認為美國行事不僅偽善又雙重標準，如美國能支持科索沃從俄羅斯的盟國塞爾維亞（Serbia）獨立，但俄羅斯卻不可支持同為民族自決的南奧塞提亞，脫離美國的盟友格魯吉亞。在烏克蘭危機裡，俄羅斯更認為美國除了不願前蘇聯政治空間整合外，還攻擊此間在政治和意識形態上異己的政權。今日美國在全球推廣民主的使命感，猶如昔日俄國自認有教化東方的神聖使命；昨日的俄國之於亞洲，猶如今日的美國之於俄羅斯。儘管俄羅斯曾表態願與美國在經濟領域等共同利益的基礎上建立夥伴關係，然而俄美在政治體制與價值信念的分歧，顯然與日俱增又難以彌合。

二、俄歐關係：整合或對抗？

俄羅斯將與歐洲聯盟（European Union，EU，以下簡稱歐盟）的經濟合作置於首位，以推動自身經濟的轉型創新，並希望建立西起大西洋，東至太平洋的統一經濟與人文空間，要以自己的方式融入歐洲。但在俄歐關係裡，俄羅斯卻偏好與個別成員國交往，而非與歐盟對話。有別於和歐盟的經濟合作，俄羅斯與北約之間則是衝突不斷。美國因素固然是主因，但歐洲若干國家對俄仍存戒心也不無關聯，俄歐關係因而總是在整合與對抗間徘徊不已。

（一）俄羅斯與歐盟

1994年〈夥伴關係與合作協定〉（Partnership and Cooperation Agreement，

PCA）為俄羅斯與歐盟關係制度化的法律基礎。其後為因應歐盟於2004年的擴大，俄羅斯另與歐盟協議「四項共同空間」（Four Common Spaces）路線圖，作為雙邊關係的實質及參與「歐洲睦鄰政策」（European Neighborhood Policy，ENP）的替代方案。此舉雖然暫時化解雙方歧異，卻不代表俄歐關係就此坦途。提升雙邊經濟合作與避免內政被干涉是俄羅斯不變的信念，歐盟則關注能源與安全面向，但東歐與波羅的海新成員國囿於被蘇聯占領的歷史記憶，常不惜代價促使歐盟與俄羅斯對立，更關切俄國人權議題及其周邊的穩定。各方如何妥協達成共識即是一大問題，彼此潛在的歧異更常隨著衝突浮現又催化衝突。

　　如歐盟於2015年5月東部夥伴關係（Eastern Partnership，EaP）[4]峰會後，表示可能與烏克蘭及格魯吉亞互免簽證。此舉無異對俄羅斯推動已久，卻因烏克蘭危機而擱置的俄歐免簽談判雪上加霜，俄羅斯也抨擊歐盟錯失阻止歐洲分裂的良機。另一訂於2015年啟動，欲繞道烏克蘭向中南歐輸送天然氣的南溪（South Stream）計畫，也受烏克蘭危機所累。俄羅斯已於2014年12月放棄，並擬以擴建既有通往土耳其（Turkey）的藍溪（Blue Stream）管道，及新建取道黑海輸往土耳其的土耳其流（TurkStream）管線因應。儘管該替代方案曾因俄土戰機事件[5]而前途未卜，但隨著土耳其於2016年6月向俄羅斯釋出歉意後又重現生機。有別於欠缺穩固經濟基礎可供緩衝的俄美關係，俄歐經濟關係則已至相互依賴，此雖有助於關係穩定，卻也可能使雙方漸行漸遠，南溪計畫的中止即能見微知著。俄羅斯在歐洲的天然氣管線布局，除避免依賴第三國中轉外，亦帶有分化、攏絡歐盟成員國的目的。取道波羅的海輸往德國（Germany），並已啟用的北溪（Nord Stream）管道即為該邏輯的體現，俄羅斯不但藉此剝奪烏克蘭在能源過境運輸的

---

[4]　是項計畫於2009年啟動，旨在改善歐盟與六個前蘇聯國家——烏克蘭、白俄羅斯、摩爾多瓦、亞美尼亞、阿塞拜疆與格魯吉亞間的政治、經濟與貿易關係。東歐國家自始即樂觀其成，德國則擔憂此成為歐盟東擴的跳板。俄羅斯則認為此係北約東擴的替代方案，是在歐洲劃分「新的分界線」。但該計畫的進展未如歐盟預期，而參與國也不願為歐盟的人權理念背書。

[5]　2015年11月24日，俄羅斯一架執行反恐任務的蘇－24（Su-24）戰機，在土耳其和敘利亞邊境遭土耳其F-16戰機擊落。俄土兩國對於戰機是否侵犯其國領空各執一詞，雙方關係一度齟齬。俄國為此對土耳其發動經濟制裁，此前擬定的藍溪及土耳其流計畫亦隨之蒙上陰影。

壟斷地位，更能不影響下游國家而中斷對波蘭（Poland）的天然氣供應。胎死腹中的南溪計畫也是同樣的思維。歐盟自2006年受俄烏天然氣之爭[6]波及後，即致力避免過度倚賴俄國能源，進行中的跨安納托利亞天然氣管線（Trans-Anatolian gas pipeline，TANAP）即為其天然氣多元供應計畫之一。2011年3月，歐盟更實施能源新政，要求能源企業在生產與輸送分離，以免危害歐洲能源安全。長此以往，俄歐關係能否再維持微妙平衡也有待觀察。

　　雖然俄羅斯表示願意強化與歐洲國家及歐盟的互利合作，並支持歐洲一體化進程，但因烏克蘭危機之故，歐盟已暫停和俄羅斯有關簽證及新協定的談判，也中止多數合作計畫。2015年6月，歐洲議會（European Parliament）即表示俄羅斯已不再是歐盟的戰略夥伴，並呼籲個別國家勿與俄國協商而破壞團結，更應迅速建立規則導向的歐洲能源聯盟。儘管歐盟執委會（European Commission）曾於2016年3月表示，烏克蘭在未來20至25年內無法成為歐盟和北約的成員國，但歐盟對俄態度依舊強硬，除仍要求俄羅斯必須尊重落實明斯克停火協議，也表示不會承認俄羅斯對克里米亞（Crimea）的兼併。美國在俄歐關係裡向來是重要變數，美歐此次也聯合經濟制裁俄羅斯，但歐俄貿易額實遠超過美俄貿易額，歐盟未來所受的衝擊將遠甚於美國。是故，倘若烏克蘭內部停火協議能夠落實，而俄羅斯停止干預並尊重烏克蘭主權及領土完整，歐盟也願意中止對俄制裁。烏克蘭危機實仍為地緣政治博弈，歐美欲趁勢納入烏克蘭，而俄羅斯兼併克里米亞後，除其黑海艦隊駐地——塞瓦斯托波爾（Sevastopol）自此高枕無憂外，還可藉機擴大對烏克蘭的影響力。但在各方皆歸咎他人的情況下，危機如何化解也考驗著彼此智慧。

---

[6] 2005年底，俄羅斯與烏克蘭因對天然氣交易價格一直未能取得共識，俄羅斯因而在2006年1月1日悍然中斷對烏克蘭的供氣。彼時俄羅斯輸往歐洲的天然氣約有80%取道烏克蘭，此舉除嚴重衝擊烏克蘭外，亦首度連帶殃及歐洲各國。

（二）難解之結──北約東擴

　　北約冷戰後的東擴是俄羅斯與西方的難解之結，癥結則在於雙方對歐洲安全認知的分歧。西方認爲北約東擴係因應巴爾幹局勢混亂，與伊斯蘭基本教義勢力的新威脅。俄羅斯則認爲西方違背此前不再東擴的承諾，在歐洲不存在大規模軍事衝突時，卻仍炒作「來自東方的威脅」而前進部署，北約東擴既有違對等安全原則，也促成新的歐洲分界線。再者，更讓俄羅斯不平的是，其擺脫冷戰陰霾並放棄支配東歐，卻未能平等參與歐洲－大西洋「協調」，無論是1997年的「19加1」機制──北約－俄羅斯常設聯合理事會（NATO-Russia Permanent Joint Council），抑或2002年的「20國」機制──北約－俄羅斯理事會（NATO-Russia Council，NRC）皆然。前者形同變相迫使俄羅斯接受既成決議，科索沃戰爭的爆發亦顯示此形同虛設；後者雖讓俄羅斯全程參與，卻仍無法阻止北約第二輪東擴，更跨越俄羅斯曾謂的紅線──納入波海三國爲成員。

　　俄羅斯與北約的關係受俄美關係牽動甚深。「九一一」事件後，俄羅斯與北約在俄美關係緩和下於反恐等領域有諸多合作，此後卻隨著美國欲於北約成員國部署反彈道飛彈系統交惡，更在俄格戰爭後降至冰點，北約－俄羅斯理事會亦隨之停擺。其後，俄美關係在巴拉克‧歐巴馬（Barack Obama）有意和解下而「重啓」（Reset），反彈道飛彈系統的部署亦曾隨之取消，北約－俄羅斯理事會也重新運作。然而，隨著烏克蘭危機的升高，北約與俄羅斯的對話又隨之一度中止，於東歐部署反彈道飛彈系統計畫也再度重啓，未因2015年7月伊朗核問題的化解而暫緩。俄羅斯更不滿北約因應烏克蘭危機增兵，與美國欲於波羅的海和東歐地區的北約成員國部署重武器裝備，認爲此舉已違反1997年〈關於北約與俄羅斯聯邦相互關係、合作與安全的創始議定書〉（Founding Act on Mutual Relations, Cooperation and Security between NATO and the Russian Federation）裡，北約不在東歐永久駐紮大量作戰部隊的協議，而此實爲當年俄羅斯對北約東擴讓步的條件。對於北約的兵臨城下，俄羅斯亦早於2015年3月宣布退出〈歐洲常規武裝力量條約〉（Treaty on Conventional Armed Forces in Europe，CFE），以因

應後續可能升高的軍事對峙。俄羅斯目前更已定調，將北約向俄國邊境前進部署其軍事設施之舉，視爲對俄國國家安全的威脅。

俄羅斯曾希望北約解散或降級爲某種泛歐洲安全組織的次機構，也倡議構建以歐洲安全與合作組織（Organization for Security and Cooperation in Europe，OSCE）爲核心的新歐洲安全架構，更提出泛歐洲安全條約的構想，以重塑歐洲戰略平衡。弗拉基米爾・普欽初任總統時亦曾提議，北約若能淡化其軍事色彩並逐步轉型爲政治組織，俄羅斯即能與之共存。無奈這些倡議都不爲西方接受，雙方無疑已陷入安全困境（security dilemma）泥淖。北約東擴對俄羅斯實爲心理問題，而非軍事問題，但只要北約的定位與最終邊界仍未明確，俄羅斯與北約未來的衝突就在所難免。

三、俄羅斯何以不見容於西方？

除了地緣戰略依託的近鄰外，歐洲在俄羅斯的對外政策裡始終處於特殊優先地位，但俄歐關係卻總在整合與對抗間徘徊。雙方未得益於彼此的經濟互賴，反倒和純粹安全考量的俄美關係一樣陷入安全困境，而此實仍爲彼此的認知歧異所致。從民主皆爲北約與歐盟接納新成員的標準可知，它們的存在實爲推廣與確保西方的民主自由信念，而非俄羅斯所認知的地緣政治圍堵。對西方而言，俄羅斯的威權政體與對人權民主的藐視，顯然是俄羅斯不見容於西方的主因，但俄羅斯對此可能又有不同見解。俄羅斯特命全權大使米哈伊爾・馬約羅夫（Mikhail Mayorov）即認爲，西方總以文明爲由辯解對俄國的進犯，並鄙視俄國爲上帝遺忘的黑暗歐洲邊陲；歐洲大國面臨嚴重威脅時，俄國便是歐洲命運的決定者，事過境遷後卻又變成不配代表歐洲文明的無賴。在1940年法國（France）被德國占領前，納粹德國甚至還曾被譽爲阻止「半亞洲」的俄羅斯入侵歐洲的堡壘。馬約羅夫所言或許過於憤懣，但其譬喻和今日俄羅斯與西方的關係卻又有幾分相似。

可見橫跨歐亞的俄羅斯也無法倖免於東西文明的對立。過往歐洲反俄論戰

時，「俄國」、「韃靼」與「亞洲」即常被混爲一談，沙皇驅策亞洲民族入侵的空想更是甚囂塵上。俄國之於歐洲似與中國、日本（Japan）實無二致，但在中國被西方帝國主義（Imperialism）叩關前，俄國顯然在更多時候擔綱「黃禍」的角色。足見彼此的文明隔閡與誤解，才是俄羅斯不見容於西方的主因。

第三節　俄羅斯與南方

　　俄羅斯的南方可再劃爲兩層。一是攸關其核心利益的南方近鄰——中亞與外高加索，俄羅斯視此爲其勢力範圍，並排除外人的介入；另一則是更外圍的中東與南亞。俄羅斯除力圖維持在中東的參與外，也避免此間恐怖主義與跨國毒品走私的擴散而危及其南疆，並希望聯合南亞大國印度（India）共組俄中印三角聯盟，以平衡國際體系裡的單極傾向。

一、俄羅斯與其南方近鄰

　　卡內基莫斯科中心（Carnegie Moscow Center）主任德米特里·特列寧（Dmitri Trenin）曾比喻俄羅斯爲西方太陽系的冥王星，離中心雖遠卻仍在其間，但俄羅斯現已完全脫離軌道，放棄作爲西方的一部分，並開始構築以莫斯科爲中心的體系。俄羅斯是否如其所言，而自絕於西方仍可待商權，但莫斯科若欲建構以自我爲中心的體系，近鄰顯然爲其唯一的選擇，歐亞經濟聯盟（Eurasian Economic Union，EAEU）則爲其再起的憑藉。

（一）大博弈再起

　　蘇聯解體後，擁有豐沛能源蘊藏的中亞與外高加索頓成權力與意識形態眞空，伊斯蘭激進勢力崛起與「九一一」事件則給予大國介入的機遇，美軍更曾以反恐爲由一度長駐中亞。大國於此間的競逐也同步展開，在外力協助與當地國家也有意自主下，過往裏海能源出口爲俄羅斯壟斷的局面已被打破。巴庫－特比利希－傑伊漢管線（Baku–Tbilisi–Ceyhan pipeline，BTC pipeline）即爲首條避開俄羅斯而向西方輸出的油管，而此前中止的納布科天然氣管線（Nabucco pipeline）也有美國的身影在內。連結裏海天然氣田與歐洲天然氣市場的跨安納托利亞天然

氣管線，則爲歐盟致力推動的南方天然氣走廊（Southern Gas Corridor）核心。美國支持的古阿姆集團與巴庫－特比利希－傑伊漢管線亦有密不可分的聯繫，其間格魯吉亞與烏克蘭即爲重要的能源過境國，阿塞拜疆（Azerbaijan）更同時爲能源生產國與過境國。由歐盟推動而有「小獨立國協」之稱的東部夥伴關係計畫，也涵蓋外高加索三國——亞美尼亞（Armenia）、阿塞拜疆與格魯吉亞。足見西方與前蘇聯地區國家的交往，除爲推廣民主理念外，亦爲保障其能源安全。

俄羅斯曾於1995年公布對獨立國協的戰略方針，卻被外人譏諷爲俄國版的門羅主義（Monroe Doctrine）。當時陷於政經轉型泥淖的俄羅斯，即便有意因應外來競爭也力有未逮，而獨立國協的許多決議也常形同具文，中亞各國更趁機在大國間尋求平衡。弗拉基米爾・普欽初任總統後，則多管齊下重振俄羅斯的昔日威望。除運用日漸式微的殘留影響力、控制油氣管道、軍事部署與經濟聯繫影響當地國家的外交，此間由俄羅斯主導的數個多邊組織也陸續展開運作。其中，集體安全條約組織（Collective Security Treaty Organization，CSTO）對其成員不得加入其他軍事聯盟與國家集團的要求，更爲俄羅斯設下安全防線。由俄中兩國共同推動的上海合作組織（Shanghai Cooperation Organization，SCO，以下簡稱上合組織），亦於2015年7月要求成員國不得參加針對其他成員的聯盟或集團。俄羅斯欲藉上合組織要求此間國家表態之意實已昭然若揭。

由於北約與歐盟並不接納未解決領土爭端的國家爲成員國，故在某種程度上，俄羅斯其實樂見其近鄰維持懸而未決的領土糾紛，必要時甚至還能介入並製造爭端，以阻止它們投向西方陣營。2011年，時任總統的德米特里・梅德韋傑夫（Dmitri Medvedev）亦自承若非俄格戰爭，北約可能就已東擴至前蘇聯國家。因此，只要前蘇聯國家不符入會要件，自然就會繼續充當俄羅斯與西方的緩衝區。如格魯吉亞的南奧塞提亞與阿布哈茲、亞美尼亞與阿塞拜疆之間的納戈爾諾－卡拉巴赫（Nagorno-Karabakh）、摩爾多瓦（Moldova）的外涅斯特里亞（Transnistria），乃至於烏克蘭東部與克里米亞，凡此若非國中之國，就是陷於僵局；而俄羅斯若非居間調停，就是涉入其間。除非相關國家願忍痛放棄爭議領土，不然短期內就無法如願加入西方陣營。

（二）俄中競合與地緣政治抉擇

面臨西方勢力壓境，俄羅斯也推動前蘇聯地區的經濟整合以厚植實力。甫於2015年初成立的歐亞經濟聯盟，除爲弗拉基米爾・普欽於2011年提出的「歐亞聯盟」（Eurasian Union）構想核心，亦爲俄羅斯日後再起的憑藉。但由於部分前蘇聯國家仍有戒心，使得俄羅斯的理想與實踐總有落差。[7]此外，俄羅斯還得面臨中國於此間的悄然崛起。俄羅斯在中亞的影響深遠，唯獨在經濟上遜於中國。中國不僅先後完成從中亞輸往中國的油氣管道，更高價收購當地能源企業，積極參與開發。俄中在中亞經濟勢力的消長，也讓中亞國家逐漸向中國靠攏。另一方面，上合組織雖爲俄中在中亞的協商平臺，但雙方對組織的發展理念卻大相逕庭。如俄羅斯傾向強化安全機制，中國卻側重經濟發展，故時而掣肘彼此，即令在組織的擴充問題上亦然。俄羅斯支持盟友印度入會，中國則支持其盟友巴基斯坦（Pakistan）加入，幾經折衝樽俎，上合組織最後於2015年9月同時接受素不相睦的印巴兩國申請入會，而此無疑爲俄中兩國妥協的結果。

面臨在多邊機制的掣肘，「絲綢之路經濟帶」（Silk Road Economic Belt，SREB）顯然爲中國另起爐灶的抉擇。「絲綢之路經濟帶」爲中國2015年國家大戰略——「一帶一路」（One Belt, One Road，OBOR）裡的陸路跨國經濟帶戰略，但其取道中亞、俄羅斯再至歐洲的北線，卻讓俄羅斯一度陷入兩難。如何平衡區域發展對幅員廣袤的俄羅斯而言，向來即爲難題，穿越俄國西南部的「絲綢之路經濟帶」雖能帶動俄國內部沿線發展，卻也讓其西伯利亞（Siberia）與俄屬遠東（Russian Far East）有邊緣化之虞。在烏克蘭危機方興未艾之際，俄羅斯在2015年5月同意其歐亞經濟聯盟與「絲綢之路經濟帶」對接合作，此雖形同拱手

---

[7] 俄羅斯雖然強調其外交優先是同獨立國協成員國發展雙邊及多邊合作，並進一步鞏固獨立國協，但以俄羅斯當前最重視的歐亞經濟聯盟爲例，除俄羅斯自身外，成員國僅有哈薩克斯坦（Kazakhstan）、吉爾吉斯斯坦（Kyrgyzstan）、亞美尼亞與白俄羅斯（Belarus）。除了候選國塔吉克斯坦外，其餘未加入者，若非奉行中立的土庫曼斯坦（Turkmenistan），不然即是遊走俄羅斯和西方之間的烏克蘭、摩爾多瓦與烏茲別克斯坦（Uzbekistan），抑或親西方的阿塞拜疆。格魯吉亞則在俄格戰爭後與俄羅斯決裂並退出獨立國協。

讓出自家後院主導權，但威信應爲俄羅斯就其西、南、東三方全盤考量後的決定。

其因在於烏克蘭危機攸關俄羅斯的生存安全，況且烏克蘭首都基輔（Kiev）又爲俄國的發源地，其對俄羅斯的歷史情感意義遠甚於中亞與外高加索。失去烏克蘭也意味俄羅斯將更「亞洲化」，而離歐亞大國夢想越來越遠。如何尋得能雪中送炭的盟友，便成爲俄羅斯的當務之急。在經濟上，「絲綢之路經濟帶」與歐亞經濟聯盟短期內可能競爭與互補兼有，還可能演變爲威望之爭，但其仍有益於俄國內部的發展，儘管也可能加劇俄國區域發展的失衡。但更重要的是，中國是當前少數能對被孤立的俄羅斯給予支持、互爲表裡的大國，有助於俄國西部安全利益的維護。迫切的生存安全利益自然甚於短期可能的經濟衝突，更遑論尙無定論的威望競爭。再者，中亞地區的經濟若能因而改善，除能降低宗教極端主義的威脅，亦有助於俄國南疆的穩定。何況俄屬遠東的開發也需要中國參與，其雖可能因「絲綢之路經濟帶」被邊緣化，卻仍有望從亞洲基礎設施投資銀行（Asian Infrastructure Investment Bank，AIIB，以下簡稱亞投行）獲得資金挹注，因爲俄羅斯主要的基礎建設項目都集中於亞俄地區。況且歐亞經濟聯盟內部的交通基礎設施仍相當落後，其與「絲綢之路經濟帶」的合作實有益於聯盟內部基礎建設的提升，而歐亞經濟聯盟若能因此壯大，乃至於成爲俄羅斯擬主導的歐亞共同發展空間，最終的受惠者也仍是俄羅斯。

俄羅斯廣袤的國土既爲國力的雄厚基礎，亦爲地緣政治包袱，在歐亞大棋盤博弈益發激烈下，未來類似的挑戰只會越多。然而，俄羅斯在其南方的影響力已不再獨大，美國、歐盟與中國於此間的影響已然增強，與當地有文化和民族聯繫的印度、伊朗及土耳其也有一定的威信。俄羅斯若欲維護在此逐漸消失的霸權地位，與各大國的競合將在所難免，但若無此戰略依託，俄羅斯回歸大國的夢想則又長路迢迢。

二、近鄰之外

　　俄羅斯南方外圍的中東與南亞，其地緣政治意義雖不及俄羅斯的近鄰，然而如何強化己身於此間的存在，與化解其間的非傳統安全威脅，而從中尋得平衡，仍是俄羅斯的重大挑戰。此外，蘇聯時期的舊盟友印度，雖是俄羅斯當前大國戰略的支點，但雙方今日的關係卻已易位反轉。

（一）反恐、反毒與威望間的平衡

　　俄羅斯在中東仍避不開與美國的糾纏牽連。近年於中東迅速崛起的激進恐怖主義組織──伊拉克與黎凡特伊斯蘭國（Islamic State of Iraq and the Levant，ISIL，以下簡稱伊斯蘭國）已成當地重大亂源。在伊斯蘭國建國願景亦涵蓋高加索及中亞一帶的情況下，俄美兩國在反恐一事自有共同利益，但受烏克蘭危機影響，雙方的合作因而一度破局。俄美合作的破局仍出於彼此認知的歧異。俄羅斯即曾影射伊斯蘭國的出現與壯大，實得益於若干國家在反恐的雙重標準，甚至還懷疑美國欲藉機鏟除親俄的敘利亞（Syria）阿薩德政權。弗拉基米爾‧普欽此前亦曾影射美國與「阿拉伯之春」（Arab Spring）的關聯，批評其間許多國家非但未建立民主政體，還爆發持續的混亂。在外部勢力以人道主義（Humanitarianism）為名的奧援下，利比亞（Libya）格達費政權更慘遭顛覆。此即弗拉基米爾‧普欽何以呼籲美國和其他國家必須汲取此前的慘痛教訓，勿在無聯合國安全理事會（United Nations Security Council，以下簡稱安理會）的許可下，逕自以軍事干預敘利亞。俄羅斯認為以武力推動民主反倒適得其反，還可能給予宗教極端分子改變當地國家發展方向與世俗性質的可趁之機。

　　俄羅斯與中東許多國家有著長期往來，但冷戰後俄羅斯還能維持在當地的經濟參與已屬不易。無奈在被「阿拉伯之春」席捲的國家裡，俄羅斯過往的長年經營盡化烏有。俄羅斯為此相當不滿，認為此間的市場遭到參與顛覆當地政權之外來勢力的企業侵占，而誓言將挽回自己的經濟利益。除了經濟利益考量，維持

中東穩定而避免激進伊斯蘭主義擴散危及其南疆、捍衛大國地位及維護信守的國際法準則和國家主權信念，則可視爲俄羅斯在此間的政治利益。以2003年伊拉克戰爭（Iraq War）爲例，俄羅斯自是反對美國的單邊主義（Unilateralism）作爲。除伊拉克（Iraq）尚積欠俄羅斯巨額債務外，美國不顧安理會決議而逕自出兵，也形同貶抑安理會常任理事國身分賦予俄羅斯的大國地位。但在伊朗問題上，俄羅斯與美國，乃至於其他大國的立場又非截然不同。

　　俄羅斯支持伊朗發展核能，更爲其興建布什爾（Bushehr）核電廠，其間的經濟利益與對俄國核能工業發展的意義不言而喻。俄羅斯與伊朗在中東的外交立場大抵一致，兩國也曾合作終止塔吉克斯坦（Tajikistan）內戰，但俄羅斯反對伊朗發展核武的立場卻與其他大國無異。對於美伊就此引發的外交衝突，俄羅斯過去多不表態，然而一旦伊朗有發展核武的可能，俄羅斯仍舊支持美國對伊朗的經濟制裁，並要求伊朗接受國際監督。隨著伊朗核問題的化解，倘若未再橫生枝節，此一爭議將可望告一段落，但對俄羅斯可能又是另一波挑戰。隨著國際對伊朗制裁的逐步解除，俄羅斯過往從中得利，而在能源出口的優勢將不復見。俄羅斯期望的高能源價格時代再現，在伊朗復出能源市場與頁岩氣革命下也同樣不樂觀。

　　來自阿富汗（Afghanistan）的跨國毒品走私與激進伊斯蘭主義勢力，則對俄羅斯構成嚴重的安全挑戰。俄羅斯的立場基本上與各大國無異，也希望阿富汗局勢維持穩定，但俄羅斯反對外國於此間的軍事干涉，而支持阿富汗自己的民族和解。只要塔利班（Taliban）放棄暴力，並中斷與其他恐怖組織的聯繫，俄羅斯並不反對包括塔利班在內的武裝反對團體參與和解。再者，俄羅斯不僅是阿富汗毒品輸往歐洲的中轉國，更是阿富汗毒品的主要市場，毒品問題已嚴重危害俄國社會與人民的健康，俄羅斯爲此從雙邊與多邊同步進行國際反毒合作。就某種程度而言，此亦印巴兩國能加入上合組織之故，印巴兩國的加入不但有助於反恐、禁毒，也有益於更有效率的阿富汗政策。俄羅斯同時也支持阿富汗的經濟重建轉型，其因在於種植罌粟是阿富汗農民唯一的收入，農民失去收入就極可能投向塔利班，此即國際力量難以對阿富汗毒品堅壁清野之故。此外，俄國南疆近七千公

里的邊界、俄羅斯與中亞國家互免簽證與沿線國家的貪腐問題，亦促成毒品走私的猖獗。在毒品的堵源與截流都難以落實，而恐怖主義勢力又與毒品走私合流的情況下，俄羅斯短期內仍得繼續面對此雙重非傳統安全威脅。

（二）反轉的俄印關係

在俄羅斯的全球戰略布局裡，印度為其多極世界秩序倡議的重要支點，但在俄羅斯作為區域大國的政治現實裡，印度對俄羅斯的地緣政治意義卻逐漸下降。冷戰後俄中關係的提升，讓印度逐漸失去昔日遠交近攻，箝制中國的戰略地位，復以俄羅斯近年在印度軍火市場節節敗退，不敵美國與歐洲的競爭。如此一來，過往俄羅斯藉由俄印軍售間接箝制中國的可能似也不復存在。儘管印度今日在俄羅斯外交的位階不及冷戰時期，卻也仍在轉變提升中，而且雙方在軍事及能源領域的合作也依舊密切。

囿於俄羅斯全球戰略的收縮與己身實力所限，印度短期內對俄羅斯可能未如中國或歐盟那樣不可或缺，其地緣政治意義與作用也可能僅及於中亞，在東亞也得視俄中關係的變化而定。但在全球戰略上，印度仍是俄羅斯得維繫的大國之一，此即俄羅斯何以聯合印度共組俄中印三角聯盟、金磚國家（BRICS）與推薦其加入上合組織之故，因為這些全球及區域機制正是俄羅斯參與建立世界新秩序的依託。

得益於印中的矛盾及俄印的傳統友好，俄羅斯方成為俄中印三角裡的樞紐，也能在金磚國家裡維持有利於己的平衡。但就作為多極世界的一極而言，印度仍自有盤算。儘管印度未如其他民主國家批評俄國內政，在車臣（Chechnya）問題上也堅定支持俄羅斯，並偏袒俄羅斯兼併克里米亞一事，但俄中印三角聯盟卻始終未如俄羅斯的初衷而抗衡美國，印度也未適時支持對俄羅斯至關重要的南高加索政策。

雖然俄羅斯在俄中印三角裡處於優勢，但美國因素的介入卻又讓情勢生變。一如俄羅斯冷戰後外交路線的更迭，印度也同樣順勢調整其對外政策。蘇聯

的解體讓印度頓失倚靠，為了因應中國崛起與對抗巴基斯坦，印度也開始向美國靠攏。印度固然是俄羅斯全球戰略的重要支柱，但毗鄰的中國對俄羅斯的重要性則可能有過之而無不及，因為俄羅斯在俄美中三角裡更需要藉中國以制衡美國。然而，俄中關係增強的對立面，即是俄印關係的削弱，更讓美國得以趁虛而入。

　　俄羅斯與印度其實各有所圖，俄羅斯需要印度的支持以維繫其大國地位，印度則需要俄羅斯的扶持以提升其地位和實力。然而，印度已不願再一面倒地依賴俄羅斯，而改採自主多元化的對外政策，但俄羅斯又無法施壓改變印度的意向，故僅能被動因應，不斷提供誘因讓印度繼續依賴它，冷戰後的俄印關係因而形成一種微妙的平衡。俄印關係未來的演變端視俄羅斯實力的變化而定，俄羅斯若能從目前的區域大國身分脫困，俄印關係自會對應提升。

第四節　俄羅斯與東方

　　東方在俄羅斯外交裡向來是較弱的一環，地理距離的遙遠固然是客觀限制，但歐洲中心論（Eurocentrism）的主觀影響實則更甚。鑒於世界政經重心正向亞太地區轉移，如何加速參與整合進程，為俄屬遠東與西伯利亞創造有利發展的外部環境，早已是俄羅斯東方政策的主軸。時至今日，俄羅斯面臨的東方挑戰已不同以往，復以其近年與西方關係的惡化，及欲融入西方的徒勞，更促使俄羅斯加速轉向東方。但俄羅斯這樣的主動作為並非文化轉變所致，而仍是政經權宜考量居多。

一、從東西平衡到走向大洋

　　冷戰後，由於西方經援口惠而實不至，復以北約東擴進逼，讓俄羅斯開始思考向東尋求奧援，而彼時正崛起的中國自是首選。俄中關係的正常化始於蘇聯末期，飛躍式的提升則在葉夫根尼‧普里馬科夫出任外長後。正因俄中兩國對美國獨大的國際秩序同感忐忑，也反對人權高於主權與他國干涉內政，雙方才有後續的戰略匯合。此後俄中關係的發展不僅標誌俄羅斯對外政策理念的轉折，更反映俄羅斯與西方關係的變遷。

　　弗拉基米爾‧普欽在2012總統大選前曾闡述俄中關係的前景，他認為兩國已解決所有重大的政治問題，包括最重要的邊界問題，並已建立穩固、有法制基礎的雙邊關係。儘管兩國在第三國的商業利益不盡一致，雙方貿易結構與相互投資也未盡如人意，而來自中國的移民潮也仍需持續關注。弗拉基米爾‧普欽所言確實反映出俄中關係政熱經冷、中央熱地方冷的長年問題。其因在於中國以穩固其北疆與多極世界的塑造為優先，而非中俄密切的經濟合作。俄中軍售與能源貿易可謂各取所需，但俄羅斯也自有考量。對中國軍售雖有利於俄國軍工產業，但

俄國內部向來認爲此有扶植未來敵人之虞，故對印度軍售質勝一籌，以箝制中國之說也甚囂塵上。俄國遠東油管走向從安大線到安納線，再至泰納線的轉折，也反映俄羅斯在中日兩國間的平衡考量。俄羅斯亦了解中國有意開發自身的頁岩氣，而不願只倚賴俄羅斯的單一能源供應，故俄羅斯也開始致力於液化天然氣項目建設，以擺脫管線運輸的束縛，爲未來的能源出口多元化布局。若排除軍售與能源項目，俄中兩國則僅剩俄屬遠東與黑龍江省堪稱地緣經濟夥伴，但過往曾被俄人視爲黃禍的中國移民潮，卻也因邊境貿易而再起。俄國百餘年來滄海桑田，但來自東方的中國移民黃禍威脅卻橫亙其間，一直是俄國東疆的心腹大患。近年俄羅斯雙管齊下，力圖解決此一橫亙已久的隱憂，除了積極整頓國內非法移民問題，更與中國互以對方爲主題推動公共外交（Public Diplomacy）。在地域層面雖使俄人對華排斥感略降，卻依舊未能化解俄人的恐中症（Sinophobia），而華人對帝俄掠奪其北疆領土的歷史記憶也同樣揮之不去。俄羅斯要融入亞太地區，俄中關係將仍是主軸，弗拉基米爾‧普欽雖曾呼籲要讓俄國經濟之帆乘上中國之風，但唯有化解百餘年來的心結，未來的合作方有可能進一步突破。

　　南千島群島（South Kuril Islands，日本稱之爲北方四島）問題一直是俄日關係的最大障礙，兩國爲此仍未簽署二戰後的和平條約。俄羅斯只願歸還齒舞群島（Habomai Islands）與色丹島（Shikotan Island），日本則堅持四島全部歸還，因歧異過大，兩國故於2003年中止和平條約談判。2012年底，安倍晉三（Shinzo Abe）出任日本首相後，僵局又似有轉圜餘地。日本宣布發展日俄關係爲日本外交優先之一，翌年更與俄方重啓和約談判。日本的主動和解與俄羅斯近年對南千島群島有效控制的強化不無關聯，僵局能否真正化解尚不得而知，但兩國的經濟關係倒是日益密切。2013年11月，俄日更開啓外交部長與國防部長的二加二模式首度會談，兩國也同意舉行反恐、反海盜與反毒聯合軍演。

　　俄羅斯未來是否願比照俄中邊界談判，不顧國內反彈而對日本讓步，亦爲俄日關係變化的指標。但俄羅斯在亞太地區除受美國因素羈絆，而影響其與此間美國盟友的互動外，同時又受美中對峙所累。俄日關係即長年受到俄中日與俄美中兩組三角關係的影響。俄日和解實有益於俄中關係平衡，更有助於俄羅斯成爲

俄中日三角的樞紐，然而，俄羅斯又得倚賴中國制衡美國，而日本又是美國盟友，故俄羅斯雖能挾日本以制中國，但受俄美中三角的影響，俄羅斯又寧可偏向中國而非日本。俄中匯合也令日本擔憂受制，故日本又樂見甚至強調俄屬遠東的「中國化」，以利日俄和解。受烏克蘭危機影響，日本也不得不隨著美國對俄制裁譴責，但力道卻相對西方溫和，此即日本爲自身經濟利益考量所致。

　　就朝鮮半島而言，南北韓對俄羅斯其實各有所圖，如平壤（Pyongyang）即意圖運用莫斯科欲維護在北韓（North Korea）的利益及其遠東的開發，以確保自身政權無虞；首爾（Seoul）則視俄羅斯爲能源與原物料的供應者，以及改善南北韓關係和解決朝鮮半島核武問題的助力。在支持朝鮮半島非核化的一貫立場下，俄羅斯也與南北韓保持睦鄰互利的友好關係，並爲在朝鮮半島未來的運輸及能源計畫作準備。長遠來看，相較於欠缺經濟基礎的俄羅斯－北韓關係，俄羅斯與南韓（South Korea）的合作空間顯然較爲廣闊，而且雙方之間並無俄羅斯與中、日兩國類似的歷史陰影，在能源與創新上也呈現互補關係。俄羅斯與南韓友好既有利於自身遠東的開發，也有助於其未來在亞洲市場的開拓。

　　俄羅斯雖欲融入亞太地區，但無論在區域進程或議程設定，乃至於合作規範的參與制定，其所能著力之處都極爲有限。爲此，俄羅斯希望能藉由與東南亞國家協會（Association of Southeast Asian Nations，ASEAN，以下簡稱東協）個別國家雙邊關係的強化，從點到線再至面地突破。越南是俄羅斯在東南亞的主要戰略合作夥伴，兩國近年在軍售與能源的合作益發密切。2015年5月，越南更與歐亞經濟聯盟簽署自由貿易區協定，雙邊的貿易額目前雖然無足輕重，僅占歐亞經濟聯盟自前蘇聯地區以外國家進口額的1%，卻有其不容忽視的政經效應。是項協定對歐亞經濟聯盟不僅是政治性的突破，還能提升其國際法律地位，更可能讓俄羅斯與東協經濟合作基礎得以強化，甚至爲未來的歐亞經濟聯盟－東協自由貿易區鋪路。

　　俄羅斯現階段正致力於亞太地區的雙邊聯繫與多邊參與，在多邊組織的參

與雖有助於此間網狀外交（network diplomacy）[8]的構築，也已取得一定的成果，然而這些平臺並無法作為俄羅斯進入亞太地區的門戶。俄羅斯唯有開發其遠東作為面對亞洲的經濟窗口，才能加速參與整合進程，並徹底扭轉目前在東方的邊陲地位。

二、俄屬遠東與西伯利亞的開發

在弗拉基米爾·普欽西接歐盟，東連亞太，進而自成世界一極的「歐亞聯盟」構想裡，俄屬遠東與西伯利亞有不可或缺的重要性。但人口外流、基礎設施落後一直是當地發展的難題，也未見起色。此外，對於俄國遠東地區的開發向來存在兩種思維，一是運用當地能源出口盈餘帶動發展，另一則是引進外資、技術合作開發。前者已被證實有其局限，後者的成敗則有賴此間的政策配套。

（一）俄國版的「一帶一路」

隨著其他歐亞陸橋的開通，俄屬遠東作為歐亞路橋起點的優勢也正逐漸消失。莫斯科則不斷改造並提升西伯利亞大鐵路（Trans-Siberian Railway，TSR）及貝加爾－阿穆爾鐵路（Baikal-Amur Mainline，BAM）的運輸能量因應，但「絲綢之路經濟帶」卻又帶來新的挑戰。莫斯科為此曾倡議「跨歐亞發展帶」（Trans-Eurasian Belt Development，TEPR）——打造東往北美，西通倫敦（London），而橫貫俄國全境近2萬公里的高速公路，讓俄羅斯成為連接歐洲、亞洲與北美洲的全球交通樞紐，並帶動俄屬遠東與西伯利亞的發展。但受到烏克

[8] 2013年〈俄羅斯聯邦對外政策概念〉曾就網狀外交作一闡述，其以為傳統軍事－政治聯盟已無法因應跨國性質的現代化挑戰與威脅，故結盟正被多邊靈活參與以有效解決共同任務的網狀外交所取代，成為解決國際問題的方式。易言之，俄羅斯意圖以網狀外交解決國際問題，透過參與多邊機制，確保俄羅斯的國家利益，如金磚國家即為網狀外交的重要組成部分。

蘭危機與俄國經濟凋敝的影響，所費不貲的「跨歐亞發展帶」短期內恐難實現，而未來是否與中國的「一帶一路」對接或和他國合作也有待觀察。

　　再者，俄羅斯近年積極推動取道北冰洋的北方航線，也有助於當地開發。它為世人提供蘇伊士運河（Suez Canal）之外的替代選擇，在運輸成本和航行時間上都有優勢，更無須穿越海盜猖獗的索馬利亞海域和麻六甲海峽（Strait of Malacca）。雖然北方航線需要破冰船，每年可通行時間也僅2到4個月，一年的運輸量更不及蘇伊士運河一日之和，要成為世界重要航運路線仍待時日，但中國、日本與南韓對該航線皆有高度興趣。對俄羅斯而言，其北極圈亞馬爾液化天然氣計畫（Yamal LNG Project）與北方航線的開發，則能讓它成為世上最有彈性的能源供應者，而俄國能源在亞洲市場的優勢，正在於能提供亞洲國家不同的選擇。

　　構想宏偉的「跨歐亞發展帶」與北方航線，可謂俄國版的「一帶一路」，若能成事，對俄屬遠東與西伯利亞的開發將有莫大的助益，但在國際環境不利俄羅斯的情況下，仍舊前途難料。儘管如此，俄屬遠東除了過境運輸與能源產業外，農業、養殖漁業、木材加工、紙漿造紙、化學、水資源、再生能源及區域交通運輸網絡，乃至於運用廉價電力建立的能源密集產業鏈，如有色金屬冶煉及資訊產業，皆是俄羅斯與亞洲國家能在當地合作的領域。在轉向東方的氛圍下，俄羅斯近年也積極推動其遠東與外界接軌。2012年9月的符拉迪沃斯托克（Vladivostok）亞洲太平洋經濟合作會議（Asia-Pacific Economic Cooperation，APEC）峰會雖未帶來預期的吸引外資成效，當地翌年7至9月間又遇上115年來最大的洪災，但莫斯科仍持續密集推出促進遠東開發的政策。如設立符拉迪沃斯托克自由港，建立跨越式開發區，支持獎勵基礎設施投資，強化政府橫向聯繫，成立人力資源發展以及招商引資和促進出口的專門機構，甚至計劃將大型國有企業與部分政府部門遷移至此，以帶動發展。凡此莫不為簡化程序、提供稅收優惠、確保勞動力進而吸引更多的投資。除規劃在當地成立俄國首項地區主權基金外，當局還有條件地為前來定居的俄國公民免費配發1公頃的土地，藉以吸引勞動力。首屆東方經濟論壇也於2015年9月在符拉迪沃斯托克舉辦，目的即在於對外

勾勒遠東發展藍圖，以吸引更多的外資。

（二）當地開發的困境

　　儘管莫斯科展現極強的企圖心，但其遠東開發的沉痾卻非一時半刻即能化解。洪災後，遠東發展部部長與總統駐遠東區全權代表改由具有商人背景的亞歷山大・加盧什卡（Alexander Galushka）及尤里・特魯特涅夫（Yury Trutnev）出任。有人卻以為遠東區後續的發展並不在於有多少創意，而在於能有多少資金挹注。俄羅斯現階段幾乎已能確定無法自力開發遠東，在歐洲的投資又不如預期下，未來也僅能寄望於亞太地區。但在依賴外資而外資卻又集中於能源與原物料領域的情況下，如何在亟待開發的領域，吸引更多的外資投入即是一大挑戰。然而，當地開發最大的障礙實在於對投資者的保障不足，日本在薩哈林二號計畫（Sakhalin-II Project）的慘痛經驗仍讓人記憶猶新。創造有利投資的環境並不僅是提供優惠政策，還應包括對投資者財產的保障與政治風險的排除。

　　西伯利亞與俄屬遠東的經濟聯繫，有時還甚於彼此與莫斯科之間的連結，然而西伯利亞現階段似有被忽略之虞。就經濟潛力、資源蘊藏與人力資本而言，西伯利亞無不優於俄屬遠東，但其位居內陸而遠離外部主要市場的劣勢，卻是西伯利亞揮之不去的詛咒。西伯利亞與俄屬遠東實可視為彼此不可或缺的整體，俄屬遠東的加速開發理應彌補西伯利亞的不足，使西伯利亞與外部市場的聯繫更為緊密，但這樣的期許對遠東發展部似又不盡合理，畢竟西伯利亞的開發並不在其責任範圍內。儘管「絲綢之路經濟帶」北線繞道西伯利亞，而僅鄰近俄國西南部的奧倫堡（Orenburg）與薩拉托夫（Saratov），但其仍為西伯利亞的發展提供新機遇。西伯利亞若能趁勢加入，成為此間歐亞運輸及產業鏈的一環，自能有望一舉轉變其地理位置劣勢，而此則有賴莫斯科的居間整合規劃。

　　對幅員遼闊的俄羅斯而言，境內任何區域的開發皆是環環相扣，絕非單一部會的設置或單一地區開發計畫的推陳出新即能推動。但莫斯科現階段卻仍未積極提出可接受亞投行或絲路基金（Silk Road Fund）資助的相應計畫，此或許與

俄羅斯尚未正視己身歐亞中轉樞紐的運輸優勢，與國內發展和對內投資仍為其當前發展重點有關。另一方面，從歐亞經濟聯盟與「絲綢之路經濟帶」對接合作進度的落後亦可見端倪。是項合作曾被視為俄羅斯轉向東方政策的主要成果，但對接的項目清單與詳細路線圖迄今仍舊未明。與此同時，中國卻已和相關國家簽署雙邊協議，可見歐亞經濟聯盟並未發揮俄羅斯預期的作用。雙邊的對接合作固然仍待兩造協商，但俄中就此互信不足與俄羅斯視中亞為其勢力範圍的心態，恐怕才是進度延宕主因。在這樣的氛圍下，西伯利亞又如何能趁勢而起，扭轉其深居內陸的劣勢？

除此之外，人口大量外流一直是當地發展的桎梏，不僅形成勞力短缺問題，連帶也造成內需不足。莫斯科雖曾推動境外俄人返鄉前往俄屬遠東與西伯利亞，此等對國家具戰略意義卻人口大量外流地區，但仍無濟於事，然而後續的各項基礎建設已箭在弦上，故引進外來勞力勢在必行。引進中國工人雖是最簡單的方案，卻也最不易被接納，因為擔憂俄屬遠東「中國化」的迷思仍舊盛行。引進中亞工人似乎可行，但俄人對中亞人的排斥實更甚於中國人。近年俄羅斯內部也開始思索從南亞和東南亞引進勞力的可能性，可行與否則仍待驗證。對外來勞動力拒之或迎之向來為俄人的兩難，而無論何種方案皆各有利弊，分散來源、多方引進或許也是選項，但卸下針對特定族群的心防才是根本之道。

由於過往對東方的相對忽視，讓俄羅斯在此迄今仍形同為局外人。俄屬遠東與西伯利亞的資源與地緣優勢無庸置疑，更能作為俄羅斯的東方窗口。合作開發除對俄羅斯及亞洲國家互利互惠外，亦有助於緩和此間對俄羅斯潛藏的政治及軍事挑戰。俄人雖已不再有非此即彼的東西二分法思考，但俄羅斯今日之所以轉向東方，仍是政經權宜考量居多。文明的隔閡與誤解是俄羅斯不見容於西方的主因，俄羅斯在東方雖無同樣的困境，但彼此的了解也仍待加強，而唯有在相互理解的基礎上，未來的關係方能穩固長久。

參考資料

一、中文

（一）專書

劉蕭翔，2014。《俄屬遠東黃禍論——身分、利益的解構與建構》。臺北：政大出版社。

（二）專書論文

劉蕭翔，2014年。〈當代俄羅斯的中國移民及其地位問題探討〉，陳鴻瑜主編，《海外華人之公民地位與人權》。臺北：華僑協會總會。頁275-299。

（三）期刊論文

劉蕭翔，2013/6。〈當代俄屬遠東黃禍論——身分、利益的解構與建構〉，《問題與研究》，第52卷第2期，頁99-143。

（四）研討會論文

劉蕭翔，2015/5/29。〈俄羅斯與中亞對中國「絲綢之路經濟帶」的立場初探〉，「中國『一帶一路』戰略對台灣之影響與挑戰」座談會，臺中：國立中興大學國際政治研究所、當代南亞與中東戰略研究中心。

劉蕭翔，2015/10/24。〈轉變中的俄印關係——俄羅斯的觀點〉，「中華民國國際關係學會『新面貌或是舊故事？：地緣政治與地緣經濟重組下的國際格局』—『南亞區域安全論壇』」第八屆學術研討會，臺南：國立成功大學。

（五）網站

劉蕭翔，2015/7。〈論中國「絲綢之路經濟帶」對俄羅斯的挑戰〉，《國立清華大學亞洲政策中心電子報》，第4期。《國立清華大學亞洲政策中心》，<http://cap.nthu.edu.tw/ezfiles/891/1891/img/2367/156742058.pdf>。

二、英文

（一）專書

Brzezinski, Zbigniew, 1997. *The Grand Chessboard*. NY: Basic Books.

Darwin, John, 2008. *After Tamerlane: the Rise and Fall of Global Empires, 1400-2000*. NY: Bloomsbury Press.

Mackenzie, David & Michael W. Curran, 1993. *A History of Russia, the Soviet Union, and*

Beyond, 4th ed. Belmont, CA: Wadsworth Pub. Co.

Sestanovich, Stephen ed., 1994. *Rethinking Russia's National Interests*. Washington: Center for Strategic and International Studies.

（二）期刊論文

Kozyrev, Andrei, 1994/4-5. "The Lagging Partnership," *Foreign Affairs*, Vol. 73, Iss. 3, pp. 59-71.

Liou, Shiau-shyang, 2015/4. "Russia's Oriental Perception," *Tamkang Journal of International Affairs*, Vol. 18, No. 4, pp. 99-129.

Trenin, Dmitri, 2006/7-8. "Russia Leaves the West," *Foreign Affairs*, Vol. 85, No. 4, pp. 87-96.

（三）研討會論文

Liou, Shiau-shyang, 2013/11/15. "Is Russia Looking East? The Continuity and Discontinuity of Russia's Far East Policy," paper presented at the International Conference on "Russia and East Asia." Taipei: Graduate Institute of Russian Studies, National Cheng-chi University.

三、俄文

（一）專書

Барабанов, Олег & Тимофей Бордачев, 2012/7. *К Великому океану, или новая глобализация России*. М.: Валдай международный дискуссионный клуб.

Жизнин, Станислав, 2005. *Энергетическая дипломатия России: экономика, политика, практика*. М.: Ист Брук.

Караганов, Сергей, Олег Барабанов, Алексей Безбородов, Тимофей Бордачев, Александр Габуев, Константин Кузовков, Анастасия Лихачева, Александр Лукин, Игорь Макаров, Екатерина Макарова, Андрей Скриба, Дмитрий Суслов & Иван Тимофеев, 2015/6. *К Великому океану-3, Создание Центральной Евразии. Экономический пояс «Шелкового пути» и приоритеты совместного развития евразийских государств*. (краткая версия). М.: Валдай международный дискуссионный клуб.

Караганов, Сергей, Олег Барабанов, Алексей Безбородов, Тимофей Бордачев, Анастасия Казакова, Анастасия Лихачева, Александр Лукин, Игорь Макаров, Анастасия Пятачкова, Андрей Скриба, Анна Соколова, Дмитрий Суслов & Иван Тимофеев, 2016/5. *К Великому океану-4: Поворот на Восток. Предварительные итоги и новые задачи*. М.: Валдай международный дискуссионный клуб.

Макаров, Игорь, Олег Барабанов, Тимофей Бордачев, Евгений Канаев, Виктор Ларин & Владимир Рыжков, 2014/2. *К Великому океану-2, или российский рывок к Азии*. М.: Валдай международный дискуссионный клуб.

（二）專書論文

Кубышкин, Александр & Александр Сергунин, 2010. "Проблема «особого пути» во внешней политике России (90-е годы XX века – начало XXI века)," Эмиль Паин под ред., *Идеология «особого пути» в России и Германии: истоки, одержание, последствия.* М.: Три квадрата. с. 159-170.

Лузянин, Сергей & Михаил Мамонов, 2011. "Китай в глобальных и региональных измерениях. Ресурсы и маршруты «возвышения»," Отв. ред.-составитель Елена Сафронова, *Китай в мировой и региональной политике. История и современность Выпуск XVI.* М.: ИДВ РАН. с. 5-34.

Сергунин, Александр, 2005. "Российские дебаты по международным отношениям в послекоммунистический период," Андрей Цыганков & Павел Цыганков под ред., *Российская наука международных отношений: новые направления.* М.: ПЕР СЭ. с. 97-121.

Сергунин, Александр, 2005. "Изучение проблем безопасности в России," Андрей Цыганков & Павел Цыганков под ред., *Российская наука международных отношений: новые направления.* М.: ПЕР СЭ. с. 229-254.

Шаклеина, Татьяна & Алексей Богатуров, 2005. "Место реализма в российских исследованиях МО," Андрей Цыганков & Павел Цыганков под ред., *Российская наука международных отношений: новые направления.* М.: ПЕР СЭ. с. 123-146.

（三）期刊論文

"2010 год. Россия смотрит на Восток?" 2011/1. *Международная жизнь*, No. 1, с. 62-86.

Булатов, Юрий, 2014/5. "Россия и Украина: вместе или врозь?" *Международная жизнь*, No. 5, с. 38-52.

Данилов, Дмитрий, 2014/5. "НАТО: вперед в прошлое," *Международная жизнь*, No. 5, с. 66-81.

"Дискуссия о том, какой быть внешней политике России?" 1993/2. *Международная жизнь*, No. 2, с. 5-22.

Захаров, Владимир, 2014/9. "О некоторых политических задачах российского председательства в ШОС," *Международная жизнь*, No. 9, с. 27-39.

Иванов, Игорь, 2012/9. "'Перезагрузка' в российско-американских отношениях: тактический шаг или стратегический выбор?" *Международная жизнь*, No. 9, с. 22-33.

Козин, Владимир, 2013/9. "'Новая' ядерная стратегия США и ее последствия для России," *Международная жизнь*, No. 9, с. 60-85.

"Концепция внешней политики Российской Федерации." 1993. *Дипломатический вестник*, No. 1-2, с. 5-6.

Лавров, Сергей, 2013/3. "Внешнеполитическая философия России," *Международная жизнь*, No. 3, с. 1-8.

Лукин, Александр, 2011/7. "Центральная Азия и Афганистан в стратегии России," *Международная жизнь*, No. 7, с. 51-59.

Лукин, Александр, 2014/5-6. "Шовинизм или хаос: порочный выбор для России," *Полис. Политические исследования*, No. 3. с. 159-171.

Майоров, Михаил, 2011/4. "Неустроенная Европа," *Международная жизнь*, No. 4, с. 57-85.

Мешков, Алексей, 2013/8. "Слухи о скором распаде Европейского союза, как нам представляется, преждевременны," *Международная жизнь*, No. 8, с. 6-32.

Рябков, Сергей, 2014/8. "Только национальный интерес может быть движущей силой внешней политики," *Международная жизнь*, No. 8, с. 2-12.

Толорая, Георгий & Анатолий Торкунов, 2014/3. "Северокорейский фактор и укрепление позиций России в Азии," *Международная жизнь*, No. 3, с. 70-85.

Чижов, Владимир, 2012/6. "Стратегическое партнерство Россия - ЕС: еврокризис - не повод для передышки," *Международная жизнь*, No. 6, с. 22-34.

Чижов, Владимир, 2014/6. "Россия и Европейский союз - 20 лет спустя," *Международная жизнь*, No. 6, с. 2-11.

Шафраник, Юрий, 2011/7. "РФ - ЕС: за скобками форумов. Как нам обустроить Россию от Тюмени до Владивостока," *Международная жизнь*, No. 7, с. 78-86.

Яковенко, Александр, 2013/9. "Мир и международные отношения сегодня: новое и хорошо забытое старое," *Международная жизнь*, No. 9, с. 6-20.

（四）報紙

Караганов, Сергей, 2008/7/22. "Вперед в Азию?" *Российская газета*, с. 1.

Козырев, Андрей, 1992/1/2. "Преображенная Россия в новом мире," *Известия*, с. 3.

Косырев, Дмитрий, 2002/7/22. "Путин поставил вопрос. Лингвистический или политический? Проблема не в том, на каком языке будут говорить дальневосточники, а в отсутствии осмысленной политики Москвы в этом регионе России," *Независимая газета*, c. 1.

Путин, Владимир, 2012/2/27. "Россия и меняющийся мир," *Московские новости*, No. 33, c. 1.

"Стратегия для России." 1992/8/19. *Независимая газета*, c. 4-5.

（五）網站

2000/1/14. "Концепция национальной безопасности Российской Федерации," *Независимое военное обозрение*, <http://nvo.ng.ru/concepts/2000-01-14/6_concept.html>.

2000/7/11. "Концепция внешней политики Российской Федерации," *Независимая газета*, <http://www.ng.ru/world/2000-07-11/1_concept.html>.

2008/7/15. "Концепция внешней политики Российской Федерации," *Президент России*, <http://kremlin.ru/acts/news/785>.

2013/2/18. "Концепция внешней политики Российской Федерации," *Министерство иностранных дел Российской Федерации*, <http://www.mid.ru/foreign_policy/official_documents/-/asset_publisher/CptICkB6BZ29/content/id/122186>.

2015/12/31. "Стратегия национальной безопасности Российской Федерации," *Совет Безопасности Российской Федерации*, <http://www.scrf.gov.ru/documents/1/133.html>.

第六章　軍事變革與發展

連弘宜、黃建豪

前言

　　俄羅斯獨立初期經濟凋敝、民生困頓，爲了求取西方的經濟援助，放棄軍事層面的發展，僅勉強維持最低限度的國防安全需求。葉爾欽執政時期，由於經濟改革的不利，金融寡頭掌控國家大權，一切以自身的政治經濟利益爲依歸，更遑論以國家利益爲主的軍事發展。普欽上臺以後，逐漸擺脫金融寡頭的控制，強力部門幹部（Siloviki）成爲普欽勢力的主要部分；另一方面，隨著中國經濟的崛起，帶動龐大的能源需求，國際能源價格高漲，使作爲能源出口大國的俄羅斯受惠。在普欽的第一任期內，國家政治局勢安定，經濟亦穩定成長，爲俄羅斯的軍事改革提供有利的發展空間。普欽時期的軍事發展主要是以前蘇聯時期的成果爲基礎，以戰略的轉變爲核心，實施軍事現代化及其他改革，這些改革可以自俄羅斯軍事權力機構的轉變及軍區配置反映出來。

　　2008年的俄喬衝突顯露出俄羅斯軍事改革的迫切性，俄軍整體的指揮系統、兵力配置及戰力皆無法及時應付當前的武裝衝突，軍事現代化勢在必行。此外，近年來中國的崛起使俄開始採行東向發展政策，中俄雙方在政治經濟及軍事上密切合作，在地緣戰略上則共同面臨美國的戰略封鎖，因此東北亞區域的軍事情勢更顯重要。2014年12月，北極戰略司令部的成立，顯示當前俄羅斯的北極戰略部署已進入跨軍種作戰的新時代。

　　本章的主要目的，在於就普欽時期的軍事權力機構、軍區及兵力配置作一介紹，然後以俄羅斯的北極戰略及新戰略司令部的成立作爲俄軍事現代化的研究個案，藉以深入理解當前俄軍事改革及現代化的進程與成果，爲日後更進一步的相關研究奠定基礎。

第一節　俄羅斯軍事權力機構

　　冷戰後時期的俄羅斯軍事權力機構，主要是以「俄羅斯武裝力量總參謀部」（General Staff of the Armed Forces of the Russian Federation，以下簡稱總參謀部）及國防部為最高軍事權力部門，這兩個機構權力的互換，與歷代國家領導人的政治勢力變遷有關。如以編制而言，總參謀部名義上隸屬於國防部之下，惟兩部門的權責劃分模糊，在葉爾欽時期，總參謀長直接向葉氏報告及負責，使得該部出現與國防部爭權之狀況。兩大軍事部門的爭權主要表現在軍事經費及軍事行動的主導權上，而俄軍事權力機關的不合，嚴重阻礙國家軍事政策的推展，直至普欽上臺後始逐漸改善。2001年伊萬諾夫（Sergei Ivanov）出任國防部長，伊氏曾於1999-2001年擔任國安會秘書長，可說是強力部門幹部的代表人物之一。強力部門幹部進入政府部門擔任首長，顯示普欽勢力的逐漸扎根，是以總參謀部勢必走向式微，回歸原本隸屬於國防部下之角色。2004年6月，俄政府通過「國防法」（Об обороне）修正案，正式劃分及確立國防部的職權，以避免再出現總參謀部與國防部相互爭權的情況。根據新法，國防部不僅具有指揮武裝部隊重要軍事行動之權力，並有權規劃未來國家軍事發展之走向，舉凡國家部隊的訓練及軍事基地的檢查及監督皆為其職掌範圍。

　　2008年俄喬衝突後，俄開始大力通行軍事改革，從軍區配置改革、武器現代化與軍隊縮編乃至於跨軍種作戰的概念，在在顯示出俄對於當前局部戰爭的理解及各國軍事現代化潮流的深刻認識與體系的改革。2014年12月，俄設立「國家防禦指揮中心」（National Defense Control Center of the Russian Federation，簡稱NDCC），該中心的概念主要根源於綜合安全（comprehensive security），強調跨部門間的合作與協調，並用以適應當前的跨軍種作戰，為近期俄羅斯軍事改革中的一大重點。茲將俄羅斯當前重要軍事部門的主要職掌分述如下：

一、俄羅斯武裝力量總參謀部

根據2013年7月23日發布的總統令第631號，總參謀部的職權可歸納如下：

1. 實施軍隊，以及其他部隊、軍事編制和機構就其任務所為之戰略規劃。

2. 進行軍隊動員、培訓及協同作戰，以及監測其他部隊、軍事編制和機構之動員備戰狀態。

3. 協同實施其他部隊及軍事單位的建設與發展計畫。

4. 實施維持戰鬥力及動員準備之一切相關活動。

5. 實施戰時軍隊及相關組成部門之調動，以及其他部隊、軍事編制和機構的部署與動員。

6. 協同實施俄羅斯的軍事核算工作，以及俄羅斯徵兵及訓練之事前準備與事後分析工作。

7. 實施防禦與安全之情報組織活動。

8. 對於軍隊通訊的組織與規劃，以及規劃供防禦之用的無線電使用程序。

9. 培養軍隊電子戰的發展。

10.建立測繪軟體的武裝部隊。

11.實施在軍隊中涉及到國家機密的保密工作。

12.組織軍隊中監控兵役安全之相關單位。

13.主導軍隊中的軍事研究。

目前總參謀部的總參謀長為格拉西莫夫（Valeriy Gerasimov），為軍事體系出身，先後畢業於喀山蘇沃洛夫軍事學院及喀山高等坦克指揮學校。格拉西莫夫於2005年6月晉升少將，2010年12月被時任總統梅德韋傑夫（Dmitry Medvedev）任命為總參謀部副總參謀長，而後於2012年4出任中央軍區司令，同年11月晉升為總參謀長。就格拉西莫夫的從軍資歷看來十分完整，亦非普欽勢力的強力部門幹部之一，然總參謀部的權力既已於2004年轉移至國防部，因此總參謀長的任命僅是為了使俄軍隊更為服從中央之命令。倘若普欽所任命之總參謀長非軍事體系

出身，勢必使俄軍重要人士產生不滿，普欽對於俄軍的掌控力反而下降。從目前總參謀部的職權可看出，該部已無法再參與俄軍事決策過程，原則上僅具執行既有政策的權力，在比較技術性的軍事方面始例外存有建構組織的能力，例如軍用通訊及無線電及繪測軟體等。總參謀部下轄21個單位，其中較重要的包括：總參謀部情報總局、地面部隊總指揮部、海軍總指揮部、空軍總指揮部及戰略飛彈部隊總指揮部等。

二、國防部

　　俄羅斯國防部長為俄軍之首長，並由俄總統所領導，俄總統則為全軍之統帥。國防部內部之組成共歷經多次轉變，這些轉變的原因有二：其一，主要是2004年的國防法修法，確立國防部主要的軍事權力；其二，軍事戰略的轉變帶動國防部組織結構的改革，使某些下轄部門有所新增或廢除。至2012年止，俄羅斯國防部之下轄單位包括26個部門，這些部門的範疇廣泛，其中包括：國防部教育局、國防部司法局、國防部核能與輻射監督局、國防部國家科技監督局及國防部總軍事警察局等。與上述「國家防禦指揮中心」之成立相類似，從這些國防部下轄機構職司的領域亦可看出，俄羅斯的國家安全概念已採取綜合安全觀點，是以各下轄機構的專業領域相去甚遠，卻統一受國防部指揮管理。

　　俄現任國防部長為紹伊古（Sergey Shoygu），前任部長謝爾久科夫（Anatoliy Serdyukov）於2012年11月突遭解職，被指控違法私有化國防部所有的一筆土地。謝爾久科夫原是一間家具行經理，2007年被任命為國防部長，外界多認為主因在於謝氏的岳父在軍中任職高階將領，且與普欽關係密切。然而，2008年謝氏實施一連串的軍事改革，大幅裁減軍官員額，使之提前退休或予以解雇，得罪不少軍方人士。因此謝氏的下臺，外界揣測有兩大可能原因，其一便是軍事改革所引起；其二則是謝氏本人與岳父之間的關係已生嫌隙，導致普欽將其去職。然本文認為，2007年的俄羅斯國家杜馬選舉中，統一俄羅斯黨（United

Russia）與強力部門幹部勢力逐漸合流，使該黨得到315席64.5%的高支持度。普欽已經感受到強力部門幹部權力過度擴張的威脅，於是開始以軍事改革及反貪腐的名義來實施整肅工作，而首要對象便是俄羅斯軍方中的強力部門幹部，是以謝氏實施軍事改革普欽自不可能置若罔聞，謝氏的去職亦僅是適度釋放軍方人士的不滿而已。此觀之謝氏解職後的遭遇便知，其不僅沒有身陷囹圄，反而於2013年11月出任俄羅斯技術公司旗下之聯邦工程研究測試中心之總裁，顯然謝氏僅是普欽對付強力部門幹部的一顆棋。

現任國防部長紹伊古在1991年「八一九政變」時便是葉爾欽的擁護者，而後在2000年又大力支持普欽競選總統，為雙方政治合作的第一步。紹伊古於1980年代末期曾為蘇聯共青團成員，並非傳統軍事院校體系出身，1993年葉爾欽使其自預備役上尉直接晉升為少將，而後便於「俄羅斯聯邦民防事務，緊急情況和清除自然災害結果部門」（Ministry of Emergency Situations）任職部長至2012年。紹伊古為傳統的愛國主義者，上任國防部長後便頒布命令，各軍營每日皆須研讀愛國書籍並播放愛國歌曲。由普欽2004年所修訂的國防法規及近期所任命的國防部長觀之，可以了解當前國防部長擁有高於總參謀長的權力，且這些國防部長皆非傳統軍事院校體系出身，某些人士甚至在其他產業服務。國防部長僅需執行及貫徹普欽本人的政策及命令，自己並無多少過問政策的能力，尤其是在軍事改革及某些較重大的軍事行動上。雖然目前普欽的軍事改革尚稱順利，由於謝爾久科夫的解職，消弭不少軍中將領對裁減軍官員額的不滿。惟若長期觀之，普欽緊抓軍權不放，可能引發軍中將領抱怨，甚至導致反叛的隱憂，尤其是讓非傳統軍事院校出身的人領導龐大的俄羅斯軍隊。

三、跨部門的新指揮體系──國家防禦指揮中心（NDCC）

2013年1月，俄羅斯通過「2016年前俄羅斯防禦計畫」。根據該計畫，俄將整合軍事、資訊及經濟相關部門，組建一個新型的國家防禦指揮中心。同年5

月，俄國防部提出建立國家防禦指揮中心之具體構想，而後於2014年12月正式成立。NDCC的職責主要分為兩種時期，在承平時期負責控管國家安全威脅事項；戰爭時期則負責指揮及管理國家，相當於戰時政府。該機構包括四大部門：總參謀部中央指揮所、戰略核武指揮中心、軍隊日常行動指揮中心及作戰指揮中心，所部署的軍官員額超過1,000名，並配有先進的數據處理系統。NDCC最重要的改革便是建立一個統一的總指揮部門，其所因應的主要新對象還是非傳統安全的威脅，在承平時期，NDCC是國家安全最高機構。NDCC的構想是隨著國家安全概念的轉變因應而生，冷戰後時期世界各國面臨著氣候變遷、恐怖主義（911事件後）及其他相關前所未有的國家安全新威脅，某些威脅更是非屬傳統軍事及國防領域，綜合安全的觀念於焉產生。昔日俄羅斯國家安全領域在政策的實施上原本分屬各部門管理，NDCC出現後，可以統一指揮管理國家安全事項，以增進各部門間的分工與合作。[1]

目前由米辛采夫（Mikhail Mizintsev）中將執掌NDCC，米氏為傳統軍事體系出身，曾於2007年擔任莫斯科軍區副參謀長，而後歷任北高加索軍區及南方軍區副參謀長及總參謀部中央指揮所所長。由傳統軍事體系人士出掌國家安全最高機構，雖可稍微弭平軍中對國防部長的不滿，卻可能導致主事者不熟稔當前國家非傳統安全議題，不利推動及管理非傳統安全的相關政策。

---

[1] "Russia's National Defense Control Center officially takes up combat duty," *Russian News Agency*, December 1, 2014, <http://tass.ru/en/russia/764480>.

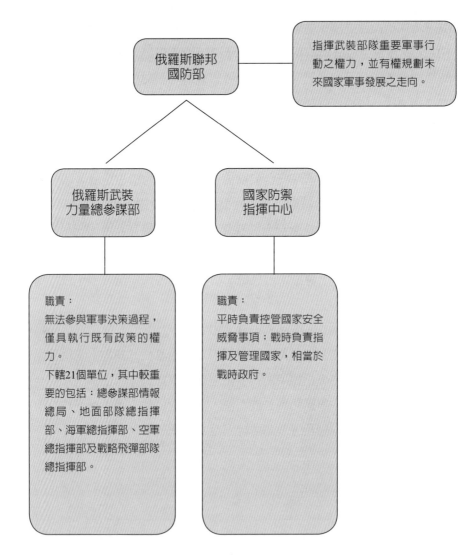

圖6-1　俄羅斯軍事系統結構及其職司表

第二節　俄羅斯軍區及其配置概況

俄羅斯軍區及其配置有獨特的歷史發展背景，自十九世紀中後葉開始，沙俄推行一連串的軍事改革政策，這些政策奠定往後軍事發展的基礎。蘇聯時期的軍區基本上沿襲沙俄以來的軍事制度，尚無過大的變革，直至2008年俄喬衝突後，始有軍事改革之相關政策。最重大的改革主要體現於六大軍區改為四大軍區，軍區的變革牽動軍事部署，係了解當前俄羅斯軍事發展不可或缺的一環。

一、俄羅斯軍區的淵源及轉變

俄羅斯軍區屬於大陸軍體制，最早可追溯至1860年代沙皇亞歷山大二世時期，由陸軍大臣米留京（Nikolay Milyutin）伯爵所倡議建立。原本沙俄時期的「軍」制度是由沙皇、皇族擔任軍之總司令或司令，陸軍大臣的軍權極其有限，然而米氏想改變這種多方領導的局勢。因此米氏推出以陸軍為指揮核心的「軍區」，藉以剝奪其他皇族及貴族的軍事指揮權；然而亞歷山大二世對於普魯士陸軍的指揮體系（非以陸軍為主的指揮體系）亦相當讚賞，因此有另一派人士附和，並研擬提出將各軍直接改為軍區，原先的各司令可繼續握有軍權。此為米氏所不樂見，因為如此一來陸軍大臣仍無法確實握有軍權，對於軍隊的指揮亦無法統一。改革的紛爭最後由米氏勝出，是以最初米氏所建立的全國15個軍區，其下轄並無軍，即使後來恢復軍的單位，卻已非改革前不受陸軍大臣所控制的軍。

蘇聯時期乃至於俄羅斯獨立後，大致上皆因襲沙皇時期的軍區制度，然按照俄國原來的軍區體制，僅轄有陸軍，其餘的海空軍則不在軍區管轄範圍內，致使實際作戰時，三軍的指揮無法有效整合。2008年的軍事改革曾加強軍區對於海空軍之控制權，使得軍區的權限大增。在軍區的改革上，歷經五次重大變革，時間分別於1998年、2001年、2010年9月、2010年12月及2014年。其中1998年設立

八大軍區、2001年將八大軍區中的伏爾加軍區及烏拉爾軍區合併為伏爾加－烏拉
爾軍區，其中2010年的軍區改革為近年來幅度最大。

圖6-2　俄羅斯2010年改革前六大軍區圖

資料來源：BBCNEWS

　　2010年9月列寧格勒軍區與莫斯科軍區合併為西部軍區，俄羅斯的五大軍區
包括：西部軍區、北高加索軍區、伏爾加河沿岸及烏拉爾軍區、西伯利亞軍區及
遠東軍區。而這五個軍區於2010年10月復分別合併為四個軍區：南方軍區、西方
軍區、中央軍區及東方軍區，這四大軍區並分別設有四個聯合司令部。軍區與
戰區的主要區別，在於軍區僅具有平時的軍事指揮權，戰時軍隊則組成方面軍
（front），近似西方之集團軍（army group）；軍區具有地理區域性質，戰區則
多附有戰略任務，是以作戰指揮各項軍事行動為主要目的。昔日蘇聯時期平時由
軍區管理軍隊，戰時則轉換成戰區，兩者之間存在一定程度的聯繫。自俄羅斯實
施軍事改革後，引進西方軍事管理體系，尤其是聯合司令部的設立，軍區與戰區
逐漸合一，是以未來俄軍的軍事動員與作戰將逐漸縮減軍區轉戰區的過程，藉以
大幅提升俄軍動員上的效率。2014年3月克里米亞事件爆發後，再將克里米亞共

和國及其港口城市塞瓦斯托波爾（Sevastopol）納入南方軍區管轄。

圖6-3 俄羅斯改革後四大軍區圖

資料來源：STRATFOR GLOBAL INTELLIGENC

二、四大軍區的軍隊部署概況

（一）南方軍區

　　南方軍區為2010年新成立的軍區，地理位置主要在黑海東岸及裏海西北岸之間，該區是由前北高加索軍區、黑海艦隊、裏海區艦隊及某些空軍部隊所組成，總部設在頓河畔羅斯托夫（Rostov-on-Don）。南方軍區配置有第49及58集團軍，第49集團軍駐紮於北高加索西部的斯塔夫羅波爾邊疆區（Stavropol Krai），該軍團下轄有三個摩步旅、一個偵查旅、一個山地旅及一個特種兵旅。第58集團軍〔總指揮部位於弗拉季高加索（Vladikavkaz）〕，該軍團下轄有四個

摩步旅、一個獨立摩步團、一個山地旅及一個特種兵旅。

（二）東方軍區

　　東方軍區是由原本的遠東軍區所改制，並吸收部分昔日西伯利亞軍區的轄區，其總部位於哈巴羅夫斯克（Khabarovsk）。從遠東軍區的擴大乃至於新設立的東方軍區可看出，當前俄羅斯對於東北亞情勢的重視，以及俄羅斯東向發展政策的確立。東方軍區下轄有第5集團軍、第29集團軍、第35集團軍及第36集團軍、太平洋艦隊、空軍與防空部隊。東方軍區的部隊規模與其他軍區相較之下較爲龐大，其中單是29集團軍〔駐紮於赤塔（Chita）〕便轄有24個旅及其他獨立部隊。

（三）中央軍區

　　中央軍區由原西伯利亞軍區及伏爾加河沿岸與烏拉爾軍區整併而成，其總部位於葉卡捷琳堡（Yekaterinburg）。該軍區由第2近衛集團軍[2]、第41集團軍、第3與第24近衛獨立旅、第473區訓練中心、空軍與防空部隊組成。中央軍區是俄國掌控中亞地區的主要軍事力量，在中國崛起及一帶一路的實施下，中亞地區的地緣戰略及經濟發展角色皆日益上升，連帶提高該軍區的重要性。

（四）西方軍區

　　西方軍區總部位於聖彼得堡，該戰區是由昔日的列寧格勒軍區與莫斯科軍區合併而成，下轄有第6集團軍、第20近衛集團軍、獨立摩步旅、北海艦隊及波羅的海艦隊。第6集團軍包括三個摩步旅及一個特種兵旅；第20近衛集團軍則包括一個坦克師、一個摩步師、一個坦克旅、一個摩步旅、一個特種兵旅及一個獨

---

[2] 俄羅斯近衛的定義與中國古代不同，多爲榮譽名銜，例如在二次大戰中某些具有戰功之部隊皆賦予近衛名稱。

立摩步團。

　　2015年1月，俄羅斯設立北極戰略司令部，並將北極軍區做為第五大軍區，然而實際的編制與軍事部署仍有待觀察。

第三節　近期俄羅斯軍事發展轉型：
　　　　　軍事現代化與北極戰略的形成

　　綜觀俄羅斯近年來的軍事發展，主要的變化可歸納爲兩大領域：軍事現代化與北極戰略之形成，前者肇因於俄喬衝突後，對自身軍事能力不足之認識（前已述及），並以軍區的改革爲基礎，進行兵員精實化、武器現代化及跨軍種作戰；後者則源自於自身經濟實力的回復與針對美日等國北極戰略的反制，中國崛起後，對北極地區的積極態度，使北極地區的強權競逐態勢增添新變數。

一、軍事現代化

（一）兵員精實化

　　俄羅斯原來的編制爲「軍區－軍－師－團」，改革後的編制成爲「軍區－軍－旅－營」，新舊編制比較之下，舊制的編制較爲龐大，尤其是師團的人數皆遠比旅營多。而將下級單位編制縮小，主要目的爲適應現代化的戰爭，以及小規模的戰爭，人員編制有縮小的必要，使之較具靈活度與機動性。在裁軍方面，則是配合上述的編制改革，使原來師團中的將官縮編，並增加中低階軍官的員額，因此所謂的裁軍實質上爲裁官。從2008年至2012年，軍官已從原先的30多萬人減爲15萬人左右，將官及校級以上的軍官員額都大減，使之逐漸符合歐洲各國的比例，向現代化軍隊邁進，並將受到影響而縮減的兵團及部隊皆裁撤爲常備部隊，到2012年已由原先的1,900個兵團減爲170個，減幅高達91%。常備部隊的增設較爲符合當前實戰的需求，亦符合「均衡發展」戰略。[3]

---

[3] 〈俄羅斯打造新型軍隊，2012年總員不超過100.萬〉，《新華網》，2010年1月5日，< http://big5. xinhuanet.com/gate/big5/news.xinhuanet.com/mil/2010-01/05/content_12755218.htm>。

（二）武器現代化

2008年12月，俄羅斯公布「2009-2011年軍事改革規劃」，而俄國長期的武器現代化計畫則到2020年，其中2010年俄增加大量的現代化武器：300個現代裝甲技術武器、30枚陸基與海基巡航導彈等。2011年11月，俄羅斯東方軍區新增加100台直升機，光是濱海邊疆區的切爾尼戈夫克（Chernigovsk）即配有12架Ca-52直升機，至該年年底，俄軍總計增加T-90坦克、姆斯塔-S火砲及電子武器系統的更新，例如，偵查、導航及電子戰系統等。在防空武器方面，則裝備山毛櫸M-2及M-3、道爾M-2U防空彈道飛彈系統。

（三）跨軍種作戰

2006年6月，俄軍於西伯利亞軍區「貝加爾－2006」舉行軍事演習，各軍區司令及高層首長皆參與其中，包括國家安全局及緊急情況部等原本非傳統軍事領域的部門。這是俄羅斯於獨立後第一次跨軍種、跨部門整合演習的大規模嘗試，也說明俄羅斯國家安全思維的轉變。跨軍種作戰主要體現在各軍區指揮部的不同軍種之間，例如某地區的陸軍、通訊部隊、空軍及防空部隊之間的協同指揮等，惟某些部隊由於武器性質的關係，無法同時在各地部署，例如戰略火箭部隊及核武器等。俄羅斯建立跨軍種作戰的主要目的可以歸納如下：一、由於九一一事件之後，各國對於恐怖行動的防範逐漸提升，面臨恐怖主義的威脅，仰賴昔日的傳統軍警體系是不足的，是以有建立跨軍種作戰的必要；二、跨軍種作戰為世界各國軍事現代化的重要項目之一，俄國在西面所面臨的乃是北約的威脅，而北約為軍事現代化發展成熟的國家所組成，是以俄唯有增進不同軍種之間協同作戰的能力，始得因應當前的情勢。

四大軍區戰略司令部的成立為俄羅斯跨軍種作戰的重要具體實踐之一，這些聯合司令部可以指揮軍區內各軍種的軍事行動，如此可大幅整合各軍區內的指揮命令。目前並無重大戰役可驗收聯合司令部的軍令整合效果，因此仍需進一步觀察未來的發展。

二、東北亞三國及俄美北極戰略

北極的發現與探索始於20世紀初期，1909年美國海軍軍官皮里（Robert Edwin Peary，1856-1920）首先登陸該地，各國探險家隨後陸續抵達。由於北極是由北冰洋（Arctic Ocean）所構成，周遭有北冰洋環繞，長期以來無法航行導致人煙罕至。近百年來，冰層隨著氣候變遷與地球暖化，原本不可能航行的永凍層變成可能，北極的戰略地位已逐漸升高。俄、加、美、丹麥及挪威等五國擁有北極圈內的領土，且具有北冰洋海岸線，合稱為「北極五國」，對北極地區擁有最大的話語權。「環北極國家」則尚須加上海域分布於北極圈內之國家（冰島、芬蘭及瑞典三國），稱之為環北極八國。由於北極的地理上特殊性，國際法亦賦予特殊地位，根據「1982年聯合國海洋公約」，北極不屬於無主地亦非法律真空地帶。北冰洋大部分為公海，加拿大及蘇聯曾提出扇形原則（sector principle）主張領土範圍，惟遭到其他國家反對。

（一）日本

日本位處東北亞地區的戰略樞紐，自明治維新以後便積極擴張軍事勢力，為此先後與沙俄及蘇聯爆發1904年的日俄戰爭及1939年的諾門罕戰役（Battles of Nomonhan）。前者由日本獲勝，取而代之繼承沙俄於中國東北的利益；後者則以日方戰敗告終，從此日蘇之間在二戰中維持和平狀態，直至1945年8月蘇聯對日宣戰。現今各國北極戰略的出現與氣候暖化關係匪淺，氣候暖化導致北冰洋海冰融冰加快，使原本無法研究與利用之地區成為可能。日本將其北極戰略的焦點置於航道與資源開發上，其主因在於日本能源及其他資源高度仰賴國外進口，因此極力鞏固貿易供應的安全性，而航道便是保障貿易安全的重要項目。據美國地質調查局（United States Geological Survey）估計，北極海域藏有近900億桶石

油，[4]因此吸引缺乏石油的日本予以關注。

目前日本尚未制定具體的北極戰略，而實際的行動多以研究行動為主，例如建造新型破冰船在該區進行數據資料分析。此外，日本航運界對於該區航運發展可能性的探討也是近年來熱門的議題。在軍事戰略方面，日本主要防範的對手是近年來迅速崛起的中國，中國在北冰洋的活動頻繁，對其造成安全威脅，然而日方對此僅能配合美國的北極戰略，透過美日安保同盟關係的發展，來遏制中國在北極的軍事戰略意圖。

（二）中國

2006年4月，國際極地年中國行動委員會正式成立，此為中國首次積極參與國際極地的科研活動。翌年中國制定國際極地年中國行動計畫，並積極申請成為北極理事會之永久觀察員。中國北極戰略的主要重點在能源安全方面，由於近年來中國經濟的崛起，帶動龐大的能源需求，於2015年4月成為世界最大的能源進口國，因此維持穩定的能源供應為經濟發展的首要之務。中國自知在北極研究開發的參與較晚，且中方僅為近北極國家，並非環北極八國，是以透過與北歐國家的合作，來加強在北極議題上的話語權，為當前中國的主要北極戰略。正由於中國對於北極的戰略重點在能源安全，在北極的發展上常以經濟發展而非軍事戰略的角度來觀察，呼籲國際共同開發北極，以合作來避免競爭與衝突。[5]

（三）美國

美國北極戰略的形成可追溯至冷戰時期，美蘇之間對於北極的戰略利益爭奪。由於北極為美蘇距離最近之地區，雙方皆欲將北極成為自身預警的重要工

---

[4] "90 Billion Barrels of Oil and 1,670 Trillion Cubic Feet of Natural Gas Assessed in the Arctic," *USGS Newsroom*, July 23, 2008, <http://www.usgs.gov/newsroom/article.asp?ID=1980#.Vh90GXmhdjo>.

[5] 孫薇，〈中俄北極合作的利益與機遇〉，《Sina新浪新聞》，2015年9月29日，<http://news.sina.com.tw/article/20150929/15251333.html>。

具,美蘇雙方在該區的洲際導彈部署與潛艦活動互有往來。蘇聯解體後,獨立初期的俄羅斯經濟凋敝,無暇顧及該區的軍事戰略。而美國亦因冷戰的結束而忽略該區的戰略利益,以擴大的北約來防範俄羅斯的軍事活動。另根據6年前美國科學家的研究,北極的融冰速度儘管加快,卻無法在100年以內實現通航的可能,然而隨著近幾年來地球暖化速度的增快,使得美國不得不重新省思該地區的經濟與軍事戰略利益。[6]當前美國北極戰略的轉變與再提出,則是在歐巴馬執政的第二任期以後,主要原因在於近年來俄羅斯對於北極的積極作為,使得美方不得不再修改該區之戰略。

根據美國白宮2013年5月所發布「國家北極地區戰略」(The National Strategy for Arctic Region),美國利用現今國家安全觀念的演進,將北極的眾多利益,包括天然資源、戰略及航運等皆納入美國的國家安全範圍。美國認為北極的開發將牽涉到該國的能源安全、傳統軍事安全、航行自由及環境安全等,然後針對這些美國所列舉的國家安全制定因應策略,可分為四大增進安全利益策略及四大北極合理管理的尋求策略,前者包括:[7]增進北極的基礎設施及戰略能力、提升北極的領土意識、維護北極區域的公海自由、為美國能源安全的未來做準備;後者則包含:維護北極的環境及保存北極的自然資源、以北極的整合管理來平衡該區的經濟發展、環境保護及文化價值、透過科學研究與既有的知識來增進對北極的了解、繪製北極區域地圖。

(四)俄羅斯

北極一向為俄羅斯的地緣戰略重心之一,因此自2000年起,普欽便曾多次簽署多份與北極相關的戰略,這些戰略儘管大多無法落實,卻極易激起其他北極國家對俄的反制。普欽2000年上臺後,便於翌年通過「2020年前俄羅斯聯邦海洋

---

[6] 李益波,〈美國北極戰略的新動向及其影響〉,《太平洋學報》,第6期,2014年6月,頁86-92。

[7] "National Strategy for the Arctic Region," *The White House*, May, 2013, <https://www.whitehouse.gov/sites/default/files/docs/nat_arctic_strategy.pdf >.

學說」（Морская доктрина Российской Федерации на период до 2020 года），該文件中確認北極海爲俄羅斯之五大戰略重點區域之一；[8]2008年俄復提出「2020年前後俄羅斯聯邦北極地區國家政策」（Основы государственной политики Российской Федерации в Арктике на период до 2020 года и дальнейшую перспективу），此文件將俄羅斯對北極的戰略重點歸納爲二，其一爲能源安全及航道運輸，其二則爲俄對於北極主導權之維護。由於普欽上任之際，國家正面臨經濟復甦、韜光養晦時期，因此2001年的海洋政策雖明訂不少具體的北極戰略，多數卻無法實現。2009年俄羅斯復提出「2020年前俄羅斯聯邦國家安全戰略」（Стратегия национальной безопасности Российской Федерации до 2020 года）。根據該戰略，北極地區所涉及的國家安全主要仍聚焦於能源安全，並認爲各國對於該區能源的爭奪將形成衝突或戰爭，也就是包括傳統的軍事安全在內。[9]

　　2013年2月，普欽簽署「2020年前俄羅斯聯邦北極地區發展戰略與國家安全」（Стратегия развития Арктической зоны Российской Федерации и обеспечения национальной безопасности на период до 2020 года），該戰略通過三個月後，美國總統歐巴馬便提出「國家北極地區戰略」（The National Strategy for Arctic Region），顯見美方對俄的防範與遏制。根據2013年俄羅斯的發展戰略可知，俄對於北極地區的主要戰略與美方的策略相同，重視北極的能源開發、地理探測、航道主導權及傳統的軍事安全部署。其中較異於其他國家的策略是，俄羅斯對於北極的軍事部署有具體作爲，2015年1月設立北極戰略司令部，並使北極地區成爲第五大軍區，該司令部直隸於國防部國家指揮中心之下，並計劃籌組兩支極地陸上作戰部隊，但具體編制及部署情況仍有待進一步觀察及確認。

[8] "Морская доктрина Российской Федерации на период до 2020 года," *Российской Федерации*, June 25, 2010, <http://www.scrf.gov.ru/documents/34.html>.

[9] "Основы государственной политики Российской Федерации в Арктике на период до 2020 года и дальнейшую перспективу," *Российская газета*, March 30, 2009, <http://rg.ru/2009/03/30/arktika-osnovy-dok.html>.

　　由於北極國家之間常面臨戰略競爭的態勢，因此彼此之間的合作面向較少，尤以美俄之間的對壘為甚。俄羅斯所實施的一系列北極戰略，使北極理事會成員國群起反感，尤其是2014年烏克蘭事件爆發後，世界各國對俄多採取制裁與譴責態度。在艱困的國際情勢下，俄唯有尋求與其他北極理事會觀察國的支持，來壯大自己的聲勢。

小結

　　俄羅斯歷經2000年以來的經濟復甦後，逐漸有餘力展開軍隊的現代化，軍事的改革以國防部的權力集中爲起點，改變葉爾欽時期以來的總參謀部爭權態勢。2001年九一一事件的爆發，開啓歐美各國對恐怖主義的重視及反恐作爲，與之相關的國家安全概念亦產生轉變，綜合安全的觀念相應而生。俄羅斯亦不例外，爲因應恐怖主義的威脅，擬定跨部門間共同作戰的改革計畫，NDCC的成立，奠定跨部門整合指揮體系的基礎。2008年俄喬衝突爆發，反映俄羅斯軍隊機動性及整合指揮的不足，一連串的軍事改革於爲展開。就俄羅斯的軍區改革而言，出現三個整合方向，首先爲軍區數目的大幅縮減；其次爲軍區轉戰區制度的廢除；再者則爲各軍區的各軍種配置，達到跨軍種作戰整合指揮的目標。

　　除此之外，俄軍人員編制的改革及武器現代化亦爲軍事改革的一大重點。前者由於涉及到軍隊中高階軍官的裁減，時任國防部長的謝爾久科夫頓時成爲箭靶，爲平息軍方人士的憤怒，普欽適時以反貪腐的方式令謝氏下臺，待風波平息後，復令謝氏出任聯邦工程測試中心總裁。後者則以海陸基巡航導彈、電子戰系統、防空導彈系統、新型坦克及直升機的現代化武器配置爲主。

　　近年來由於氣候暖化，以及俄羅斯強勢重返大國地位的種種因素下，致使各國對於北極利益的爭奪白熱化。普欽於2012年5月重掌大權，隨即在翌年提出新北極戰略，而美國亦不甘示弱，於兩個月後發布國家北極地區戰略。俄美兩國皆將北極的各項利益視爲其國家安全之一部分；中國加入北極競逐較晚，目前以取得更大的話語權爲主要目標；日本雖未制定具體北極戰略，卻將焦點置於經濟層面，軍事方面則與美方合作。然而目前眞正將北極戰略付諸實行的當屬俄羅斯，除了設立北極戰略司令部外，更將北極規劃爲第五大軍區，目前編制有兩個地面作戰部隊，實際運作及部署則有待觀察。

　　由上可知，俄羅斯當前的軍事改革已獲得重大進展，軍區數量縮減、武器現代化及跨部門和跨軍種作戰皆一一實現。在美國重返亞洲的壓力下，俄中之間

的軍事合作日益密切，從上海合作組織的多邊架構過渡到雙邊軍事準同盟關係。如果再觀察近年來中國的軍事改革可知，中方亦正在學習俄羅斯的軍區改革，以及軍區改為戰區的相關構想。未來俄羅斯的軍事發展重點，將是與中國之間的軍事合作，從表面軍事演習到深層的軍事技術合作，俄中雙方正寫下歷史上的新頁。然而，需要注意的是近年來中國經濟成長的放緩及國際能源價格處於低檔，是否會影響到俄羅斯的軍事發展或是改革進程，倘若俄羅斯無法維持穩定的經濟成長，必定影響到軍事預算的編列，進而使得這些軍事方面的改革進程受阻。

參考資料

一、中文

（一）期刊論文

李益波，2014/6。〈美國北極戰略的新動向及其影響〉，《太平洋學報》，第6期，頁86-92。

（二）網站

2010/1/5。〈俄羅斯打造新型軍隊，2012年總員不超過100.萬〉，《新華網》，<http://big5.xinhuanet.com/gate/big5/news.xinhuanet.com/mil/2010-01/05/content_12755218.htm>。

孫薇，2015/9/29。〈中俄北極合作的利益與機遇〉，《Sina新浪新聞》，<http://news.sina.com.tw/article/20150929/15251333.html>。

二、英文

網站

2008/7/23. "90 Billion Barrels of Oil and 1,670 Trillion Cubic Feet of Natural Gas Assessed in the Arctic," *USGS Newsroom*,<http://www.usgs.gov/newsroom/article.asp?ID=1980#.Vh90GXmhdjo>.

2013/5. "National Strategy for the Arctic Region," *The White House*, < https://www.whitehouse.gov/sites/default/files/docs/nat_arctic_strategy.pdf >.

2014/12/1. "Russia's National Defense Control Center officially takes up combat duty," *Russian News Agency*, <http://tass.ru/en/russia/764480>.

三、俄文

網站

2009/3/30. "Основы государственной политики Российской Федерации в Арктике на период до 2020 года и дальнейшую перспективу," *Российская газета*, <http://rg.ru/2009/03/30/arktika-osnovy-dok.html>.

2010/6/25. "Морская доктрина Российской Федерации на период до 2020 года,"*Российской Федерации*, < http://www.scrf.gov.ru/documents/34.html >.

第七章　社會變遷

黃明慧

前言

И над отечеством свободы просвещенной, Взойдёт ли наконец прекрасная заря?

在這自由開明的祖國懷抱裡，是否終將出現一道美麗的晨曦？

—摘自普希金〈鄉村〉（1819）

　　蘇聯自1991年解體至今已超過二十個年頭，人民的生活因為資本主義的湧入而開始轉變。俄羅斯聯邦建立後的頭一個十年，政治體制改革造成總統與國會之間的對峙與衝突，動盪的局勢阻礙了經濟的發展，惡化的通貨膨脹，影響了人民的生活水準。1993年經由全民公投通過的新憲法，無法消弭國家內部的歧見。葉爾欽（B. N. Yeltsin，1931- 2007）力主實施的經濟自由化、財產私有化、培育資本家等一系列舉措，改變了人民的生活方式。政策走向擁抱資本主義的經濟模式，扶植了少數金融寡頭和特權階級，沒來得及準備好迎接自由市場的普羅大眾，身陷貧富差距擴大的泥淖和資源分配不均的窘境。同時，犯罪、貪汙的問題也讓人民不安與憤怒。民眾的日常生活受到這些驟變的政治、經濟情勢所影響，儘管適應不佳，還是被迫邁入新的消費社會。

第一節　消費社會

　　社會的樣貌，是透過人與人之間不斷互動之後成形。從蘇聯到俄羅斯聯邦，原本無所不在的監控，一夕之間崩潰，獲得自由的民眾，伴隨著經濟私有化的消費模式，展開了新一波流行引領消費、消費創造流行的趨勢。消費文化的模式和品味，同時也啓動了區辨階級和群類的機制，從而導致貧富差距的問題加速擴大。仇富的敵意在社會要求公平正義的聲浪中被推向極端，個人主義取代蘇聯時期的愛國主義，小我的利益先於大我的願景。勞動的意義只剩薪資單上的價碼交易，爲謀取暴利而走上貪汙或經濟犯罪之途，在蘇聯解體後的頭幾年變成常態。「我的志願」也從學者、醫生、教師、飛行員、航太人員，換成了銀行家、企業家、脫口秀主持人等光鮮亮麗，又能快速累積財富的職業。新聞媒體脫離蘇聯時期黨政的檢禁制度，迎合大眾的娛樂節目如雨後春筍般興起。報章雜誌以聳動的標題，刺激買氣。在過渡的年代，大眾文化的品味由市場供需決定，多樣繁雜的文化生態，是蘇聯解體後頭一個十年的社會風景。

　　1999年，普欽（V. V. Putin, 1952- ）被葉爾欽任命爲俄羅斯聯邦總理。2000年，普欽則正式宣誓就任俄羅斯聯邦總統，新的領袖爲國家帶來新的氣象。普欽爲恢復蘇聯時期的光榮和傳統，維持國家內部的穩定與團結，提出多黨參政、言論自由、三權鼎立的政治制度，有效促進經濟發展、提升行政效率、維護社會公平正義及關注民眾生活，這些施政措施贏得了左、右兩派的支持，漸趨穩定的和諧社會，提供俄羅斯向前邁進的契機。

　　　　「別管石油、天然氣，消費才是王道！」

　　俄羅斯已躋身成爲歐洲最大的消費市場之一，產品從汽車到尿布，種類多樣。社會評論家也打趣說，1990年初，俄羅斯人民還在排隊買麵包，如今則是排隊買名車、精品、豪宅。俄國在普欽掌權後，持續了幾年的安定，並朝向消費和

服務性質的市場經濟發展。根據瑞士聯合銀行集團（United Bank of Switzerland，UBS）在2012年的調查，莫斯科人的消費能力已在全球排名中躍升到第41位，並預測2018年將成為歐洲第一大消費人口，這是俄羅斯自二十一世紀初以來最顯著的社會變遷。薪資的提升，改變了俄羅斯的社會結構和物價水準，葉爾欽時期的月薪僅50美元，到了普欽主政時期提高到800美元，民眾已普遍感受到生活上的改變。[1]

　　史塔列斯尼可夫徒步街（Stoleshnikov Lane），是莫斯科最短，卻也最奢華的一條街。二十世紀末期，蘇聯解體已經過了年餘，市場消費端出現年齡約莫在30-40歲之間的富裕階層，並且逐漸成為俄羅斯精品消費市場裡最有潛力的購買者。這一波展現強勁買氣的浪潮，透露出俄國人身處這個轉變時期的消費心態，「寧願花錢買東西，也不願將錢存在銀行裡」。綜合分析俄羅斯人樂於花錢、買名車、享美食的消費心理，原因之一是苦過來的俄羅斯人過去生活匱乏，終於富起來，則不吝於嘗鮮，許多第一次（買車、出國、高級餐廳用餐等）就此揮霍，盡情享樂。另一個原因則是，俄羅斯境內投資機會較少，銀行存款信用低，股市不發達，因此轉而走向消費，進一步推動房地產、車市和精品市場的熱絡交易。

　　由於財富快速累積，且人民消費力增強，莫斯科做為俄羅斯的政治、經濟和文化中心，市區地價每年平均上漲兩成。儘管如此，消費者對於首都的房地產市場依舊趨之若鶩。莫斯科在蘇聯時期就有為數不少的雄偉高樓，如今再添現代感十足的摩天大樓，讓首都城市的容貌更加亮麗。由俄國米拉克斯地產集團（Mirax Group）規劃建造，樓高分別是63與93層的摩天大樓——「莫斯科塔」（Moscow Tower），是兩棟住商混合的大樓，2008年預售的價格是每平

---

[1]　根據學者研究，蘇聯解體後的一連串市場經濟改革，表面上為俄羅斯的社會帶來巨大提升，實際上僅少數人因躍升的社會階層（social status）而獲利。Liudmila Beliaeva便指出，「那些改革的年代，並未造就全面性的中產階級」。西方社會所謂的中產階級，介於上層階級（upper class）和勞動階級（working class）之間，普遍的生活型態，依據參考的指標而有不同的樣貌。但是俄羅斯多變的政經情勢，無法提供有利的條件，發展中產階級成為支撐社會的中堅。薪資結構的變化，僅造就新的一批消費階層。文章參見Liudmila Beliaeva, *"The 'New Middle Classes' in Russia"*, Russian Social Science Review, Vol. 41, Issue 4 (2000), pp. 42-55。

方公尺至少一萬美元，相當於每坪一百萬臺幣，當時預購熱烈，情勢看漲。然而，這波熱銷的房市好景不常。譬如，原本租金昂貴的「莫斯科國際商務中心」（Moscow International Business Center），簡稱「莫斯科城」（Moscow City），在2014年底盧布貶值的危機中，它的租售情況反映出俄羅斯當前的經濟問題。「莫斯科城」市值一百二十億美元，面積約六十公頃，包含歐洲最高建築「水星城市大樓」（Mercury City Tower）、一棟外型扭曲宛如DNA雙螺旋柱體的「進化」（Evolution）大樓，以及高聳的尖塔外型像揚帆而行的「聯邦大樓」（Federation Towers）等，共計十六棟摩天大樓。「莫斯科城」的目標是成為新興市場的金融中心，然而這項願景卻在2014年西方國家對俄羅斯的制裁中，一點一滴被消磨殆盡。當前（2015年）的俄羅斯正經歷通膨升、油價跌、盧布貶的問題，「莫斯科城」裡這些寬敞新穎的商辦，也面臨租不出去的窘境。原本這裡有無數令人嚮往的邊間辦公室，遇上這波衰退中的消費市場，正研擬改變租售策略，以充分利用這些閒置的空間。因此，諸如「高樓青年旅社」是本棟大廈四十三樓的新房客，烹飪學校或是跨國公司如IBM、奇異、畢馬威國際會計師事務所（KPMG）、通用汽車、現代汽車、勁量電池和傑太日煙國際（JTI）等分公司都在此處落腳。辦公室位處高處，面對腳下繁華的莫斯科燈海，「莫斯科城」正等待著貴客上門。

　　往莫斯科市郊走去，一幢幢歐式的別墅豪宅在樹林間座落，高牆與門禁透露出它的名貴，這裡是莫斯科的豪宅區——巴爾維哈（Barvikha）。此處除了是國家提供給高級政府官員的住宅區，鄰近的土地也成為私人、富家爭相搶購的目標。據悉，每幢豪宅至少新臺幣六億元起跳，價格令人咋舌。然而，莫斯科市中心和近郊的高房價，無法遮掩鄰近的鄉鎮其住宅設施未見起色的事實。根據俄羅斯土木工程協會的統計，大部分的俄國人仍安身在蘇聯時期的集體住宅裡，而且每個城市大約有百分之二十的居民沒有熱水可用，百分之十的人沒有裝置室內水管。在多數地區，基礎公共建設基本上是完全落後的情況。在莫斯科社會政策獨立機構工作的娜塔莉亞（Natalya Zubarevich）便指出，類似這種貧富差距的窘境其實不難理解。對於普欽而言，相對於提高薪資和調整退休金這兩件事，撥款進

行基礎公共建設的經費沒有迫切性，也無助提高總統的聲望。

　　蓬勃的消費社會讓俄國的服務業反思以客為尊的宗旨，其中以俄羅斯航空（Aeroflot）的座艙服務人員最先有感，努力讓笑容成為企業品牌，改變世人對俄羅斯冷漠、嚴肅的刻板印象。2014年初在索契舉辦的冬季奧運華麗落幕，緊接著烏克蘭的危機，到歲末的盧布崩盤，一度以為俄羅斯將在西方國家的杯葛、圍堵之下一蹶不振。2015年，慶祝「衛國戰爭勝利六十周年紀念」的場合，在「喀秋莎」的歌謠聲中，又喚起了俄國人民對於昔日光榮的追想。

第二節　教育成為社會流動的推手

　　普欽在2001年頒布的「2010年之前俄羅斯教育現代化構想」（The Concept of Modernization of Russian Education for the Period until 2010）中，以「現代化」的字眼，強調現代化是維持及保證國家當前問題和長遠之計所應具備的基礎，並自此開啟了一系列的教改措施。[2]

一、實行國家統一考試

　　「實行國家統一考試」是普欽在教育改革上的首要任務，為減少普通中學畢業生的壓力、防堵招生私相授受、維護公平教育、保障均等的受教機會，自2009年起，經過國家統一考試的中學畢業生，是進入大學和中等職業學校的主要管道。

二、實施「側重專業性的教學」

　　「側重專業性的教學」的教改政策，主要透過調整高中階段教育的教學結構、內容和組織形式，將課程編排成四大專業方向：人文科學、自然科學－數學、社會－經濟學、資訊－工藝學，以達到教學個別化和細緻化的成效。

---

[2] 「2010年之前俄羅斯教育現代化構想」（О Концепции модернизации российского образования на период до 2010 года）全文內容，參見http://www.edu.ru/db/mo/Data/d_02/393.html。聯合國教科文組織（UNESCO）的國際教育局（International Bureau of Education），2004年也針對俄羅斯聯邦的教育政策做出報告，其中包含該構想的說明，參見http://www.ibe.unesco.org/National_Reports/ICE_2004/russia_ocr.pdf。

三、強化愛國主義教育

　　蘇聯解體之後，俄國社會迎來了新的危機，轉型期的新生活沒有帶來希望和願景，反而加深了對歐美各國價值觀的焦慮和不安。普欽為了穩定社會，研擬以愛國主義、強國意識、國家功能、社會團結等面向，結合國家政策、政府機關、公營媒體、教育體系等形式推動愛國主義教育，以重振昔日俄羅斯的偉業。在《俄羅斯聯邦國家2001-2005年公民愛國主義教育綱要》實施之後，培養愛國主義已成為新一代中小學教育裡必修的課程。

四、參考歐洲高等教育整合的思維

　　為了與國際教育接軌，俄羅斯政府將早年實施的學制結構，即專家－副博士－博士的學位制度，逐步轉成歐美高等教育學制裡，學士－碩士－博士的人才培養機制。一方面有助於增加俄羅斯大專校院教師向國際學術單位晉升的流動率，也進一步提升學子參加國際學術訓練的頻率和能力，增加俄羅斯高等教育在國際間的競爭力。

　　普欽在教育政策上的改革雖然已見成效，但仍有許多尚待解決的問題，例如教育水準和教學品質逐年下降的情況，低薪造成師資問題嚴重匱乏、素質良莠不齊，學校基礎建設尚待改善，大專校院因經費不足導致缺乏創新力，這些都是高等教育發展坦途上暗藏的危機，若未能妥善處理，將造成社會健全發展上的隱憂。

第三節　資訊社會

　　近幾年在俄羅斯快速發展的幾項產業，資訊是其中較引人注意的項目之一。俄羅斯最大的資訊科技公司Yandex於2011年在美國證券交易所上市，儘管它的搜尋速度和廣度仍不及「谷歌」（Google），但Yandex的優勢在於增加俄文介面的使用，提供用戶不同於其它歐美搜尋引擎的網路需求和經驗。其中，Yandex.Market提供消費者所有俄文網站的商品資訊；Yandex.Elektrichky為通勤者提供列車時刻表，而Yandex.Mail和Yandex.Maps則是網路用戶都習慣使用的服務。蘋果公司（Apple）也將Yandex.Maps做為標準軟體納入iPad和iPhone的應用程式。在俄羅斯境內，使用Yandex瀏覽和查詢的頁面數量已經超過「谷歌」。Yandex目前除了希望破除網路世界被單一國家壟斷的走向之外，也期望能看透並掌握他國網路用戶的心理與使用愛好，進一步拓展海外市場。

　　「卡巴斯基實驗室」（Kaspersky Lab）則是另一家知名的俄羅斯軟體企業。創辦人尤金·卡巴斯基（Y. V. Kaspersky，1965-）將一個原本只有四至五人研發防毒程式的團隊，擴展到今日成為總部九百名員工的國際防毒軟體公司，放眼全球，超過一百家公司使用「卡巴斯基實驗室」的技術，產品銷售遍及五大洲。卡巴斯基本人分析公司成功的原因：首先，擁有優秀的團隊開發技術；其次，要能服務也教育客戶有關病毒的變化和趨勢；最後，與國際間的伙伴真誠合作，共創雙贏。

　　西方國家有「臉書」（Facebook），在俄國則有「同班同學」（Odnoklassniki）急起直追，執行長是一位年輕的新世代鮑伯可夫（A. M. Popkov，1972-），他原先開發「同班同學」這個社群軟體的目標，是希望喚起俄羅斯同胞的舊時回憶，並在二十一世紀的未來繼續發生影響力。「同班同學」結合找回昔日同窗和即時通訊的功能，期能發揮尋人的精神，找回幼時玩伴、三十年前一起在夏令營體驗的戰友，或是多年前守望相助的鄰居。「同班同學」於2006年上線後，短短一年內便有超過百萬人註冊使用，且用戶人數持續增加，

成為俄羅斯境內的社群網站模範生。執行長鮑伯可夫也在2005年獲得GQ雜誌評為「年度經營者」。整合加上競合是類似的社群經營者必須面對的發展策略。

另一個社群網站「保持聯絡」（VKontakte）同樣也在2006年加入市場，創辦人杜羅夫（P. V. Durov，1984-）上任以來歷經拒絕外部投資者的收購、遭指控抄襲臉書的使用設計、涉及影音分享的智慧財產權問題等。然而，這些問題並未擊垮這些新興的社群網站。根據Comscore.com於2011年的統計資料顯示，在俄羅斯境內，電腦使用者平均每日花490分鐘掛在「保持聯絡」，花340分鐘漫遊在「同班同學」的網路裡，而「臉書」的使用時間則僅剩不到30分鐘，遠遠不及前兩大社群網站。不受限制的暢所欲言，是這些社群網站在俄國境內受到歡迎的原因。儘管上傳的影音檔案容易遭人盜用轉貼，但這份享受自由、展現自我的樂趣，使人著迷。前述幾個以俄語介面為主的社群網站競爭日趨白熱化，「臉書」在俄國的市占率，約占使用者人口的百分之二十；剩下的市場，其它社群網站肯定也想盡辦法、積極開發，方能壯大自己社群的知名度及聲勢。

儘管在社群網路的發言百無禁忌，但它自由、匿名的特點也在世界各國遭受批評，更甚者，還受到政府的監管。不論理由是為了反恐，或是防堵色情，當局無不以保護之名行管束之實。俄羅斯政府對於總部設在境外的網路公司著力尤深，普欽便於2014年簽署一項當年9月1日生效的法案，其中要求非本國的社群網路公司必須將俄國網友的個人資料儲存在俄國境內，讓政府得以查閱。同年12月，俄國網路管理機構要求「臉書」移除一個宣傳反政府集會的粉絲專頁，「臉書」遵照要求對俄國約一千萬名網友封鎖該專頁後，數十個類似的專頁隨即同時出現，消息在「推特」（twitter）等其它社群網站上傳開，讓隔年1月15日抗議反對派要角納瓦尼（Aleksei A. Navalny，1976-）遭到審理的事件更獲關注。同樣，在俄國僅次於本土Yandex的第二大搜尋引擎「谷歌」，也被政府要求必須遵守適用於媒體公司的法規。「谷歌」已經表示將關閉在俄國境內的技術辦公室，表面上是為整併內部人力資源，實際上則是為了避免俄羅斯當局的突襲臨檢。究其原因，俄羅斯政府的規範在許多方面都意在防阻美國情報機構前約聘人員史諾登（Edward J. Snowden，1983-）的揭密行為，也避免讓美國政府透過矽谷的科

技公司從事與間諜相關的活動。俄羅斯政府最希望達到的目的，是說服其它國家制定一套國際社群網站及「取材於眾的新聞」（crowdsourced news）使用規範，釐清國家得強制封鎖網頁的依據和準則，以遵守國內的相關法令。俄羅斯當局無意因美國網路公司不遵守「資料備份法」而封鎖這些公司，畢竟，造成數百萬網民無法存取多年的相片、家庭回憶、情書或朋友之間的通聯紀錄等，可預期克里姆林宮將承受多大的怪罪和抱怨。

第四節　福利社會

　　普欽總統承接了葉爾欽時期未能貫徹的社會福利改革，於2000年「向俄羅斯聯邦會議提交的2000年國情咨文」中述明：「國家實行家長制的社會政策，就經濟層面來看絕對不可能，從政治上來說並不適當。必須放棄家長制的做法，期能刺激經濟發展，發揮個人的潛能，以達致對自身及親屬人生幸福的目的。」[3]普欽政府希望以自由的模式（liberal regime）做爲社福制度轉型、修正的依歸，只針對篩選出的貧戶提供照護，希望引入市場力量取代政府成爲福利主要的供應者。2004年普欽簽署通過的第122號聯邦法（N122-Ф3），明訂全國享受福利的公民人口將分爲兩類，資金補助來源也分別由聯邦和地方政府的財政支付。[4]然而，這項於2005年元月上路的法令在俄羅斯境內引發巨大的反對聲浪，普欽因此於2005年10月21日發布第1226號總統令，成立「全民計畫和人口政策理事會」，研擬有效的社會福利和人口政策，爲2006年推行的「全民計畫」（national project）打好基礎。「全民計畫」是俄羅斯目前推行社會福利的主要政策，內容包含健康醫療、教育、住宅、農業四個子計畫，目標是提高生活水準、消弭貧窮，並由政府提供基本的醫療和教育，以培養社會福利制度所需的人力資源。

　　普欽政府的社會福利改革囊括了四個發展趨勢，亦即：福利供應私有化、風險承擔個人化、支付方式貨幣化、管理去中央化。醫療和教育不再是全面性的無償服務；社會保障及退休金制度，由政府、個人、企業三方面共同負擔；房屋和公共設施也不再是免費提供。2008年，普欽更進一步於「俄羅斯聯邦長期社會經濟發展綱要」（Concept of long-term socio-economic development of Russia until 2020）中強調，未來的社會政策，除了繼續培養具競爭力的人才，還要加速醫療

---

[3]　參考Послание Федеральному Собранию Российской Федерации, 8 июля 2000 года，網頁http://archive.kremlin.ru/appears/2000/07/08/0000_type63372type63374type82634_28782.shtml。

[4]　詳見俄文網頁http://base.consultant.ru/cons/cgi/online.cgi?req=doc;base=LAW;n=182932。其中，聯邦財政負擔參與第二次世界大戰的老兵和殘疾人士的福利，地方財政則負責退休勞工、政治受害者及第二次世界大戰後方工人的福利。

保健和教育方式的現代化，有效執行年金和社會救濟制度，提升文化以形成有效率的勞動市場和友善的居住環境。[5]綜觀而言，受惠於經濟復甦、政情穩定和行政效能改善，普欽時期的社會福利政策已漸上軌道。但歷史告訴我們，任何一項因素一旦改變，或是政策未與時俱進，不符人民期待，另一波要求改革社福制度的聲浪勢必再起。

---

[5] 「俄羅斯聯邦長期社會經濟發展綱要」（Концепция долгосрочного социально-экономического развития России до 2020 года），參考網頁http://economy.gov.ru/minec/activity/sections/innovations/development/。

第五節　社會風氣與文藝創作

　　隨著蘇聯解體，西方流行文化直接衝擊俄羅斯文化固有的傳統價值，消遣的、娛樂的物質文化取代一切，這個表面上已經脫去社會主義外衣，內裡卻還因循於集體供需故轍的新俄羅斯，面對不斷湧入的新產品、新資訊、新價值觀，不同世代背景的俄國人正因意識形態上的認知差距，產生許多對於理解國家、社會、生活的歧義，例如反愛國主義的情緒，造成人民失去對於國家的感情，導致各種民族主義順勢而興，進而對旁人冷漠與殘酷，僅存對於自我興趣和文化需求的單調攝取。因此，普欽在教育和文化方針上積極提出「俄羅斯新思想」，並以此做為重新凝聚國家向心力的論述基礎，而愛國心、強國意識、主權國家及社會團結則是其中相輔相成的關鍵。彼得大帝西化政策以來的影響，俄羅斯走向現代、擁抱摩登的道路從來不是自發產生而導致的結果。文化衝突反映在社會結構的發展上，逐步形成社會、民族、國家等的多元意識。然而，蘇聯解體造成的文化真空期，由於內部整合與銜接的文化工程，趕不上外部資訊湧入的速度，茫然的頭緒、空洞的內涵、嫁接的異文化，無法凝聚成有利的內部共識，據以發揚光大，這是新俄羅斯在解體後最先遭遇的認同危機。

　　經過這項文化衝擊後所獲得的自由，讓俄國民眾從驚慌失措到逐步調整適應，這個過程反映在思想意識、文學創作的變動顯著，最明顯的改變莫過於文藝創作不再接受國家的指示，而國家也不再提供文藝工作者固定的保障。從前受到檢禁的作品，如今被國內外出版社爭相付梓，創作者們原本無以為繼的生活，因為稿費和版稅而獲得改善。但也有作家如康德拉季耶夫（V. L. Kondrat'ev，1920-1993）和德魯寧娜（Iu. V. Drunina，1924-1991），因無法融入新的社會結構，最後以自殺的悲劇收場。

　　對於解體後獲得所謂的「自由」，個人皆有各自的評價和理解，不同的作家或評論家團體間的認知依舊不同，有的人聯想到法國巴黎的左岸、倫敦海德公園的悠閒、阿姆斯特丹的紅燈區，另外一批人則使勁嘲諷挖苦舊蘇聯和一切崇高

的事物。有些人渴望再多些自由，不受拘束；另些人則認為，適度的自由才能產出經典的作品。務實的作家認為要學會在這個新的國家制度下生存，而不是被自由拖垮，除了創新、化理念為文字，也須了解讀者及市場的定位，適度調整文體方向，迎合大眾胃口，同時不丟失創作的熱情和水準。不受限制的創作環境像是雙面刃，每個人都是作家，主題廣泛豐富，出版形式也多樣。然而，只求賣點、跟隨話題的作品，少了深度，反思的力道銳減，對創作者或是閱眾都無益處。

剪影：2015年，俄羅斯／莫斯科生活的一景

　　要想知道一個國家某個時期的社會樣態，從國民、居民的日常生活便能窺知一二。2015年的夏末，觀察莫斯科城裡的幾處公共空間，發現一些值得深思，但目前尚待解決的社會問題。莫斯科做為俄羅斯聯邦的首都，自蘇聯解體以來，已經跌宕起伏了幾十個年頭。前十年的莫斯科，樣貌儘管老式陳舊，卻依然精神抖擻，充滿生機。緊接而來的榮景，出現了一批追逐名牌精品、昂貴房車的消費人口，幾乎每個人都經歷一場看似失控的資本主義洗禮。2015年的春、夏之際，莫斯科城像是換上了美麗的夏裝，隨處可見自行車租借站，地鐵站也能免費使用無線網路，市民在高爾基公園自由學舞、跳探戈，機場捷運正式啟用，Uber私人叫車服務也日益便捷，這些生活上的轉變，都讓民眾多了些走出戶外的理由，不再耗著時間等人安排去處。

　　當莫斯科的日常生活越來越像個優雅的歐洲城市，它的政治環境卻走向另一個極端。7月，俄羅斯國家調查委員會（Investigative Committee of the Russian Federation）[6]才建議將國際人權保障的原則自憲法中移除，而遠在烏拉山脈以東的斯維爾德洛夫斯克地區（Sverdlovskaia Oblast'），地方政府也於近日要求各級

---

[6] 該委員會之俄文名稱為Следственный комитет Российской Федерации。

學校停止使用那些英國史學家編撰的教科書，原因是其中對於俄羅斯士兵的紀錄
多有偏頗，且描寫不夠詳盡正確。此外，兩家由美國資金贊助的慈善機構宣布撤
離俄羅斯，原因是本地不友善的環境使人卻步。對一位旁觀者而言，上述這些不
相稱的政經態勢，讓人眼花撩亂，看不透究竟哪一種樣貌才是真正的俄國，是被
外國企業公司爭相詬病的那個國家？還是背著刺青在街頭玩滑板的青年人所生活
的國家？是否可能，讓兩種景況同時存在？

　　莫斯科已從沉睡中甦醒，變得更美、更有自信，悠閒地展示它的萬種風
情。在烏里昂餐廳（Uilliam's）的餉午時光，甘甜的鴨肉入餡包成餃子，佐橙汁
上桌，用餐者像貴族般倚在窗邊的抱枕椅上，愜意地喝著紅酒，看著街道人潮
熙來攘往。自從普欽2000年執政以來，不只是富人，一般大眾也受惠不少。平
均薪資翻了三倍，窮人變少了，讓人感覺與剛解體後的幾年大不相同。人民感覺
生活變得舒適、交通便利、收入增加，城市裡的花草爭妍，連舊的建築似也煥然
一新。在大劇院（Bol'shoi Teatr）的後臺，芭蕾舞劇首演謝幕後，興高采烈的舞
者們交談著俄國上流社會的人事。剛上檔的劇目是一齣結合古典和現代的芭蕾舞
劇——當代英雄（A Hero of Our Time）[7]，一齣從未被改編成芭蕾舞劇的十九世
紀小說。舞劇終了，觀眾無不報以熱烈的掌聲，並向來自聖彼得堡的年輕指揮家
德慕茨基（I. A. Demutskii，1983-）致意，也不吝給予讚賞。這幕文藝盛況的另
一個社會面向，也讓人不得不留意正視。某一個週日早晨，俄羅斯東正教牧首基
里爾（Patriarch Kirill of Moscow and all Rus'，1946-）為甫於市中心重建完工的
聖弗拉基米爾教堂（St. Vladimir's Church, Moscow）祈福；隔天，總統普欽也來
此參加一個不公開的私人拜會。牧首的佈道辭提及了烏克蘭當前的局勢，針對外
界對俄羅斯軍隊在烏克蘭境內的活動，基里爾表態支持。還有一位前外科醫生，
但現職為摩托車愛好者的札多斯坦諾夫（A. S. Zaldostanov，1963-），也展露他
無比的愛國意志。他的車隊「夜狼」（Night Wolves），針對2014年俄羅斯與烏

---

[7] 詳見大劇院的官網http://www.bolshoi.ru/en/about/press/articles/2015/3392/。

克蘭之間的對峙，也搬演了一齣諷刺秀，劇中描寫烏克蘭國家主義者就像納粹一般，手持火炬的身形，隱喻著背後操弄這一切亂象的就是美國。對札多斯坦諾夫而言，這不僅僅是一場表演，而是一場必須捍衛祖國聲譽的戰爭。

至於在知識分子的圈子裡，瀰漫著令人沮喪的低氣壓。最近，報紙評論對於莫斯科大學新聞系在課堂闡揚自由意識的這項舉動大加撻伐；聖彼得堡大學則有若干教授被指控思想前衛自由，而遭去職。不論在哪個領域，有人被迫離開，有人自願出走。週五的早晨，市區工人忙著為自行車駐車架上漆，好安置在人行道上。一位接受紐約時報記者訪問的路人伊陵（Ivan Ilin）談到，他現年三十三歲，來自南俄，從事人力資源相關的職業。他每年赴歐洲旅遊兩次，足跡遍布義大利、拉脫維亞、立陶宛和里斯本，他不喜歡俄國當前背腹受敵的景況，也批評媒體的報導不夠客觀公正。儘管如此，他卻無力改變現狀，也沒打算離開俄國。

當下的俄國社會，令有志者感嘆的是，經過二十年與各種媒體和自由的口號交手後，俄羅斯依舊沒有學會為自己設想，並認真思考自己究竟想要的是什麼。

第六節　公民社會

　　普欽主政時期，俄羅斯的政治菁英緊抓著公民社會的概念，希望將之與現代化和國家再造的任務充分結合，以達到改造舊社會的目標。為了促進俄國境內公民社會的發展，九十年代例如Ford Foundation、IREX、the MacArthur Foundation和George Soros's Open Society Institute等國際機構都來到俄羅斯扎根。然而，這些由境外資金贊助的公民團體，入境後卻因其目標和執行方式不符公理，或只針對菁英的需求，著重表面的制度改革，因而沒落或遭到禁制。普欽所意欲建立的公民社會，是一種個人與國家之間密不可分的關係，並將公民社會的視野上升到國家主權的高度。

　　在眾多公民團體中，特別值得一提的是青年團體的組織和成立，普欽借鏡非政府組織的模式，將重心放在成立心向國家、支持政府的青年團體，其中以「我們的」（Nashi）這一支最有爭議性，也最具話題性。「我們的」這支青年軍，由俄羅斯政府資助成立，它保有部分蘇聯時期「蘇聯共產主義青年團」（the Komsomol）的傳統，同時也反映了普欽主政新的權力模式。「我們的」被形容是「普欽的世代」，組織的意識形態具國家（同時也是普欽總統本人）政策的方向，團體裡的成員被視為仇外的愛國青年，對於世界公民的概念模稜兩可，被學者Charlie Gillis形容是「暗黑總統」（Black PR）的受害者，遭到政治利益團體的設計，走上錯誤理解公民社會的道路。[8]至於普欽所意欲倡導的公民社會，則被形容是「廉價民主」（debasement of Democracy）的產物。普欽政府在處理公民社會的概念上，傾向批評國際勢力對俄羅斯境內公民組織的干預，類似像「我們的」這樣的青年軍，被視為反對這波全球性民主化的運動中，另一波俄羅斯境內的反動力。

　　然而部分學者認為，將這群青年軍的行事風格完全歸咎於政治主導的樣板

---

[8]　參見Charlie Gillis, "Putin the Terrible," Maclean's 120, no. 34 (September 2007), pp. 32-36.

戲也過於偏狹。「我們的」這個青年公民團體，究其立意，可洞悉他們所設想的目標和理念；觀其規模，也可察覺他們是以蘇聯解體後初期，由國際間各種資金支持的民間團體為榜樣，並受其宣揚的口號、想法和執行力所影響，採納後而創建的境內公民組織，但卻不是原先始作俑者所能掌握的發展結果。「我們的」成員各自都有對社會現狀的期許和行動，正當年華（約二十歲出頭）的學生青年，懷著一股熱情，為弱勢團體的生活起居和環境爭取權益。每當話題涉及到這群青年軍所關注的社會議題，他們無不興奮地闡述自己的計畫與實踐，並希望自己的作為不只能改善受援者的生活條件，也能改變社會大眾對於這群類別人的關注。[9]

　　無論如何，「我們的」這種由政府支持的公民團體，不似西方的公民社會（civil society），自發地產生無私、圍繞著公眾事務，且非營利的集體行動；儘管其組織方針恰巧與普欽的政策契合，對於官僚體系的腐敗與怠惰備感失望，「我們的」還是難免落入政治打手的印象。就當前的社會局勢觀之，年輕的一代普遍對於旁人、他事漠不關心，而「我們的」青年公民團體剛好對映出這種消極的情緒，倘若能與政府有志一同，積極體現參與和改變社會的行動力，力求根除陋習，全民才能從中獲利。公民團體做為實踐社會改造的行動場域，身為其中的一分子，透過協調、溝通、組織和行為的模式，參與者不只在團體中受重視，也進一步推動未來更加艱辛的社會行動。

---

[9] 參見Julie Hemment, "*Nashi, Youth Voluntarism, and Potemkin NGOs: Making Sense of Civil Society in Post-Soviet Russia*", Slavic Review, Vol. 71, No. 2 (Summer 2012), pp. 234-260.

第七節　婦女地位與就業問題

從人權問題的角度來看婦女地位，至今依舊難解。儘管聯合國《世界人權宣言》（Universal Declaration of Human Rights，1948）已將婦女保障納入闡釋，但這種國際級的規範如何被落實到不同的國家與社會中，並實際在婦女身上產生效用，至今仍有疑義。蘇聯解體後的婦女地位，儘管阻礙依舊不少，但社會和政經改革的蓬勃氛圍，提供了重新審視並宣揚婦女權益的機會。

在俄羅斯，婦女意識到自己的社經地位「不因性別弱勢而有差異」的敏銳度稍有不足。因此，蘇聯解體後九十年代初，許多在人權宣言裡維護的基本權利，漸次轉介進入俄羅斯，許多條目也被特別取之適用在婦女身上，並在「士兵母親委員會」（the Committee of Soldiers' Mothers）[10]的訴求下，將相關的宣言明文規定在國內法中，以生效力。其中，特別值得一提的是，催生拒絕婦女家暴的意識提升，但成效仍因諸多原因導致窒礙難行，例如法令難以廣泛施行、婦女的角色和地位在普遍認知上的差距及模糊不清，當婦女的權益遭受侵害時，只能船過水無痕，無法達到遏止劣行的效果。

蘇聯時期，許多職業例如圖書館員、教師、醫生等具有專業背景的工作，因為享有社經地位的保障，男性勝任的比例較高。解體後，這些職業的相關保障無法延續，因此釋出的職缺就被女性所取代，領域擴及媒體工業、私人交易、零售、自營和家教等。然而，這些勞動生產卻未被採計，也無正式合約規範，因此發生在性別、年齡上的歧視情況屢見不鮮。主流民意對於婦女的角色和地位，雖然偶有改觀，不再是「應該如何」，而是「可以選擇」，但主觀上對婦女的天職，還是認為應當以家庭為主。根據研究，新俄羅斯的婦女們，既未大量回歸家庭，也未放棄給薪的工作機會。這項性別角色看似「反傳統」的轉變，其實不見得是推翻原本傳統的觀點，學者L. Adkins就認為這種轉變只是一種性別位置

---

[10] 該委員會的俄文名稱為Комитет солдатских матерей России，官網http://ksmrus.ru/。

（ordering）上的重整[11]，而婦女只是學會如何適當採取一些性別意識觀念的取捨，將其導向有利於女性重新回歸社會地位的輿論，卻不讓性別成為造成早先這類不平等的主要原因。

　　新俄羅斯的婦女爭取的既非蘇聯時期強調的「男女平等」，也非西方社會普遍標籤婦女的柔性角色；而是希望，不論女性自覺選擇哪一份展現能力或特質的職業，都能獲得起碼的尊重。在如今解體後已過二十年的俄羅斯社會中，女性仍試圖恢復她們應得的平等地位，同時爭取她們被承諾能擁有的就業機會和經濟自主。身處於現下的社會，個人能力無時不刻都被日新月異的社會變遷與價值觀所挑戰。女性的能力和權利不該只被規定在紙本的法令中，或被排除在國際人權的潮流之外。婦女的地位提升與否，也是一個國家社會是否進步成熟的指標之一。

圖7-1　國家百貨商場（GUM），位在莫斯科紅場東側，建於1890-1893年之間，是市內最大的百貨公司。

資料來源：作者提供

圖7-2　特維爾大街（Tverskaya Street）之景，車水馬龍的街道，被燈火點綴的莫斯科分外艷麗

資料來源：作者提供

[11] Lisa Adkins, "*Reflexivity: Freedom or Habit of Gender?*", Theory, Culture and Society, Vol. 20, No. 6, December 2003, pp. 21-42.

參考資料

英文

專書

Borenstein, Eliot, 2008. *Overkill: Sex and Violence in Contemporary Russian Popular Culture*. Ithaca: Cornell University Press.

Burawoy, Michael & Verdery, Katherine (ed.), 2000. *Uncertain Transition: Ethnographies of Change in the Post- Socialist World*. Lanham: Rowman & Littlefield Publishers.

Hemment, Julie, 2007. *Empowering Women in Russia: Activism, Aid, and NGOs*. Bloomington: Indiana University Press.

Laruelle, Marlène (ed.), 2009. *Russian Nationalism and the National Reassertion of Russia*. London; New York: Routledge.

Piirainen, Timo, 1997. *Towards a New Social Order in Russia: Transforming Structures and Everyday Life*. Aldershot, England; Brookfield, Vt.: Dartmouth.

Salmenniemi, Suvi, 2011. *Democratization and Gender in Contemporary Russia*. London: Routledge.

Wilson, Andrew, 2005. *Virtual Politics: Faking Democracy in the Post-Soviet World*. New Haven; London: Yale University Press.

第八章　媒體現況與發展

邱瑞惠

前言

　　蘇聯時期傳播媒體皆由黨國嚴密控制，蘇聯解體後，俄羅斯媒體初期雖擺脫了國家控制，但卻一度激烈地朝著西方商業模式全面轉型，結果變成各方金融寡頭盤據的局面，這些寡頭控制國家言論，同時又瓜分政治和經濟利益；在經過十幾年的動盪後，21世紀隨著普欽（Владимир Путин）三度上任總統，媒體又重新回到國家的管理之下。

第一節　電視發展概況與介紹

　　蘇聯時期所有的廣播電視都歸蘇聯國家電視廣播委員會（Гостелерадио）管理，1984年蘇聯共有電視發射中心126座、電視機8,500萬臺，電視的覆蓋率達到全蘇聯居民的93%。當時的電視，觀眾幾乎沒有選擇，電視內容主要分為「社會政治類」（新聞宣傳）和「文化教育類」（舞臺劇和芭蕾劇轉播等）兩種類型，主要的新聞節目是「時間」（Время），90%的電視節目是國產，很少有西方電影能通過審查，也沒有廣告；電視和廣播內容相當雷同，以致於被戲稱為帶圖畫的廣播。80年代中期電視臺完全由政府預算中撥款，以黨國壟斷方式運作，並以各種政治措施來操縱媒體。

　　蘇聯時代有三個全國性的電視臺：「國家電視一臺」、「國家電視二臺」和「列寧格勒電視臺」，1939年莫斯科和列寧格勒兩市就開始正式播放節目，80年代中期蘇聯正式開辦衛星直播電視，以解決偏遠地區收看的問題。1985年5月，電視一臺轉播戈巴契夫（Михаил Горбачёв）在列寧格勒和改革派人士的談話，雖非直播，但戈巴契夫身為總書記卻情感激昂的表現，和過去共黨高層照本宣科、死硬刻板的官方說話截然不同；之後公開性也呈現在許多時事談話性的節目當中，1986年電視一臺還開辦了「電視橋」（Мост）節目，將蘇聯與美英德日等國民眾邀請至直播的現場中，針對歷史、文化等問題進行討論，這是首次蘇聯人民從媒體中得知他們和西方人民之間的巨大差距，同時也發現西方生活中美好進步的一面。另外電視新開闢的政治經濟談話性節目也深受蘇聯民眾的喜愛，可以說電視造成了20世紀80年代末蘇聯人民的全面政治化。

　　90年代，葉爾欽（Борис Ельцин）執政時，幾個靠著國有資產私有化受益的金融寡頭，深知電視編輯政策所帶來的巨大商機，尤其是在選舉時期，可為他們帶來極大的政治和經濟利益，能夠繼續瓜分國家資源。因此在各大寡頭之間發生了激烈競爭，這也為電視開闢了一個空間，能夠在政治議題的自由討論上蓬勃發展。

　　不過自1999年至2001年，俄羅斯政府開始鎮壓古辛斯基（Владимир Гусинский）的橋媒體集團（Медиа-Мост）。2001年，國營俄羅斯天然氣工業公司（Открытое Акционерное Общество «Газпром»）的分支俄羅斯天然氣媒體集團（Газпром-Медиа），接管古辛斯基橋媒體集團旗下電視臺「NTV」（НТВ）和其他大部分的資產。從形式上看是一個純粹的商業決定：NTV不能償還積欠俄羅斯天然氣工業公司的債務。但大多數觀察家認為，這次惡意收購中，政治才是最主要的因素，克里姆林宮試圖收購古辛斯基最寶貴的媒體資產，好讓他繳械。葉爾欽時代的寡頭集團漸漸受到俄國政府施壓，兩大寡頭古辛斯基和別列佐夫斯基（Борис Абрамович Березовский）隨後流亡海外，電視臺在政治議題的角度上，逐漸朝向和政府合作和順服的立場。

　　接著普欽在2002年8月簽署總統令，創立「國家獨資企業全俄羅斯廣播電視公司」（Всероссийская государственная телевизионная и радиовещательная компания，ВГТРК），將電視媒體中主要的頻道置於國家管理之下，自此對國家電子媒體的控制顯著增加。兩個主要的電視頻道，「第一頻道」（Первый канал）和「俄羅斯電視臺」（РТР），如同在20世紀90年代時期，仍維持國營，但在90年代克里姆林宮對國營電子媒體卻是採自由放任的態度，和2002年後大不相同。

　　然而目前的情況和蘇聯時期的全面審查仍有某種程度差別。在政治評論節目當中，來賓的不同觀點是被允許的，一些反對派政治家或觀察者仍然有得到部分播出的機會。這種自由的程度直接或間接由政府的行政和法律手段控制，聯邦頻道資訊的內容尤其受到嚴密管理。當克里姆林宮覺得有必要時，它擁有龐大的資源來規範言論，像是在杜馬選舉前，親政府的統一俄羅斯黨在媒體上獲得壓倒性支持，或是與烏克蘭間的衝突事件上，電視臺對俄羅斯外交政策的分析總是偏向政府。雖然當局容忍某些自由獨立的聲音，但這些言論在社會上幾乎沒有太大影響力。

　　和其他媒體相較，電視一直是普欽政府認為最具有影響力的媒體。根據社會輿論基金會（Фонд «Общественное мнение»，ФОМ）2014年5月分的調查，

俄羅斯人口中74%幾乎每天看電視，對於絕大多數俄羅斯人，尤其是在莫斯科等大城市，它仍然是新聞和政治資訊的主要來源。各類型節目發展蓬勃，特別是娛樂綜藝內容。電視臺投資甚多在昂貴的情境秀節目，專家認為電視已相當清楚劃分為兩種內容：「政府宣傳」和「娛樂性」，一方面電視充斥著羶色腥的娛樂性內容，另一方面則已淪為政治公關的工具。

電視節目內容發展兩極化的結果，造成一些知識分子傾向於以嘲諷和蔑視的態度面對電視，並已轉向在網路上取得新聞資訊和自由討論的空間。但大多數俄羅斯人在網路普及後，使用媒體的習慣並沒有太大改變。根據列瓦達中心（Левада центр）2014年的調查顯示，高達九成的俄羅斯人習慣由電視得知國內外新聞，首都莫斯科比例甚至高達93%，相較於過去的調查出入並不大，2009年只少了4%[1]。在社會輿論基金會的調查中，俄羅斯民眾對國營電視臺的信任度遠超過私營電視臺，從2014年的62%對16%，到2015年的70%對11%。另根據2015年4月調查也顯示，在民眾心目中，相對客觀的媒體總排名中，前三名都是電視，依序是第一頻道（Первый）、俄羅斯1頻道（Россия 1）、NTV。[2]以下介紹幾個著名的電視頻道：

1. 第一頻道

第一頻道是俄羅斯最受歡迎的電視頻道，境內覆蓋率將近100%。從蘇聯時代頻道就存在，並在1995年以英國廣播公司的模式，被改建成「公共俄羅斯電視」（《Общественное Российское Телевидение》，OPT），然而嚴格說來第一頻道從未是一個公營廣播機構，在20世紀90年代後半，別列佐夫斯基持有大部分股份。2001年，別列佐夫斯基賣掉了他的股份，目前政府有51%的股份。2002年

---

[1] "Интернет не смог заменить россиянам ТВ в качестве источника информации,"*Levada-center, Yuri Levada Analytical Center*, 18 июня, 2014, <http://www.levada.ru/18-06-2014/internet-ne-smog-zamenit-rossiyanam-tv-v-kachestve-istochnika-informatsii>.

[2] "Доверие российским СМИ -- Объективны ли СМИ в освещении событий? И стоит ли им быть более критичными к властям？" *Фонд Общественное Мнение*, 30 Апреля, 2015, <http://fom.ru/SMI-i-internet/12140>.

頻道恢復其歷史名稱，目前第一頻道的政治立場是親克里姆林宮。電視臺執行長康斯坦丁・恩斯特（Константин Эрнст，一個過去頗受歡迎的電視記者和製片人）每週和克里姆林宮官員會面，針對電視臺編輯政策進行討論。

2.俄羅斯1頻道（Россия 1）

第二大電視頻道，1991年於蘇聯第二頻道的基礎上所創立。它是國營全俄國家電視廣播公司旗下數家電視和廣播電臺之一。俄羅斯1頻道，在規模和收視人口是第二大頻道，緊追第一頻道之後，兩個頻道之間在政治和娛樂內容也因其類似性而成為競爭對手。全俄國家電視廣播公司總裁是奧列格・杜伯羅傑夫（Олег Добродеев），俄羅斯相當知名的媒體人和原NTV電視臺的創始人。

3. NTV（HTB）

曾是古辛斯基媒體帝國中最重要的組成部分，現在是由俄羅斯天然氣工業股份公司分公司的媒體集團——俄羅斯天然氣媒體集團所擁有。NTV曾經在政經時事評論上是最多元有趣的電視頻道，但目前的政治方向比它的國有競爭對手或許還更保守，也同樣努力發展娛樂內容，對於醜聞、羶色腥和犯罪新聞比重增加不少。

4. STS（Сеть Телевизионных Станций，CTC）

STS頻道設立的定位（在俄羅斯收視人口位居第四）是「娛樂至上」，它是由幾個私人投資者持有，其中包括瑞典現代集團（Modern Times Group）和俄羅斯阿爾法銀行（Альфа-банк）。STS抱持著遠離政治的態度，這一戰略頗為奏效，收看頻道人數一直在快速增長。

5. TNT（THT）

俄羅斯天然氣媒體集團旗下還擁有TNT頻道，在俄羅斯為第五大頻道，主要播放喜劇和真人情境秀，節目內容由於過於羶色腥，常引起社會人士批判。

6. Ren TV（PEH TB）

由伊雷娜・列斯涅夫斯卡雅（Ирена Лесневская）和她的兒子德米特里・列

斯涅夫斯基（Дмитрий Лесневский）於20世紀90年代中期所創立。2011年底，由俄羅斯銀行商人尤里・科瓦利丘克（Юрий Ковальчук）為首控股的國家媒體集團（Национальная Медиа Группа），增加自己在РЕН ТВ的持股將近100%，據說科瓦利丘克的鄉間別墅和普欽鄰近，和普欽友好。RenTV也許是為數不多的俄羅斯頻道之中，盡量在新聞報導上保持獨立角度的電視臺之一。

7. 第五頻道（Пятый канал）

國家媒體集團除了Ren TV外，也是第五頻道的最大股東（72.4%），另一持有者為聖彼得堡市政府（27.6%）。原本在聖彼得堡播放，2007年普欽簽署法令，使第五頻道得以在俄羅斯全境播出。在政治立場上，它和國有頻道並無二致，特色是節目中紀錄片比例相當高。這個頻道仍在發展當中，它的影響力在聖彼得堡以外地區並不高。

8. ТВ3（TV3）

娛樂頻道，節目內容以連續劇，藝術片和紀錄片為主。為ProfMedia（ПрофМедиа）公司旗下頻道。

9. RBC（Российский бизнес-телеканал，РБК）

是RosBusiness顧問公司（РосБизнесКонсалтинг）的分支，並集中在商業財經新聞的播出。其每周的觀眾約占俄羅斯城市人口的4%，白領階級、管理領導階層，以及富裕人士為主要收視族群。

10. 今日俄羅斯頻道（Russia Today）

今日俄羅斯頻道成立於2005年，是一個以俄羅斯的角度對發生在俄羅斯和世界各地事件報導的官方英語頻道，是俄羅斯代表性的英語國際新聞頻道，也是第一家完全數位化的俄羅斯電視頻道。頻道僱用了許多以英語為母語的記者，其中有一些是前英國BBC和Sky電視臺的員工；目標是以中立的方式報導，主要針對俄羅斯境外受眾，在俄羅斯國內它僅於有線電視網播放。

第二節　報紙和雜誌發展概況與介紹

　　蘇聯時期的出版刊物是由政府和共黨進行雙重管理，而國家組織的設置則與這種政黨制度相呼應，也就是黨中央設有各種專責管理機構來處理黨務，在政府部門則設專門機構負責具體事務。1917年，蘇共和政府中央各自成立了出版局，不過在針對工作人員的培養和職務調配方面，進行監督的是蘇共。

　　蘇聯建國之初，雖允許私人創辦出版社，但卻實行嚴密監控。1921年國家出版局在關於私人出版社的法規中提到：「出版社的成立必須報請國家出版局批准，每一種書稿必須先經過國家出版局、地方分局、各省相關主管部門審查批准，未經批准的書刊即予以沒收，對出版者處以一定的刑責。」

　　出版前審查是蘇聯管理書刊的主要制度，一直延用到1990年制定新聞出版法為止。1985年蘇聯出版圖書8.4萬種，印刷21.5億冊；到20世紀80年代中期，前蘇聯出版圖書品種占世界圖書總數的十分之一，印數占世界總數的七分之一，已發展為世界出版大國。

　　1985年底，戈巴契夫開始提倡「公開性」，他在蘇共二十七大指出，大眾傳播媒體應該將更多黨和政府的問題告訴人民，才能讓人民參與政府的管理。他於是對媒體進行改革，任命改革派的雅可夫列夫（Александр Яковлев）為蘇聯中央宣傳部部長，同時將真理報（Правда）等許多報紙的主編撤換為民主派人士，報章除了毫無顧忌地報導蘇聯社會的現實狀況，同時也大加撻伐和揭露歷史上共產黨的黑暗面。

　　1990年6月12日，戈巴契夫簽署蘇聯第一部「新聞法」，全名為「蘇聯出版及其他大眾傳播媒體法」（Закон СССР,《О печати и других средствах массовойинформации》），於1990年6月8日經由蘇聯最高蘇維埃通過，並在當年8月1日生效，「新聞法」中取消出版前檢查制度，規定新聞自由，言論不受檢查。蘇維埃和其他國家機構、政黨、社會組織、群眾運動、創作協會、合作社、宗教團體和其他團體、年滿18歲的蘇聯公民都有創辦媒體的權利。媒體因此不再

是黨的宣傳工具，只要是年滿18歲的蘇聯公民都能創辦報紙，把對創辦者的資格審查制度改為登記制，並規定發行份數在1,000份以下者不用註冊登記。蘇聯由上至下的中央集權管理模式自此崩解。

俄羅斯平面刊物自改革開放後，發展相當迅速。1991年實施「俄羅斯聯邦私有化法」，國營企業開始走向私有化。俄國政府在葉爾欽執政初期取消了對媒體領域的意識形態和經濟上的控制，蘇聯時期報紙意識形態的金字塔管理頂端為真理報，底層則為區域性的報紙，這種印刷媒體垂直集中化的管理方式在解體後也不復存在。

解體後，沿襲了七十多年的黨機關報已全數成為獨立的私營報紙；「莫斯科新聞報」（*Московские новости*）和「論證與事實報」（*Аргументы и Факты*）分別宣布脫離蘇聯新聞社（Советское информационное бюро）和知識協會（Всесоюзное общество《Знание》），蘇聯作家協會（Союз писателей СССР）出版的「文學報」（*Литературная газета*）、蘇聯全蘇工會中央理事會（Всесоюзный центральный совет профессиональных союзов）出版的「勞動報」（*Труд*）、蘇共莫斯科市委（Московский городской комитет）出版的「莫斯科真理報」（*Московская правда*）等都刪去了報頭上「機關報」字樣，正式獨立。1990-1992年俄羅斯傳播學者將其稱為新聞界的黃金時期，大量私人報刊在這個時期發行，言論的自由因此得以發展。在葉爾欽執政時期形成的「金融寡頭集團」，控制了俄羅斯的主要能源（天然氣和石油）、銀行，同時也經由股份化和私有化途徑控制媒體，因此形成了由寡頭集團所管控的俄羅斯媒體帝國。和電視發展情形一樣，90年代中期以後，平面媒體被金融寡頭集團勢力瓜分為幾大媒體帝國版圖。

在20世紀90年代，媒體所有權被視為一種施加政治壓力的手段。不過目前在克里姆林宮的控管下，這種模式已經很難再有運作機會。小報（tabloid newspaper）和大眾化雜誌發展迅速，大報和小報之間已經出現明確閱聽族群的

區分。[3]獨立大報讀者主要分布在大城市且數量有限；小報一般在政治屬性上比較支持克里姆林宮，也擁有更大的發行量。另外大型媒體集團除持有電視臺之外，同時也擁有若干出版物。以下就各家主要報刊作介紹。

一、著名報紙

（一）大眾化的小報

1. 論證與事實報（*Аргументы и факты*）

　　每周發行，是相當受歡迎的俄羅斯大眾化報紙。論證與事實出版社成立於蘇聯時期，報紙在改革開放時期就走紅，並在20世紀80年代末達到30多萬的發行量。2008年是由「工業聯合資本」集團（Промсвязьбанк）所有——旗下還有「勞動報日報」，2014年3月報紙被莫斯科政府買下。在蓋洛普（TNS Gallup）調查中，它和共青團真理報常競逐讀者量第一和第二的排名。

2. 共青團真理報（*Комсомольская правда*）

　　是在蘇聯時期的官方共青團報紙。在20世紀90年代，報紙保留了其品牌，但改變了定位，趨向於小報風格，對於當局抱持友好態度。它是由ECH集團（所有者格雷戈里·別略茲金Григорий Берёзкин）擁有，旗下還有「蘇聯運動報」（*Советский спорт*）、「快速報」（*Экспресс-газета*）。

3. 莫斯科共青團報（*Московский комсомолец*）

　　定位較嚴肅，位於小報和大報之間。所有權結構未向外界透露，但顯然報

---

[3] 本文中的小報和大報之區別，乃採用歐美國家在對於報刊版面大小及內容的一種分類方式。本文中主要是以新聞類型和風格將俄羅斯報刊作「大」、「小」之區分。俄國小報在報導類型上偏重奇聞軼事、八卦、犯罪、名人醜聞等軟性新聞，大報則較多政治經濟等公共事務的新聞。小報寫作風格好以誇大及渲染方式，特色是大量圖片，文字篇幅較小；大報則偏向於較深入且嚴肅的寫作方式，文字篇幅較大，以客觀和中立方式報導。也有人將其區分為「量報」與「質報」。

紙沒有外部投資者，由總編輯帕維爾・古謝夫（Павел Гусев）擁有部分股權，政治上常持反對政府立場。

4. 生活報（*Жизнь*）

是俄羅斯羶色腥新聞中最典型的小報。於2001年在莫斯科由亞蘭・加布里埃利安（Арам Габрелянов）創辦，生活報出版商新聞媒體（News Media）的控制股權由加布里埃利安所有，於2006年出售50%減一股之股份予UFG私募股權基金。新聞媒體集團旗下還持有「消息報」（*Известия*）、每日出刊的小報「你的一天」（*Твой день*）、網路小報「LifeNews」、網路財經報「標示」（*Маркер*）等。

所有這些報紙都為私人所有並在形式上獨立於克里姆林宮。然而，在政治立場上，大部分是親近政府的。這種情勢的形成和蘇維埃制度中直接的審查和控制還是有些不同，目前，報業市場中常是以更多私下非正式的交易和談判來運作。

（二）嚴肅性的大報

俄羅斯報業市場的大報領域可由若干出版物代表：

1. 商人報（*Коммерсантъ*）

於上世紀80年代末由弗拉基米爾・雅科夫列夫（Владимир Яковлев）所成立，商人報成為獨立自由的俄羅斯新聞業首例，報紙是將西方商業媒體作為發展模型，並開創了嶄新的俄語新聞形式，影響了新聞寫作風格、專業新聞的標準、和頁面排版原則。許多著名的俄羅斯記者在商人報開創了自己的職業生涯，它在商業、政治和文化菁英之間迅速成為極受歡迎的報紙。別列佐夫斯基於1999年買下商人報出版社，2006年，他賣給了自己的貿易夥伴巴德里齊什維利（Бадри Патаркацишвили），並於同年被商人烏斯馬諾夫（Алишер Усманов）買下，他也是兵工廠足球俱樂部（Arsenal Football Club）的主要股東。儘管人們擔心所有權的變化將影響到報紙的獨立性（烏斯馬諾夫被認為是克里姆林宮的支持者），

但這種情況並未發生。商人報所有者不干預編輯方針，和其他商人報出版社出版物一樣，保持相當的獨立和批判性，不公開地偏袒任何一方，並且大多數記者有獨立的政治觀點，在專欄文章中也能自由表達。雖然是作為最具影響力的嚴肅大報之一，商人報卻不具廣泛的發行量。事實上，很難在莫斯科或聖彼得堡等大城市以外能購買得到；這種情況的原因主要是商業而非政治因素。這份報紙對於一般俄羅斯讀者來說較為艱澀難懂，潛在受眾是少數人，因此若要在俄羅斯各區域大量配送將過於昂貴。

2. 公報（*Ведомости*）

在商業性大報的利基上，商人報主要競爭對手是公報，近幾年在發行量上公報已超越商人報，它是由薩諾瑪獨立媒體公司（Sanoma Independent Media）與金融時報（*Financial Times*）和華爾街日報（*the Wall Street Journal*）聯合於1999年發起。公報跟隨金融時報的做法，它的風格顯得更加簡潔，內容以商業新聞為主。除了公報以外，薩諾瑪獨立媒體（由芬蘭Sanoma集團所屬）還出版英語版本的「莫斯科時報」（*Moscow Times*）和「聖彼得堡時報」（*St. Petersburg Times*）；俄羅斯版本的「柯夢波丹」（*Cosmopolitan*）、「時尚先生」（*Esquire*）、「男士健康」（*Men's Health*）、「國家地理」（*National Geographic*）等雜誌。公報也常對俄羅斯當局有所批判。

3. RBC日報（*РБК*）

ＲＢＣ日報也是商業性報紙，於２００６年由俄羅斯商業諮詢（РосБизнесКонсалтин）公司推出，RBC日報的平面報紙在網路版本出現後才出版，是俄國歷史上第一個成功的案例。RBC原為蒐集商業訊息的顧問公司，後來轉變成旗下擁有24小時財經新聞頻道、財經報紙、財經雜誌等的集團，報紙讀者人數在開辦後便持續成長，在中產階級中有相當數量的讀者群。

4. 俄羅斯報（*Российская газета*）

報紙刊出內容主要是俄羅斯政府杜馬通過的法律、總統令和其他官方文件，是一份國營官方出版物。在過去幾年裡俄羅斯報一直試圖增強其影響力，並

發展成爲一個嚴肅大報。

5. 消息報（*Известия*）

　　是俄羅斯最古老的報紙之一，首次出版於1917年，目前所有者爲新聞媒體集團。傳統上定位就是嚴肅報紙，不過2005年隨著任命原「共青團眞理報」總編弗拉基米爾・馬蒙托夫（Владимир Мамонтов）爲總編輯後，消息報改變了它的風格，並開始更多關注娛樂和輕鬆生活化的消息。與俄羅斯報一樣，消息報仍然是最廣泛閱讀的大報之一，而兩報都親克里姆林宮，不過消息報的記者在寫作上更自由些。

6. 新報（*Новая газета*）

　　它以和普欽政府的對立立場，以及新聞調查報導著名，尤其是在車臣的一系列調查報導更是眾所周知。它的幾名記者，包括安娜・波利特科夫斯卡婭（Анна Политковская）等被謀殺，被認爲是與他們的專業新聞活動有關。報紙的股份51%由記者編輯群所共有，而49%屬於商人亞歷山大・列別捷夫（Александр Лебедев）和前蘇聯總統戈巴契夫（Михаил Горбачёв）所持有。

7. 獨立報（*Независимая газета*）

　　如同它的名稱一樣，在成立之初是一份相當有影響力且保持獨立的知識分子刊物。現在，它已經失去了這份光環。在政治上，報紙捍衛自由保守主義的價值，目前由一個自由派商人康斯坦丁・廉楚科夫（Константин Ремчуков）所有。

二、著名雜誌

　　雜誌和報紙一樣，也可以區分爲大衆化的雜誌以及專業性（政治、財經等類）的雜誌。大衆化的雜誌是以娛樂價值高的輕鬆軟性內容爲主，發行量大，專業性雜誌在發行量上遠不如大衆化雜誌，不過也擁有一群固定的讀者群；但是近

幾年來，受到大眾閱讀習慣的改變，所有平面刊物（包括報紙），發行量都大幅減少；2014年1月，由於財源困窘，政治評論周刊「總結」（*Итоги*）停刊，雖然它的一次性發行量超過10萬人次。接著德國布爾達媒體集團（ИД «Бурда»）出版的一些廉價暢銷女性雜誌——*Lisa Girl*（*Лиза Girl*）、*Mini*、*Dasha*（*Даша*）也同樣停刊。

另外還有很多因素造成雜誌發行量減少，像是和其他西方國家比較起來，人民消費能力不高，通常他國訂閱比零售價格便宜，但俄國卻是零售價普遍較便宜，這和俄羅斯郵政壟斷市場，單一制定價格有關；另外俄國國內紙張供應不足，雜誌使用的白堊紙和硬紙板70%是由國外進口，再加上15%的關稅，成本高昂使得雜誌很難收支平衡。

對於一些過去曾相當受歡迎的專業性雜誌來說，2015年是非常艱辛的一年。例如「專家」（*Эксперт*）和「俄羅斯記者」（*Русский репортёр*），由於經費不足雜誌瀕臨停刊，俄羅斯記者過去是一週出刊一次，今年改為兩週出刊一次。以下介紹各家雜誌。

（一）大眾化的雜誌

1. *Antenna-Telesem*（*Антенна-Телесемь*）

是最受歡迎的大眾化雜誌。雜誌內容偏向輕鬆軟性，包含明星日常生活報導、填字遊戲和拼圖、家庭事務和電視節目的建議等。據俄羅斯發行量稽核局估計，2014年雜誌單一發行讀者人數為279萬6千人。發行地區涵蓋了俄羅斯的72個城市，以及獨聯體和波羅的海國家的4個城市。出版商為InterMediaGroup（ИнтерМедиаГруп）。雜誌設定的目標受眾是女性，但實際上是全家人閱讀的刊物。在莫斯科和俄羅斯一些城市雜誌稱為「*Antenna*」，而在某些區域名稱為「*Telesem*」。

2. *Cosmopolitan Russia*（*Космополитан Россия*）

柯夢波丹是由獨立派媒體與薩諾瑪雜誌出版社於1994年發行，在俄國銷售

量僅次於*Antenna-Telesem*，和其他國家出版的月刊內容一樣，是一本女性雜誌，主題是關於如何維持美麗、流行趨勢、兩性關係、健康和減重等。

3. *Maxim*

是由美國Biglari Holdings集團在全球多國發行的暢銷男性雜誌。俄國*Maxim*在男性雜誌中銷售量最佳，其中常刊載知名女演員及模特兒等的性感照片，固定欄目包括新聞綜評、電影及音樂評論、軍事武器等。

（二）專業性的雜誌

1. RBC雜誌（*РБК*）

РБК公司雖是2006年才成立，但旗下各類型媒體至今發展都相當穩定。RBC雜誌在商業性雜誌中讀者人數名列前茅，尤其是在首都莫斯科，閱讀族群多半是白領階級，以及主管、經理等領導人物。雜誌路線及立場趨向中立。

2. 專家（*Эксперт*）

專家雜誌持比較保守的路線，它並不直接與克里姆林宮有關〔雖然它的總編輯瓦列理・法捷耶夫（Валерий Фадеев）是統一俄羅斯黨的成員〕，在雜誌中提供了自由派和保守主義作家不同意見的空間。公司成立於1995年，由一群商人報記者所創立，雜誌目前主要由商人奧列格・德里帕斯卡（Олег Дерипаска）持有。

3. 其他雜誌

其他受肯定且抱持中立政治路線的刊物有——專家雜誌記者群還出版了「俄羅斯記者」（*Русский репортёр*）雜誌；「人物」（*Профиль*），羅季奧諾夫出版社（Издательский дом Родионова）的一個分支；以及「星火雜誌」（*Огонёк*），2009年被商人報出版社收購。

第三節　其他媒體發展概況與介紹

一、廣播

　　廣播在俄羅斯仍然是一個重要的資訊來源，在各項調查中都顯示，民眾在各類媒體中，廣播的使用人數僅次於電視，排名第二。過去兩個主要的國家廣播電臺爲「俄羅斯之聲」（Радио России）和「燈塔」（Маяк），收聽人口中有相當比例是退休人士，這兩個電臺是國營全俄國家電視廣播公司旗下分支。不過2013年12月9日，俄羅斯總統普欽發布總統令廢除俄羅斯之聲（Голос России），並與俄新社（Российское агентство международной информации 《РИА Новости》）合併組建「今日俄羅斯國際新聞通訊社」（Федеральное государственное унитарное предприятие «Международное информационное агентство "Россия сегодня"»）。

　　大多數俄羅斯FM電臺廣播節目以播放音樂爲主，少有政治經濟評論類型的節目內容，「莫斯科回聲」（Эхо Москвы）是少數的其中之一。它是由莫斯科市人民代表協會（Московский городской совет народных депутатов）、俄羅斯廣播協會（Ассоциация «Радио»）、星火雜誌（Огонёк）、以及莫斯科大學新聞系（Факультет журналистики МГУ）的一群記者及專業人士於1990年所創辦，該年5月分，創辦者集會中構思電臺企劃時，就將電臺定位在資訊性、談話性的特色，並建立一個具有充分新聞自由、有別於過往蘇聯時期的宣傳和洗腦方式的電臺，在當時對蘇聯人民可說是完全新穎的路線；在電臺節目中，立場對立的政治人物可以公開表達自己的觀點，這在俄羅斯廣播媒體中相當少見，莫斯科回聲也會邀請政府官員和親克里姆林宮的專家，保持著客觀中立的態度。它曾經是古辛斯基的橋媒體集團的一部分，之後被俄羅斯天然氣工業媒體集團接管。然而，難能可貴的是，電臺的政治路線和獨立的立場沒有改變。

　　「自由歐洲之音／自由電臺」（Radio Free Europe／Радио свобода）也是以

新聞評論節目為主的電臺，是由美國國會出資建立的廣播電臺，和莫斯科回聲一樣類似的政治路線，但它的聽眾人數要少得多。

　　以播放音樂為主的電臺「Europe plus」相當受歡迎。它是俄羅斯第一家非國營的電臺，於1990年4月30日正式播音。電臺音樂主要播放歐洲流行音樂，收聽族群是針對18到35歲的聽眾，為「歐洲媒體集團」（Европейская медиагруппа，ЕМГ）旗下電臺之一。

　　Europe plus播放範圍非常廣，在7個國家包括俄羅斯、烏克蘭、摩爾達維亞、亞美尼亞、烏茲別克、哈薩克、吉爾吉亞境內的2,400個城市都能收聽，其電臺領導地位歷久不衰，與其音樂緊貼流行趨勢、主持人知名度和個人風格顯著、行銷活動頗具吸引人的創意有相當關係。

二、通訊社

　　在俄羅斯境內大約有400家通訊社。其中三家較大的通訊社為「伊塔－塔斯社」（Информационное телеграфное агентство России，簡稱ИТАР-ТАСС）、「今日俄羅斯通訊社」和「國際文傳電訊社」（Интерфакс）。

　　伊塔－塔斯社是俄羅斯聯邦的國營新聞機構，它是俄羅斯最大的新聞機構，同時與路透社、美聯社和法新社並列為世界最大的四個通訊社之一。它創始於1904年，過去在整個蘇聯時期，是以「塔斯社」為名，1992年被改造成俄羅斯的通訊社，目前以六種語言在世界各地進行新聞傳送，該機構在俄羅斯國內外僱用500多名記者。每天，伊塔－塔斯社提供350至650則新聞，同時在俄羅斯它的照片存檔也最大量。

　　今日俄羅斯通訊社是新成立的通訊社，俄羅斯總統普欽於2013年，其第三任任期，下令撤銷俄國國營通訊社「俄新社」和廣播電臺「俄羅斯之聲」，兩家機構重組成立「今日俄羅斯」國際新聞通訊社，普欽並任命俄羅斯著名媒體人德米特里・基謝廖夫（Дмитрий Киселёв）擔任今日俄羅斯通訊社總裁。基謝廖夫

以親普欽及反同性戀立場知名，上世紀90年代初曾在多家俄羅斯主要電視臺工作，自2003年開始在「俄羅斯電視臺」（PTP）工作，2008年至2012年擔任俄羅斯國家電視廣播公司副總裁。普欽撤銷俄國國營通訊社俄新社的舉動，被解讀為不滿俄新社的自由主義立場，並意圖加強管控媒體，擴大克里姆林宮在國際輿論走向的影響力。

「國際文傳電訊社」（Интерфакс）：是於1989年在俄羅斯莫斯科成立的第一個非官方的通訊社，成立宗旨是打破當時官方控制的塔斯社對新聞的封鎖。國際文傳電訊社為私人投資者所有，在倫敦、紐約、北京、上海等城市設有分社，聘僱逾千名編輯和記者。2005年國際文傳電訊社中國分社推出了中國大陸新聞的英語網站。

三、網路

俄羅斯新聞出版與傳媒署（Федеральное агенство по печати и массовым коммуникациям）的2015年年鑑中指出，在過去十年中，網路已經成為俄羅斯媒體中相當具有影響力的一環。根據2014-2015年社會輿論基金會的調查，網路使用者人數約7千3百80萬人，其中6千多萬人每天至少上網一次；每天平均使用網路時間為126分鐘。[4]

在俄羅斯有超過4,500家活躍的網路媒體，現存1/4的網路媒體幾乎都設在莫斯科，光是這些媒體每天就發布近10萬則的新聞。網路出版物的數量每年在各地區持續增加，尤其是在莫斯科、中央和西北聯邦區。根據俄國最大搜尋引擎公司Yandex（Яндекс）2014年3月至6月分的統計，每日新聞發布量最高的網路新聞媒體前三名分別是「共青團真理報」（*Комсомольская правда*）、「莫斯科共青團

---

[4] *"Интернет в России: динамика проникновения. Зима 2014-2015."* *Фонд Общественное Мнение*, 10Марта, 2015, <http://fom.ru/SMI-i-internet/12141>.

報」（Московский Комсомолец）、「俄羅斯星球」（Русская Планета）。[5]

　　俄國人民在瀏覽網站的使用目的上，大部分是使用社群網站，在Yandex統計2015年每月電腦及手機瀏覽人數排名前20名的網站中，財經媒體「Rbc.ru」、通訊社「Ria.ru」、「Lenta.ru」也名列其中。Rbc.ru是RosBusiness顧問公司所創辦的第一份網路專業財經刊物，早在90年代就創刊，現在是俄羅斯瀏覽人數最多的新聞網站。

　　Lenta.ru是總部設在莫斯科的一家俄語原生網路報，原由弗拉基米爾・波塔寧（Владимир Потанин）的專業媒體集團（ПрофМедиа）旗下的Rambler媒體公司所有，2013年SUP Media（СУП Медиа）和Rambler-Afisha（Афиша-Рамблер）合併組成Afisha.Rambler.SUP公司；在網站呈現上，Rambler.ru是集團的搜尋引擎網站，Afisha.ru則報導俄國及全世界城市的文化生活的最新消息，Lenta.ru仍維持原來的網路電子報，各網站瀏覽量都相當高。

　　Lenta.ru在言論上受集團管控的情形可以2014年發生事件為例。2014年3月Afisha.Rambler.SUP集團所有人亞歷山大・馬穆特（Александр Мамут），解僱了Lenta.ru總編輯加麗娜・季莫申科（Галина Тимошенко），並找了親克里姆林宮政府的人員取代她。聯邦通訊、資訊科技和大眾傳媒監督局（Федеральная служба по надзору в сфере связи, информационных технологий и массовых коммуникаций; Роскомнадзор）在新聞稿中聲稱，該新聞網站散布極端主義內容，所指即是網站採訪烏克蘭一名右翼極端組織成員安德烈・塔拉先科（Андрей Тарасенко）。同時大眾傳媒監督局還對一篇引用德米特羅・亞羅什（Дмитрий Ярош）言論的文章提出譴責。亞羅什也是烏克蘭「右翼陣營」（Правый сектор）的領導人，組織曾參與進行反對前總統亞努科維奇的運動。加麗娜・季莫申科和從Lenta.ru出走的20幾名記者，另外創立新的網路報紙「Meduza」。

---

[5]　Федеральное агентство по печати и массовым коммуникациям, *Интернет в России 2014: состояние, тенденция и перспективы развития*, 2015, p. 93.

「*Gazeta.ru*」（*Газета.ру*），成立於1999年，是第一份沒有紙張版本的網路報紙，目前也是由Rambler媒體公司所持有。新聞主題範圍廣泛，涵蓋政治、商業、娛樂、科技、生活、文化、體育綜合聞網站，和*Lenta.ru*一樣，都是在俄羅斯相當受歡迎的網路原生報。

部落格的發展也成為言論多元化的重要表現。在許多個人部落格中，作者表達對現今政治和社會的尖銳觀點，也造就了一些網路名人如安東‧諾西克（Антон Носик）、阿列克謝‧納瓦爾尼（Алексей Навални）、羅曼‧多柏柯托夫（Роман Доброхотов）等。

不過俄羅斯總統普欽對於網路的管制也逐漸增強，除了近年來制定的關於反對極端主義行為法（О противодействии экстремистской деятельности）、聯邦法保護兒童免受損害健康與發展的資訊（О защите детей от информации, причиняющей вред их здоровью и развитию）等之外，2014年5月他簽署一系列反恐法規，加強了對知名部落格的管理。大眾傳媒監督局要求日均訪問量在3,000人以上的部落格必須向政府提出註冊申請，獲得註冊許可後，作者必須在部落格上公開個人資訊，並需遵守所有傳媒領域的法規。此舉也引起西方社會的批評，認為箝制了俄羅斯網路的言論自由。

附　錄

蘇聯解體後俄羅斯媒體一覽表

一、電視

第一頻道：http://www.1tv.ru/

俄羅斯1頻道（Россия 1）：http://russia.tv/

NTV（HTB）：http://www.ntv.ru/

STS：http://ctc.ru/

Ren TV：http://ren.tv/

第五頻道：http://www.5-tv.ru/

TB3：http://tv3.ru/

RBC：http://rbctv.rbc.ru/

今日俄羅斯頻道：https://www.rt.com/

二、平面刊物

論據與事實：http://www.aif.ru/

共青團眞理報：http://www.kp.ru/

莫斯科共青團報：http://www.mk.ru/

生活報：http://zhizn.ru/

商人報：http://www.kommersant.ru/

公報：http://www.vedomosti.ru/

俄羅斯報：http://www.rg.ru/

消息報：http://izvestia.ru/

新報：http://www.novayagazeta.ru/

獨立報：http://www.ng.ru/

RBC日報：http://www.rbcdaily.ru/

RBC雜誌：http://rbcdaily.ru/magazine

專家：http://expert.ru/

俄羅斯記者：http://rusrep.ru/

人物：http://www.profile.ru/

星火：http://www.kommersant.ru/ogoniok/

三、其他媒體

燈塔：http://radiomayak.ru/

莫斯科回聲：http://echo.msk.ru/

自由歐洲之音／自由電臺：http://www.svoboda.org/

Europe plus：http://www.europaplus.ru/

伊塔－塔斯社：http://tass.ru/

今日俄羅斯通訊社：http://ria.ru/

國際文傳電訊社：http://www.interfax.ru/

Lenta.ru：http://lenta.ru/

Gazeta.ru：http://www.gazeta.ru/

參考資料

一、中文

專書

邱瑞惠，2009。《俄羅斯傳播體系：變遷與發展》。臺北：風雲論壇。

邱瑞惠，2012。〈俄羅斯媒體發展與新聞自由〉，林碧炤、鄧中堅主編，《金磚國家俄羅斯及歐亞地區研究》。臺北：五南。頁184-220。

二、俄文

網站

Yuri Levada Analytical Center, 18 июня, 2014, Интернет не смог заменить россиянам ТВ в качестве источника информации, <http://www.levada.ru/18-06-2014/internet-ne-smog-zamenit-rossiyanam-tv-v-kachestve-istochnika-informatsii>.

Федеральное Агентство по Печати и Массовым Коммуникациям, 2015, Российская Периодическая Печать:Состояние,Тенденции и Перспективы Развития, <http://www.fapmc.ru/rospechat/activities/reports/2015/pechat.html?print=true>.

Федеральное Агентство по Печати и Массовым Коммуникациям, 2015, Радиовещание в России в 2014 году: Состояние,Тенденции и Перспективы Развития, <http://www.fapmc.ru/rospechat/activities/reports/2015/radio.html?print=true>

Федеральное Агентство по Печати и Массовым Коммуникациям, 2015, Интернет в России: Состояние,Тенденции и Перспективы Развития, <http://www.fapmc.ru/rospechat/activities/reports/2015/inet.html?print=true>.

Фонд Общественное Мнение, 30 Апреля, 2015, Доверие российским СМИ -- Объективны ли СМИ в освещении событий? И стоит ли им быть более критичными к властям? <http://fom.ru/SMI-i-internet/12140>.

Фонд Общественное Мнение, 10 Марта, 2015, Интернет в России: динамика проникновения. Зима 2014-2015. <http://fom.ru/SMI-i-internet/12141 >.

第九章　文化發展

吳佳靜

前言

　　隨著科技迅速發展，人與人之間來往互動愈加密切，各領域合作交流亦愈趨頻繁，上世紀末蘇聯共產極權瓦解，進入新時代的俄羅斯已不再是神祕又冰冷的代名詞，親自踏上北國大地，親眼窺視樣貌，親身感受深邃的藝術內涵與豐富的文化寶藏，這一切不再是遙不可及的夢想。

　　自西元988年羅斯受洗、接受基督信仰，隨著時間推移，歷經不同時空變化，俄羅斯文化不斷向前發展，並未因政權更迭，亦或崩解而停下腳步。解體後的俄羅斯文化並非是完全新興的現象，而是在過去文化基礎上，融合東西方文化精華發展起來的。其自由、多元與開放特質，可回溯自二十世紀中葉，早在1953年3月5日史達林逝世後，共產鐵幕內的嚴寒冬日逐漸遠去，春日即將到來。緊接著赫魯雪夫（Nikita Khrushchev，1894-1971）的「解凍時期」，自由開放的規模更加擴大，涉及領域也更廣泛，文藝界呈現欣欣向榮、蓬勃發展景象。縱使隨之而來的是布里茲涅夫（Leonid Brezhnev，1906-1982）「停滯時期」，文化發展並未因此停下腳步，創作者紛紛轉往地下與海外，以非官方之姿持續發聲。1985年戈巴契夫（Mikhail Gorbachev，1931-）上任，推行改革開放政策，國家控管機制逐漸減弱，並隨著科技進步，向市場經濟靠攏，直至1991年蘇聯解體，國家政體結構瓦解，做為國家稱號的「蘇聯」一詞正式走入歷史。過去曾獨自奔流的「蘇聯文化」最終還是流向交會點，與非官方文化、俄僑文化等其他支流匯聚，正式開啓解體後俄羅斯文化發展新頁。

　　新時期俄羅斯文化發展中，最顯著者莫過於文藝創作領域的轉變。蘇聯解體至今僅二十餘載，然而獲得更多自由的文學創作者，無論是資深前輩，還是後起新秀，皆為新時代的文壇帶來不少優秀作品，成果相當可觀。同時，新時期的俄羅斯電影產業歷經谷底，正逐漸攀升，走出有別於蘇聯電影風格之路。美術與雕塑創作主題更加豐富多元，美學與生活也愈來愈緊密。隨著大眾傳播媒體與網際網路進入一般人民的日常生活，流行文化之發展與影響也不容小覷。而長久以

來給人強硬印象的俄國政權，也逐漸重視文化軟實力的運用，有計畫地將俄羅斯文化推廣至世界各個角落。

本章將從文藝新面貌、流行新潮流、文化軟實力之展現與臺俄文化交流現況等面向，介紹蘇聯解體後俄羅斯文化發展。

第一節　文學藝術新面貌

　　曾做爲蘇聯時期官方共產主義意識型態與唯一創作綱領的社會主義寫實主義（Socialist realism），在解體後已不占主導地位，官方當局對文藝創作態度漸趨開放。隨著各個文學流派的興起，文壇呈現百家爭鳴、百花齊放的熱鬧場面。

　　上世紀八O年代中葉起出現作品「回歸」潮，除了重新審視蘇聯時期受爭議的作家與被禁作品，並給予新的歷史定位與評價，也讓作品有機會在俄羅斯國內發表與出版，包括蘇聯時期被禁作家、僑民文學與異議分子的作品，以及地下出版物。這方面最具指標意義即是索忍尼辛的回歸。

　　1970年諾貝爾文學獎得主，曾於1982年訪問臺灣的索忍尼辛（Aleksandr Solzhenitsyn，1918-2008），因公開反對極權體制，抗議審查制度剝奪言論與創作自由，以及反對政府以武裝暴力對抗人民，而長期遭受政治迫害，1974年被撤銷蘇聯國籍並驅逐出境。在異鄉飄流二十年後，終於在1994年返回故鄉，然而此時蘇聯已不復存在。

　　索忍尼辛二十世紀下半葉的創作在當時只能祕密運到西方出版，直到改革開放後及九O年代初期才有機會在俄羅斯問世。讀者從《第一層地獄》（*The First Circle*）、《古拉格群島》（*The Gulag Archipelago*）、《紅輪》（*The Red Wheel*）、《癌症病房》（*Cancer Ward*）與政論文集中窺見蘇聯極權的殘酷、監獄與集中營的黑暗面目。其創作中，將現實、政治、宗教、道德與美學融爲一體，展現飽受苦難的二十世紀俄羅斯命運。

　　另一引人注目的是後現代主義文學作品。雖然其於六〇年代已嶄露頭角，但真正大放異彩是在解體後。此時俄羅斯的後現代主義不僅是具主導權的文學流派，也是一股哲學思潮，透過文學創作傳達新時代的想法與感受，展現當代生活多元面貌。像是在彼得魯舍夫斯卡婭（Lyudmila Petrushevskaya，1938-）、烏利茨卡婭（Lyudmila Ulitskaya，1943-）、波波夫（Yevgeni Popov，1946-）、皮耶楚赫（Vyacheslav Pietsukh，1946-）、維克多・葉羅費耶夫（Viktor Erofeyev，1947-）、

托爾斯塔婭（Tatyana Tolstaya，1951-）、布依達（Yury Buida，1954-）、斯拉波夫斯基（Alexey Slapovsky，1957-）、娜爾彼科娃（Valeriya Narbikova，1958-）、加爾科夫斯基（Dmitry Galkovsky，1960-）等人作品中，以暗示、寓意、象徵、解構、戲擬、拼貼、互文等手法，反映出處於動盪時空中，當代社會之荒誕、無序與不確定，亦反思與懷疑人文普世價值。儘管使用的言語、敘述方式與中心思想難免遭受批評，然而新生代作家獨特的詮釋手法，為解體後俄羅斯文學發展開創了一條與傳統寫實主義文學不同之道路。

值得關注的還有每年「俄羅斯布克獎」（Russian Booker Prize）獲獎作品。該獎是由英國公司於1991年設立，並於隔年開始頒獎之俄語文學作品專屬獎項，是1917年以來俄羅斯首座非官方文藝獎。設獎宗旨除了獎勵文學創作，吸引讀者持續注意嚴肅作品外，也肯定俄羅斯文學傳統人文價值。

首屆得主，同時也是俄羅斯後現代主義經典代表作——哈里托諾夫（Mark Kharitonov，1937-）的長篇小說《命運線，或米拉舍維奇的小箱子》（*Lines of Fate*，1992），作家使用後現代手法，將蘇聯時期發生的故事順序打亂，鋪陳了看似獨立卻又互相牽連的線索，以揭露分別處於二十世紀初革命前後與七〇年代兩個不同時空，兩位角色之悲愴命運軌跡。

第二屆得獎作品是馬卡寧（Vladimir Makanin，1937-）充滿後現代主義風格的《審訊桌》（*Baize-Covered Table With Decanter*，1993），從一張鋪著呢絨布、中間擺著長頸玻璃瓶的桌子，揭示蘇聯司法弊端。馬卡寧的另一部作品《地下人，或當代英雄》（*The Underground*, or *A Hero of Our Time*，1999）描繪在變幻不定的時代背景中，各色人物的性格與命運，揭露當代社會的現實問題與矛盾衝突。

此外，擅長運用後現代創作手法嘲諷社會現實的重要作家還有索羅金（Vladimir Sorokin，1955-）。解體後的創作包括長篇小說《藍油脂》（*Blue Lard*，1999）、《地球國》（*Telluria*，2013），以及中篇小說與劇本等。至今持續創作，具有廣大讀者群的佩列文（Victor Pelevin，1962-），將想像、暗喻、荒誕穿插於小人物日常生活中，包括《人蟲變》（*The Life of Insects*，

1993）、《夏伯陽與虛空》（*Chapayev and Void*，1996）、《「百事」一代》（*Generation «P»*，1999）、《恐怖頭盔》（*The Helmet of Horror*，2005）等。

　　熱鬧文壇中擁有悠久歷史傳統的寫實主義也不惶多讓，除了反思過去，也揭露現實問題。代表作品包括列奧諾夫（Leonid Leonov, 1899-1994）哲理性與神祕感兼具的《金字塔》（*The Pyramid*，1994）；邦達列夫（Yuri Bondarev, 1924-）描寫戰後士兵生活的《不抵抗》（*Non-Resistance*，1996），以及抨擊解體前後政治動亂與道德淪喪的《百慕達三角》（*The Bermuda Triangle*，1999）；阿斯塔菲耶夫（Viktor Astafyev，1924-2001）以描述軍中殘酷現實的長篇小說《被詛咒和被殺害的》（*The Cursed and the Slain*，1990-1994）獲得1995年俄羅斯國家獎，而其《快樂的士兵》（*The Jolly Soldier*，1998）則是描寫戰後回歸普通生活的艱辛過程。弗拉基莫夫（Georgi Vladimov，1931-2003）以戰爭為背景的《將軍和他的部隊》（*The General and His Army*）除了獲得1995年第四屆俄羅斯布克獎，並於2001年獲得布克獎成立十週年獎。

　　文學解禁後，創作、印刷與出版亦獲得解放，然而，曾經主導俄羅斯文化發展的「文學中心主義」（literaturecentrism）也跟著政權解體開始動搖。文學的功能及其扮演的角色被重新思考。原為生活教科書的文學作品變成了休閒消遣讀物，文學中塑造的典型人物、民族性格與時代符碼在新時期文學中也已極為罕見。除了創作本身的問題外，亦有不少問題浮上檯面，亟待解決，像是必須面臨市場經濟、書籍價格上揚與市場蕭條，讀者閱讀習慣改變，即線上閱讀取代實體書籍購買等。

　　隨著改革開放，自由之風也吹入電影產業，文藝創作不再受意識形態束縛，拍攝團隊能夠盡情發揮創意，開拓嶄新電影美學。此時民營電影拍攝公司相繼成立，並紛紛投入資金拍攝獨立影片。改革開放後至解體前，因為創作解禁，個體片商增加，蘇聯電影作品產量曾大幅成長。

　　然而解體後，國家經濟條件惡化，電影生產量也瞬間萎縮，原因在於政府補助銳減，難以募集拍片所需的龐大資金，加上西方電影充斥市場，影片品質良莠不齊，暴力、犯罪、驚悚、情色等主題電影，以及小成本劇情片等內涵不

足的影片氾濫，且國產片又難以獲觀眾支持，影院設備老舊、觀影條件差等。解體後的俄羅斯電影即是在如此艱困辛苦條件下發展起來的。此時期著名影片包括彼得・托多羅夫斯基（Pyotr Todorovsky，1925-2013）描寫戰後蘇聯軍隊的文藝片《再來一次》（*Encore, Once More Encore!*，1992）、達涅利亞（Georgiy Daneliya，1930-）描寫動盪時代，一位平凡善良女子追尋幸福真愛的故事《娜斯嘉》（*Nastya*，1993）、阿布德拉希托夫（Vadim Abdrashitov，1945-）的《一個乘客的劇本》（*A Play for a Passenger*，1995）等。

　　資金難以籌措之時，與外國投資者接觸來往的導演則極力爭取其投資。俄、法合作拍攝的米亥科夫（Nikita Mikhalkov，1945-）《烈日灼身》（*Burnt by the Sun*，1994）榮獲1994年坎城影展評審團大獎，更獲選為1995年第67屆奧斯卡金像獎最佳外語片。俄、法合作的電影還有馬明（Yuri Mamin，1946-）的《通往巴黎之窗》（*Window to Paris*，1993），而沙赫納扎羅夫（Karen Shakhnazarov，1952-）的《美國女兒》（*American Daughter*，1995）是俄、美共同合作的作品。

　　歷經解體後、混亂低潮時期，政府終於正視電影產業低迷不振問題。1996年8月22日通過《俄羅斯聯邦國家電影支持聯邦法》（Federal Law on the State Support of Cinematography in the Russian Federation），從政策、法規與資金層面支持並補助電影產業發展，同時也更新軟硬體設備，滿足電影製作者與消費者的需求。與外國合作投資拍攝的電影數量也逐漸增加，不少作品更獲國內外大獎肯定。

　　由米亥科夫執導，劇組團隊獲得1999年俄羅斯國家獎殊榮的《西伯利亞理髮師》（*The Barber of Siberia*，1998），是由俄、法、義與捷克等國投資拍攝，女主角為英國演員朱莉婭・奧蒙德（Julia Ormond，1965-），俄、美跨國愛情貫穿其中。瓦列里・托多羅夫斯基（Valery Todorovsky，1962-）的文藝劇情片《聾人之國》（*Country of the Deaf*，1998）與丘赫拉伊（Pavel Chukhray，1946-）的《小偷》（*The Thief*，1997）是俄、法合作，《小偷》更被提名競逐1998年第70屆奧斯卡金像獎最佳外語片獎。倫金（Pavel Lungin，1949-）的《寡頭》

（*Tycoon: A New Russian*，2002）是由俄、法、德三國合拍，講述一位不知名的年輕研究員在二十世紀八〇至九〇年代，國家解體之際，突然崛起成爲富豪，最終沒落的故事。國際合作拍攝並獲多項獎項的作品還有蘇古諾夫（Aleksandr Sokurov，1951-）的《創世紀》（*Russian Ark*，2002）與《父子情迷》（*Father and Son*，2003）、丘赫拉伊的《薇拉的司機》（*A Driver for Vera*，2004）、費多爾・邦達爾丘克（Fedor Bondarchuk，1967-）的戰爭題材電影《第九連隊》（*The 9th Company*，2005）等。

俄羅斯電影產業起飛之際，解體前已成就非凡的導演持續推出新作，包括阿布德拉希托夫《舞者的時代》（*Time of the Dancer*，1997），揭示了縱使戰爭結束，它的影響終究無法散去；巴拉巴諾夫（Aleksei Balabanov，1959-2013）的犯罪題材電影《兄弟》（*Brother*，1997）獲得巨大成功，2000年順勢與美國合作拍攝《兄弟2》（*Brother 2*）；羅戈日金（Aleksandr Rogozhkin，1949-）以二戰末期爲背景的《春天的杜鵑》（*The Cuckoo*，2002）；梁贊諾夫（Eldar Ryazanov，1927-2015）於2007年新年假期首映的音樂喜劇《狂歡之夜2，50年之後》（*Carnival Night 2*）；倫金的宗教題材劇情片《孤獨之島》（*The Island*，2006）；米亥科夫的犯罪片《12怒漢：大審判》（*12*，2007）獲提名爲2008年第80屆奧斯卡金像獎最佳外語片；瓦列里・托多羅夫斯基描述二十世紀中葉，蘇聯統治下青年次文化的歌舞劇情片《時尚潮人》（*Hipsters*，2008）；謝爾蓋・索洛維約夫（Sergei Solovyov，1944-）根據托爾斯泰小說拍攝的《安娜・卡列妮娜》（*Anna Karenina*，2009）；霍季年科（Vladimir Khotinenko，1952-）的歷史文藝片《神父》（*The Priest*，2009），俄羅斯東正教教會莫斯科教區與莫斯科和全俄東正教大牧首阿列克謝二世首次參與拍攝。

此外，新銳導演中，費多爾・邦達爾丘克的戰爭題材電影《史達林格勒》（*Stalingrad*，2013），以及茲維亞金采夫（Andrey Zvyagintsev，1964-）的《歸鄉》（*The Return*，2003）、《將愛放逐》（*The Banishment*，2007）、《伊蓮娜》（*Elena*，2011）與《纏繞之蛇》（*Leviathan*，2014》等片也備受矚目、大獲好評。

　　通俗類型小說也爲電影創作帶來源源不絕的題材，最爲熟知者即是由貝克曼比托夫（Timur Bekmambetov，1961-）執導，改編自盧基揚年科（Sergei Lukyanenko，1968-）的《決戰夜》（*Night Watch*，2004）與《日巡者》（*Day Watch*，2005）。鮑里斯·阿庫寧（Boris Akunin，1956-）原著，融合歷史、偵探與懸疑情節的方多林探案系列也被翻拍成電視劇及電影，包括《阿扎澤勒》（*Azazel*，2002）、《土耳其開局》（*The Turkish Gambit*，2005）與《五等文官》（*The State Counsellor*，2005）。

　　指標性影展持續舉辦，包括蘇聯時期已具規模的「莫斯科國際影展」（Moscow International Film Festival），2000年起影展主席由米亥科夫擔任。1988年設立的「尼卡獎」（Nika Award）由俄羅斯尼卡電影藝術學院頒發，2013年康查洛夫斯基（Andrey Konchalovsky，1937-）獲選擔任主席。「聖彼得堡影展」（International Film Festival "Message to Man"）成立於1989年，以紀錄片、短片、動畫片與實驗電影競賽爲主，由烏契傑利（Aleksei Uchitel，1951-）擔任主席。1991年起舉行「俄羅斯塔夫爾電影節」（Kinotavr），每年於俄國南方黑海邊的濱海城市索契（Sochi）舉行，自2011年起開放世界各國拍攝製作之俄語電影參加競賽。1995年起每年12月中舉辦關注人權問題的「莫斯科潛行者影展」（Stalker）。2002年成立的金鷹獎（Golden Eagle Award）則是俄羅斯電影藝術與科學學院成立的國家級獎項，學院主席是納烏莫夫（Vladimir Naumov，1927-）。

　　至今俄羅斯電影在世界影壇扮演重要角色，拍攝技術成熟，關注主題多元，除了反映現實社會、心理問題，已走入歷史的蘇聯日常生活點滴也常被搬上大銀幕。展望未來俄羅斯電影發展，除了需蘊含藝術價值與哲理思維，也得適應市場需求、符合觀衆胃口，才有辦法在這個全球競爭激烈的市場中面對挑戰。

　　關於俄羅斯美術與雕塑創作，不僅更加多元，主題也融入生活。此時期宗教畫復興，宗教題材的寫生畫與聖像畫中，融合傳統畫風與當代思維。蘇聯時期被摧毀或改作他用的東正教教堂也終能回復原貌，例如1994年開始重建，2000年完工的莫斯科「基督救世主主教座堂」（Cathedral of Christ the Saviour），領

導重建計畫的是著名雕塑家，1997年起擔任俄羅斯藝術科學院主席的采列捷利（Zurab Tsereteli，1934-）；參與壁畫繪製等各項重建工程的藝術家有馬克西莫夫（Yevgeni Maksimov，1948-）、謝爾蓋・列賓（Sergei Repin，1948-）、尼古拉・穆辛（Nikolay Mukhin，1955-）、索科夫寧（Vladimir Sokovnin，1955-）等。聖像畫畫坊也紛紛成立，尼古拉・穆辛於1992年成立「雅羅斯拉夫聖像畫學校」。

戰爭主題總是被不同時代藝術家反覆思考、重新詮釋。特卡喬夫兄弟（Sergey Tkachev，1922-、Alexey Tkachev, 1925-）2005年出版《他們爲祖國而戰》（*They Fought for Their Country*）畫冊，收錄了在九〇年代初期、以衛國戰爭爲主題的創作。擅長大型壁畫創作的格拉祖諾夫（Ilya Glazunov，1930-），於1999年推出新作《二十世紀宗教神祕劇》（*Mystery of the 20th Century*）、《復活節深夜摧毀教堂》（*Smashing of the Church at Easter Night*）與《我們的民主市場》（*The Market of Our Democracy*），以及2010年的《剝奪》〔*Dispossession of the Kulaks（prosperous peasants*）〕，除此之外，還有俄羅斯歷史、城市街景等主題與文學作品插畫和肖像畫。

俄羅斯寫生畫畫家延續寫實主義傳統，以更眞實、自然的手法呈現北國鄉村田園風光與生活景致，包括奧斯索夫斯基（Pyotr Ossovski，1925-2015）、日林斯基（Dmitry Zhilinski，1927-2015）、尼科諾夫（Pavel Nikonov，1930-）、希洛夫（Aleksandr Shilov，1943-）、娜扎蓮科（Tatyana Nazarenko，1944-）、博羅夫斯科伊（Nickolai Borovskoi，1946-）、別柳金（Dmitry Belukin，1962-）與涅斯捷連科（Vasili Nesterenko，1967-）等。

新時期的城市建設持續進行，市區儼然成爲大型露天藝術園區，古典與現代建築林立，教堂與摩天高樓隨處可見。有地下美術館稱號的地鐵站依舊吸引外國觀光客流連駐足。各車站內裝置藝術風格迥異，有雕塑、玻璃彩繪、馬賽克拼貼，也有當代時尚設計風。俄羅斯人民藝術家盧邊尼科夫（Ivan Lubennikov，1951-）與貝斯特羅夫（Aleksandr Bystrov，1956-）各參與莫斯科及聖彼得堡地鐵站內的壁畫彩繪。

　　街道上的裝飾藝術包羅萬象，除了各種主題公園外，光是首都市區就可看見不少著名雕塑家作品，像是在莫斯科古老街道之一，也是著名觀光景點——舊阿爾巴特街（Arbat Street）上可見布爾甘諾夫（Aleksandr Burganov，1935-）的創作，位於國立瓦赫坦戈夫劇院旁的杜蘭朵公主噴泉雕像，以及普希金故居博物館前，詩人偕同夫人岡察洛娃的身影。矗立在莫斯科河畔，彼得一世乘船航行的雕像即是采列捷利的創作。移居海外，定期返俄的涅伊茲韋斯內（Ernst Neizvestny，1925-），於2004年將構思多年的「生命樹」（The Tree of Life）雕塑作品贈予莫斯科市，現今矗立於莫斯科國際商務中心旁的徒步橋上。作品象徵著善與惡的鬥爭，以及光明力量的勝利。

　　1995年，為慶祝偉大衛國戰爭勝利五十週年，莫斯科西邊俯首山（Poklonnaya Hill）上的勝利公園（Victory Park）盛大開幕，園區內主建築是1941至1945年偉大衛國戰爭中央博物館，博物館前方是勝利者廣場，矗立於廣場上、高聳入雲霄的是勝利紀念碑，全長141.8公尺，從遠處即可瞧見位於尖塔頂端、手持王冠的的勝利女神尼克，以及兩旁吹奏勝利號角的愛神。公園旁建有聖喬治教堂，以及露天軍事武器展。至今每年5月9日勝利日在此舉辦紀念活動，除了凝聚人民對俄羅斯國家、民族與文化向心力，也將珍貴歷史記憶代代相傳下去。這裡也是平時市民與遊客參觀、休憩的最佳場所。

　　此外，曾被用來宣揚經濟成就、堪稱蘇聯迪士尼樂園的全俄展覽中心，解體後各館區內設備陳舊、攤商林立，毫無規劃，走在園區內湧上心頭的是風光歲月已逝去之感。直到2013年底總統簽署文件，園區終獲整修重建機會。自2014年起改名為國民經濟成就展覽館（VDNH / The Exhibition of Achievements of National Economy），走過蕭條，現今定期舉辦展覽、講座、音樂會等藝文節目，也推出符合各族群、各年齡層之休閒育樂活動。

　　除了每年吸引大批海內外參觀者的特列季亞科夫美術館、普希金造型藝術博物館、冬宮博物館與俄羅斯美術館外，近年來也成立不少名人故居博物館、各式主題博物館、藝術展演中心等。每年五月為慶祝國際博物館日，各城市亦推出博物館之夜系列活動，除了延長開放時間，也籌辦各項活動，讓民眾可近距離盡

情享受藝術薰陶。隨著科技發展，活動主辦者與參與者多使用各項電子影音網路傳播媒介，分享活動訊息、過程與結果。

　　至於戲劇迷最期待的年度盛事，莫過於每年春天舉辦的「金面具戲劇節」（Golden Mask）與頒獎典禮。此活動自1995年起舉行，定期表揚話劇、歌劇、輕歌劇、木偶劇、舞蹈類等領域最佳作品與創作者。戲劇藝術在城鄉間持續發展，出現了私人劇院、前衛劇院與實驗劇場，導演的積極嘗試、新的戲劇語言與各式各樣的風格綜合在一起，包括柳比莫夫（Yuri Lyubimov，1917-2014）、葉夫列莫夫（Oleg Yefremov，1927-2000）、福緬科（Pyotr Fomenko，1932-2012）、加莉娜·沃爾切克（Galina Volchek，1933-）、福金（Valery Fokin，1946-）等劇場名導，為解體後戲劇發展開創新路。

第二節　大眾文化新潮流

　　自二十世紀末以降，歐美打造的流行文化總能迅速席捲全球，掀起愛好者的追逐熱潮，像是演藝圈中的國際巨星、科技界新上市產品總是備受關注，引發話題。雖然冷戰時期，蘇聯鐵幕內的一般大眾難以直接取得西方流行資訊，但這並不表示人們對此毫無興趣，反而是想盡辦法透過各種管道獲得。而解體後，觀賞西方電影、影集，聽西方流行歌曲或是追星幾乎已融入大眾日常生活之中。

　　解體後的俄羅斯大眾文化即是在此背景中發展起來的。以俄羅斯大眾音樂為例，由於語言隔閡，它無法像西方文化一樣流行全球，但卻也因此能夠保有俄羅斯獨特表演與詮釋風味。解體前已紅遍大街小巷的歌手，在解體後持續演唱。也有不少新生代新星迅速竄紅，歌曲在電視臺與廣播節目中不停播放。也有歌手為了打入國際市場而發行英語單曲與專輯。

　　解體前已家喻戶曉，解體後持續在俄羅斯舞臺上發光發熱的歌手，並受封為俄羅斯聯邦人民演藝家最高榮譽稱號的有安托諾夫（Yuri Antonov，1945-）、格拉斯基（Aleksandr Gradsky，1949-）、列翁季耶夫（Valery Leontiev，1949-）、加茲馬諾夫（Oleg Gazmanov，1951-）、馬利寧（Aleksandr Malinin，1958-）、基爾科羅夫（Philipp Kirkorov，1967-），以及馬利科夫（Dmitry Malikov，1970-）等。以沙啞嗓音、抒情曲調馳名的阿拉‧普加喬娃（Alla Pugacheva，1949-）至今仍活躍於演藝界，她曾獲頒1995年俄羅斯聯邦國家獎。團體方面，有1989年成立，走搖滾、民謠及彈唱詩歌曲風的柳貝（Lyube）與男孩偶像團體組合納納（Na Na），以及隔年成立，走舞曲、流行曲風，歌詞充滿詼諧逗趣風格的阿瓦里亞夜總會（Disco "Crash"）。

　　解體後俄羅斯歌壇誕生眾多新星，歌聲渾厚、嗓音高亢的實力派男歌手包括列普斯（Grigory Leps，1962-）、梅拉澤（Valery Meladze，1965-）、阿古京（Leonid Agutin，1968-）、米海洛夫（Stas Mikhaylov，1969-），以及曲風融合俄羅斯香頌、搖滾與彈唱詩歌的特羅菲莫夫（Sergey Trofimov，1966-）。

　　巴斯科夫（Nikolay Baskov，1976-）不僅演唱歌劇、流行歌曲，也擅長主持，2009年受封爲俄羅斯聯邦人民演藝家。史塔斯・皮耶哈（Stas Piekha，1981-）出生自電視選秀節目「星工廠」（*Star Factory*），其抒情歌曲唱入心坎、感動人心。二度代表俄羅斯參加歐洲歌唱大賽，並於2008年以〈Believe〉一曲拿下冠軍的季馬・比蘭（Dima Bilan，1981-），可謂當代俄羅斯流行樂壇代表人物之一，曾獲國內外多項音樂大獎，並發行英語專輯，積極進攻國際市場。實力派女歌手有瓦列莉婭（Valeriya，1968-）、布拉諾娃（Tatiana Bulanova，1969-）、阿妮塔・崔（Anita Tsoy，1971-）、賈思明（Jasmin，1977-）、阿爾蘇（Alsou, 1983-）、馬克欣（MakSim，1983-）、薩維切娃（Yulia Savicheva，1987-）與紐莎（Nyusha，1990-）等。

　　解體後也出現不少偶像團體組合，雖然團員更換與單飛情況時有所聞，但還是爲俄羅斯流行樂團帶來不少膾炙人口的經典歌曲。著名男子團體有雙人茶組合〔Chay Vdvoyom（Tea for Two）〕、伊凡努什基國際組合（Ivanushki International）、手舉起來！〔Ruki Vverh!（Hands Up）〕、根組合〔Korni（Roots）〕等；著名女子團體有輝煌組合〔Blestyashchiye（The shining ones）〕、Reflex與t.A.T.u等；男女組合團體則有未來訪客〔Gosti iz budushchego（Guests from the Future）〕、Infinity等。

　　最令歌迷期待的還有衆星雲集，熱鬧非凡的流行音樂頒獎典禮。俄羅斯文化暨大衆傳播部於1992年成立「掌聲獎」（Ovation awards），電臺與音樂電視頻道亦各自舉辦頒獎典禮，包括1996年起，由俄羅斯廣播電臺（Russian Radio）主辦的「金色留聲機」（Golden Gramophone Award），著名男歌手基爾科羅夫是該獎項常勝軍，至2015年止已獲21座獎項。還有2003年起開始頒發的「Muz-TV獎」與2011年起的「RU.TV獎」。

　　俄羅斯獨具特色的搖滾樂在解體後持續發展，搖滾樂團與代表歌手在當代俄羅斯社會與文化中依舊魅力不減，具有十足影響力，其中包括格列邊希科夫（Boris Grebenshchikov，1953-）領軍的水族館樂團（Aquarium）、馬卡列維奇（Andrey Makarevich，1953-）的時光機樂團〔Mashina Vremeni（Time

Machine）〕、舍夫丘克（Yuri Shevchuk，1957-）的DDT樂團（DDT）、金切夫（Konstantin Kinchev，1958-）的艾莉紗樂團（Alisa），以及解體後興起的女歌手澤姆菲拉（Zemfira，1976-）等。

俄羅斯搖滾樂吸收西方搖滾元素，最大特色是保留本土風格，搖滾詩詞中融入俄羅斯言語、行為模式與民族心理，使其容易跨越世代，引起共鳴，蘇聯時期的經典搖滾歌曲至今依舊被廣泛傳唱。雖然現今得面對市場經濟帶來的壓力與考驗，然而歌手們還是持續不斷發聲創作，透過舉辦音樂會與在網際網路上積極與樂迷保持互動，為俄羅斯搖滾文化發展繼續努力。

第三節　展現文化軟實力

　　進入新時代，俄羅斯也逐步走向民主開放的政治、自由競爭的市場經濟，以及多元並存的現代社會。過去由單一領導中心統籌管理的文化事業，轉向採取多方自主管理的多元開放原則，國家政權在文化發展中的作用愈來愈薄弱。然而，為了確保文化保存、政策推動與計畫執行，政府方面制定了相關法規及頒布命令。1992年10月9日通過《俄羅斯聯邦文化基本法》（Bases of the Legislation of the Russian Federation about Culture），明訂國家在文化領域中所肩負的責任與義務；九〇年代以來通過了關於圖書館、博物館、電影產業、文物保存與發展、印刷業等法條，使俄羅斯文化在動盪年代有個遵循的發展方向。

　　除了法規制度外，同時進行的還有文化學領域學術研究機構的成立、專業人才的培養與獎勵，以及文化知識的普及與推廣。俄羅斯文化研究所（Russian Institute for Cultural Research）於1993至2012年間陸續在鄂木斯克（Omsk）、聖彼得堡（Saint Petersburg）與克拉斯諾達爾（Krasnodar）等城市設立分部，2014年該所被併入俄羅斯李哈喬夫文化與自然遺產科學研究所（Likhatchev Russian Research Institute for Cultural and Natural Heritage）。2006年成立「文化學科學教育協會」（The Scientific and Educational Society for Cultural Studies），主要任務為集結俄羅斯文化學領域專家、教授、研究員與青年學者，除了定期出版學術期刊、舉辦國際研討會與論壇外，並結合當代科技，建立俄羅斯文化學人才與訊息網路資料庫。

　　此時期紛紛設立各種獎項，除了鼓勵創作者持續投入文藝創作，也獎勵對俄羅斯文化發展具有特殊貢獻人士。國家級最高榮譽為1992年成立的「俄羅斯聯邦國家獎」（State Prize of the Russian Federation），成立目的為獎勵在科學與工藝技術、文學與藝術，以及人道精神等領域的傑出貢獻者。頒獎典禮莊嚴盛大，固定於每年6月12日俄羅斯國慶日當天，在莫斯科的大克里姆林宮殿（Grand Kremlin Palace）舉行，由總統親自授獎。除此之外，針對各文藝領域也設立專門獎項。

　　二十一世紀的俄羅斯文化除了延續自身傳統持續發展外，也不斷接收東西方文化精華，並且積極走向海外，與世界接軌，像是陸續成立非營利組織，肩負俄羅斯語言、文化及藝術推廣與傳播責任，並透過各項計畫執行，拓展國際合作與交流，積極發揮文化軟實力。其中，「俄羅斯文化基金會」（Russian Fund of Culture）其前身為1986年成立的「蘇聯文化基金會」，自1993年起，執行管理委員會主席為電影導演米亥科夫。該會主要支持並協助文化、藝術、科學與教育等領域的發展，除了進行各項發展計畫、舉辦競賽與藝術節外，對於保存與回歸俄羅斯文化遺產方面極具貢獻。

　　「俄羅斯世界基金會」（Russkiy Mir Foundation）是依據2007年6月21日普欽總統簽署之總統令成立，現任監督委員會主席為維爾比茨卡婭教授（Ludmila Verbitskaya），執行管理委員會主席為尼科諾夫博士（Vyacheslav Nikonov）。基金會成立宗旨，除了向世界推廣俄羅斯語言與文化外，並協助俄羅斯海外僑胞，以及支持並提供經費以協助海內外俄語教學與相關研究計畫。該基金會眾多計畫中，其中一項推廣俄羅斯語言與文化的方式，即是與世界各地頂尖大學合作成立「俄羅斯中心」（Russian Center）與「俄羅斯世界圖書室」（Russkiy Mir Cabinet），提供學習與交流互動平臺，以及書籍、期刊雜誌與影音光碟等第一手資訊，也透過辦理各類型講座、研習營、見面會、節日慶祝會與藝文饗宴等，拉近俄語學習者、研究者，以及一般大眾與俄羅斯的距離，達到文化交流與直接對話目的。

　　在承辦與參與國際級體育賽事方面，俄羅斯也不缺席。繼1980年莫斯科奧運後，俄羅斯成功爭取到2014年索契冬運主辦權。除了精彩賽事外，充滿文化符碼的開幕式與閉幕式表演亦備受矚目，透過華麗表演帶領觀眾回顧自古羅斯時期至當代的歷史，感受北方大國的強盛與廣闊之際，也隱藏著沉重與苦難。目前俄羅斯正積極籌備2018年世界盃足球賽，球迷們無不拭目以待。

　　俄羅斯相關文化活動不僅在國內定期舉辦，海外推廣更是不遺餘力，像是各地著名劇團、舞蹈團、指揮家與演奏家等除了世界巡迴公演，也參與國際級文藝節慶。進入新世紀，臺俄文化交流頻繁，2005年底至2006年初，文建會主

辦「俄羅斯電影與文學影展：文字的顏色——從蕭洛霍夫到帝國的瓦解」；隔年主辦「走向人民——俄羅斯文學三巨人特展」，全方位介紹十九至二十世紀俄羅斯文壇巨擘普希金（Aleksandr Pushkin，1799-1837）、托爾斯泰（Lev Tolstoy，1828-1910）與蕭洛霍夫（Mikhail Sholokhov，1905-1984）。2005年臺北電影節以莫斯科和聖彼得堡兩大城市爲主題，活動期間不僅回顧俄羅斯電影經典之作，也放映了不少新作。2007年第十五屆臺北國際書展以俄羅斯爲展覽主題，完整呈現最新圖書出版資訊。烏契傑利執導的《狂愛聖彼得堡》（*The Stroll*，2003）獲選爲書展開幕片，片中呈現北國首都當代風貌，並紀念建城三百年。

　　解體後的俄羅斯政府即使面臨社會動盪與經濟危機，還是持續發展文化軟實力，除了提升國內文化產業，也將俄羅斯文化推廣至海外，使其在世界文藝舞臺上占有一席之地。

　　面對時代的轉變，一般民衆也有股矛盾心理，一方面崇尚西方民主、自由與市場經濟，另一方面則是對未來產生不確定與迷惘感。俄羅斯文化走向多元發展，官方當局解除了對創作過程的限制，作者享有自由創作權利，文藝成果豐碩的同時，也得面臨排山倒海而來的難題。首先最現實，也最迫切的，即是資金問題。過去蘇聯政權是文化事業唯一贊助者，雖然政府對於文化層面的經費補助本來就不多，解體後則有愈來愈少的趨勢，文化藝術甚至也成了最易被忽略的領域。失去了有力庇護之後，文化活動一時之間少了最忠實的投資者，創作者需面臨市場競爭壓力，有時只能縮減規模，或是停止舉辦，也因此造成相關專業人員難以培育，人才外流，工作聲望已不如從前。

　　同時，受到市場經濟、資本主義、大衆傳播媒體影響，文化發展不再是以思想爲導向，保存傳統價值與維護商業利益兩股對立力量總是互相拉扯，存在已久的行政體系官僚化問題也難以在短時間內根除。此外，俄羅斯經濟動盪不定，文化作品變成商品，而商品價格又不斷上漲；由於網路普及，許多資源在網路上隨處可見，取得容易，也影響消費者購買意願。因此，解體後的俄羅斯文化如何面對內外挑戰、尋求解決之道，這些不僅是政府當局，也是創作者與欣賞者目前所需正視的。

參考資料

一、中文

專書

任光宣，2007。《俄羅斯文化十五講》。北京：北京大學出版社。

米哈伊諾夫娜，王亞民、趙秋長譯，2003。《文化理論與俄羅斯文化史》。蘭州：敦煌文藝出版社。

李芝芳，2003。《當代俄羅斯電影》。北京：文化藝術出版社。

張捷，2011。《蘇聯解體後的俄羅斯文學（1992-2001年）》。北京：中國社會科學出版社。

嚴永興，2005。《輝煌與失落──俄羅斯文學百年》。南京：譯林出版社。

二、英文

專書

Beumers, Birgit, 2009. *A History of Russian Cinema*. Oxford, UK; New York: Berg.

三、俄文

專書

Кондаков И.В., 2007. *Культура России: краткий очерк истории и теории*. М.: КДУ.

國家圖書館出版品預行編目資料

當代俄羅斯／黃家廉等著. ――初版.――臺
北市：五南，2016.12
　　面；　公分
　ISBN 978-957-11-8975-8（平裝）
　1.區域研究　2.俄國
　748　　　　　　　　　105024364

4P69

當代俄羅斯

作　　　者 ― 黃家廉、趙竹成、林永芳、洪美蘭、劉蕭翔
　　　　　　　連弘宜、黃建豪、黃明慧、邱瑞惠、吳佳靜

發 行 人 ― 楊榮川

總 編 輯 ― 王翠華

主　　　編 ― 國立政治大學俄羅斯研究所

企畫主編 ― 陳姿穎

責任編輯 ― 許馨尹

出 版 者 ― 五南圖書出版股份有限公司

地　　　址：106台北市大安區和平東路二段339號4樓

電　　　話：(02)2705-5066　　傳　　真：(02)2706-6100

網　　　址：http://www.wunan.com.tw

電子郵件：wunan@wunan.com.tw

劃撥帳號：01068953

戶　　　名：五南圖書出版股份有限公司

法律顧問　林勝安律師事務所　林勝安律師

出版日期　2016年12月初版一刷

定　　　價　新臺幣320元